北京市公园管理中心　编
Edited by Beijing Municipal Administration Center of Parks

# 園說 Ⅳ

## A Story of Gardens Ⅳ
## About the Mountains, Waters, and Gardens

## 这片山水这片园

文物出版社

图书在版编目（CIP）数据

园说. Ⅳ，这片山水这片园 / 北京市公园管理中心编. -- 北京 : 文物出版社，2022.12
ISBN 978-7-5010-7805-9

Ⅰ.①园… Ⅱ.①北… Ⅲ.①颐和园—文物—介绍 Ⅳ.①K872.1

中国版本图书馆CIP数据核字（2022）第247087号

**园说Ⅳ——这片山水这片园**

编　　者　北京市公园管理中心
责任编辑　冯冬梅　陈　峰
文物摄影　张　冰
装帧设计　李猛工作室
责任印制　张　丽

出　　版　文物出版社
社　　址　北京市东城区东直门内北小街 2 号楼
网　　址　http://www.wenwu.com
经　　销　新华书店
印　　刷　文物出版社印刷厂有限公司
开　　本　787mm × 1092mm　1/8
印　　张　40
版　　次　2022 年 12 月第 1 版
印　　次　2022 年 12 月第 1 次印刷
书　　号　ISBN 978-7-5010-7805-9
定　　价　1080.00 元

# 《园说Ⅳ——这片山水这片园》编辑委员会

# 序

近年来，北京市公园管理中心落实习近平总书记“让文物活起来”“让文物说话”的重要指示，持续加强文物研究、保护、利用，加强中华优秀传统文化和园林文化传播，创新丰富市属公园游览服务内容，已经连续成功举办三届“园说”文物展，受到社会各界广泛认可，社会影响力不断扩大，成为市属公园传播园林文化的重要品牌和文化新名片。

2022年在颐和园博物馆挂牌成立一周年之际，由北京市公园管理中心主办、颐和园承办的“园说Ⅳ”文物展以“这片山水这片园”为题，讲述了以三山五园为核心的古典园林集群在选址、营建、造园艺术、历史功能及保护、发展等方面的内容。展览以文物为载体，甄选171件/套展品，展示“这片园林”钟灵毓秀的山水环境、经年累月的造园历程、登峰造极的艺术成就、园居理政的多元功能和方兴未艾的保护发展进程。展览立足于三山五园国家级文物保护利用示范区建设，展示传播园林之于城市重要属性及园林丰厚文化内涵，得到了故宫博物院、国家图书馆、首都博物馆、清华大学艺术博物馆、圆明园管理处、宁波天一阁博物院、承德市避暑山庄博物馆、保利艺术博物馆等十五家文化单位的大力支持。展览从园林视角解读三山五园历史、文化、遗产等价值，以期让更多的游客朋友们关注了解遗产保护、传统文化的多元价值与内涵。

加强园林文化保护传承，传播中华优秀传统文化是我们的重要职责使命。未来，我们将继续加强园林保护和文化传承，延续历史文脉，坚定文化自信，主动融入大局，谋求新的发展，打造出更多更好的精品展览，不断满足人民对美好生活的向往，积极助力全国文化中心建设，为服务新时代首都发展做出新的贡献！

张勇

北京市公园管理中心党委书记、主任

2022年12月

# FOREWORD

In recent years, the Beijing Municipal Administration Center of Parks has been dedicated to implementing President Xi Jinping's directives to "bring cultural heritage to life" and "allow cultural heritage to speak for itself." The Center continually strengthens research, protection, and use of cultural heritage, as well as promotes outstanding traditional Chinese culture and garden culture, enriching visitor experiences in municipal parks. The exhibition series *A Story of Gardens* has been held for three sessions, which has gained widespread recognition and expanded social influence, becoming a key brand and cultural icon in promoting garden culture within municipal parks.

In 2022, on the first anniversary of the Summer Palace Museum, the exhibition *A Story of Gardens IV*, hosted by the Beijing Center of Parks and organized by the Summer Palace, explores the theme of *About the Mountains, Waters, and Gardens*. The exhibition highlights the classical garden cluster centered around the three mountains and five gardens, focusing on site selection, construction, garden art, historical functions, as well as protection and development. Featuring 171 pieces/sets of artifacts, the exhibition showcases the exquisite landscape, years of construction, artistic achievements, diverse functions, and ongoing protection and development. Based on the Three Mountains and Five Gardens—Demonstration Zone for the Protection and Use of Cultural Heritage, the exhibition highlights the importance of gardens in urban settings and their rich cultural significance. Supported by 15 institutions, including the Palace Museum, National Library, Capital Museum, Tsinghua University Art Museum, Yuanmingyuan Management Office, Ningbo Tianyi Pavilion Museum, Chengde Mountain Resort Museum, and Poly Art Museum, the exhibition interprets the history, culture, and heritage values of the three mountains and five gardens. Its goal is to help visitors appreciate and understand the diverse values and connotations of heritage protection and traditional culture.

Our mission is to protect and inherit garden culture while promoting traditional Chinese culture. Moving forward, we will reinforce garden protection and cultural inheritance, maintain historical continuity, enhance cultural confidence, and actively integrate into the bigger picture. We will seek new developments and create exceptional exhibitions, continually striving to fulfill people's aspirations for a better life. We aim to actively contribute to building a national cultural center and serve the capital's development in this new era!

**Zhang Yong**
**Secretary of the Communist Party Committee and Director of Beijing Municipal Administration Center of Parks**
**December 2022**

# 目录

# 图版目录

## 第一单元　山水毓秀



## 第二单元　名园盛衰

## 第三单元　移天缩地

## 第四单元 园居理政

**第五单元　古园新生**

# Catalogue

## Section One
## Numinous Hills And Rivers

## Section Two
## Rise And Fall Of Renowned Gardens

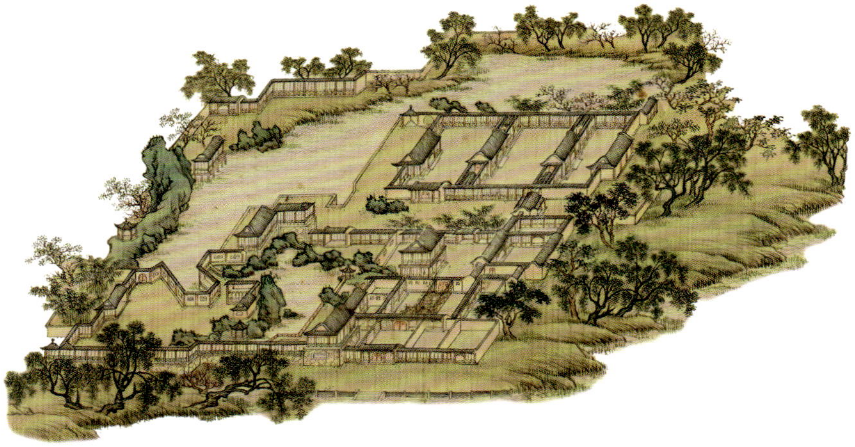



## SECTION THREE PINNACLE OF GARDEN DESIGN

## Section Four
## Government Affairs of Garden Residence

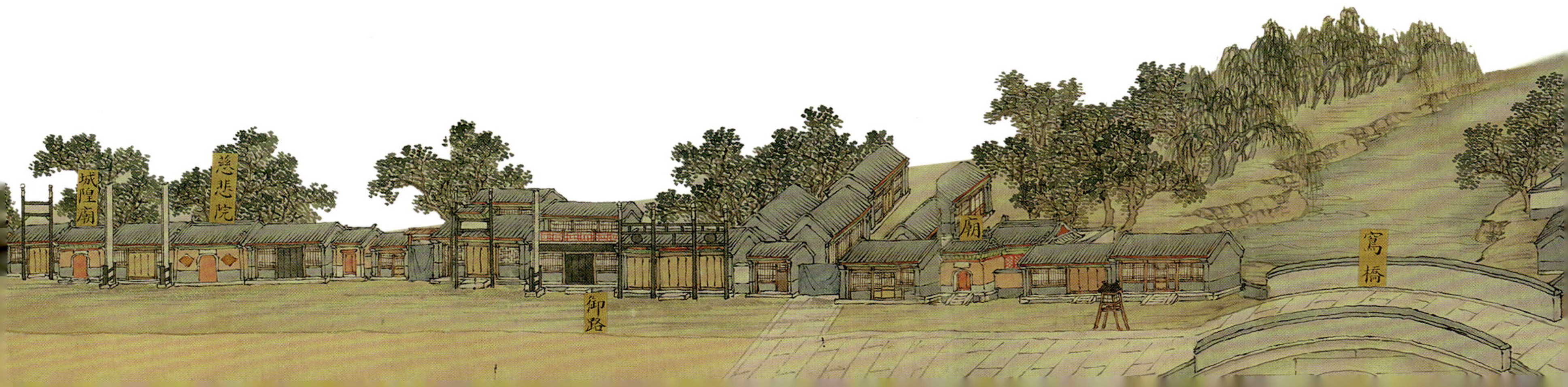

园说
IV
A STORY OF GARDENS IV

聖集
这片
山水
这片
园
ABOUT THE MOUNTAINS,
WATERS AND THE GARDENS

# 前言

京城西北，有这么一片山水，钟灵毓秀。千百年来，帝王官宦、文人墨客常来此驻跸游赏。至清代，国力或有盛衰，历经百年经营，逐渐形成了以三山五园为核心的园林集群和紫禁城之外的行政中心，古典园林艺术造诣登峰造极；1949 年春，这里踏响了中国共产党进京“赶考”的铿锵脚步；新中国成立后，这里成了人民的公园；党的十八大以来，这里被确定为文物保护利用示范区，成为推进西山永定河文化带和大运河文化带建设，推进北京全国文化中心建设的重要载体。这片山水这片园迎来了新的发展机遇！

# PREFACE

To the northwest of Beijing, there is such a landscape where numinous spirit gathers. For thousands of years, emperors, officials and literati have often come here to lodge and appreciate the landscape. By the Qing Dynasty, the national strength had experienced ups and downs. After a hundred years of operation, it gradually formed a garden cluster featuring three hills and five gardens as the core and an administrative center outside the Forbidden City, and the artistic attainments of classical gardens reached a peak. In the spring of 1949, the Communist Party of China stepped on the footsteps of "*rushing for entrance exam*" marching on Beijing. After the founding of New China, it became a garden for the residents. Since the 18th National Congress of the Communist Party of China, it has been identified as a demonstration area for the protection and utilization of cultural relics, and has become an important carrier to promote Yongding River Cultural Belt and Grand Canal Cultural Belt in Xishan and National Cultural Center in Beijing for construction. The Mountains, Waters and the Gardens has ushered in new development opportunities!

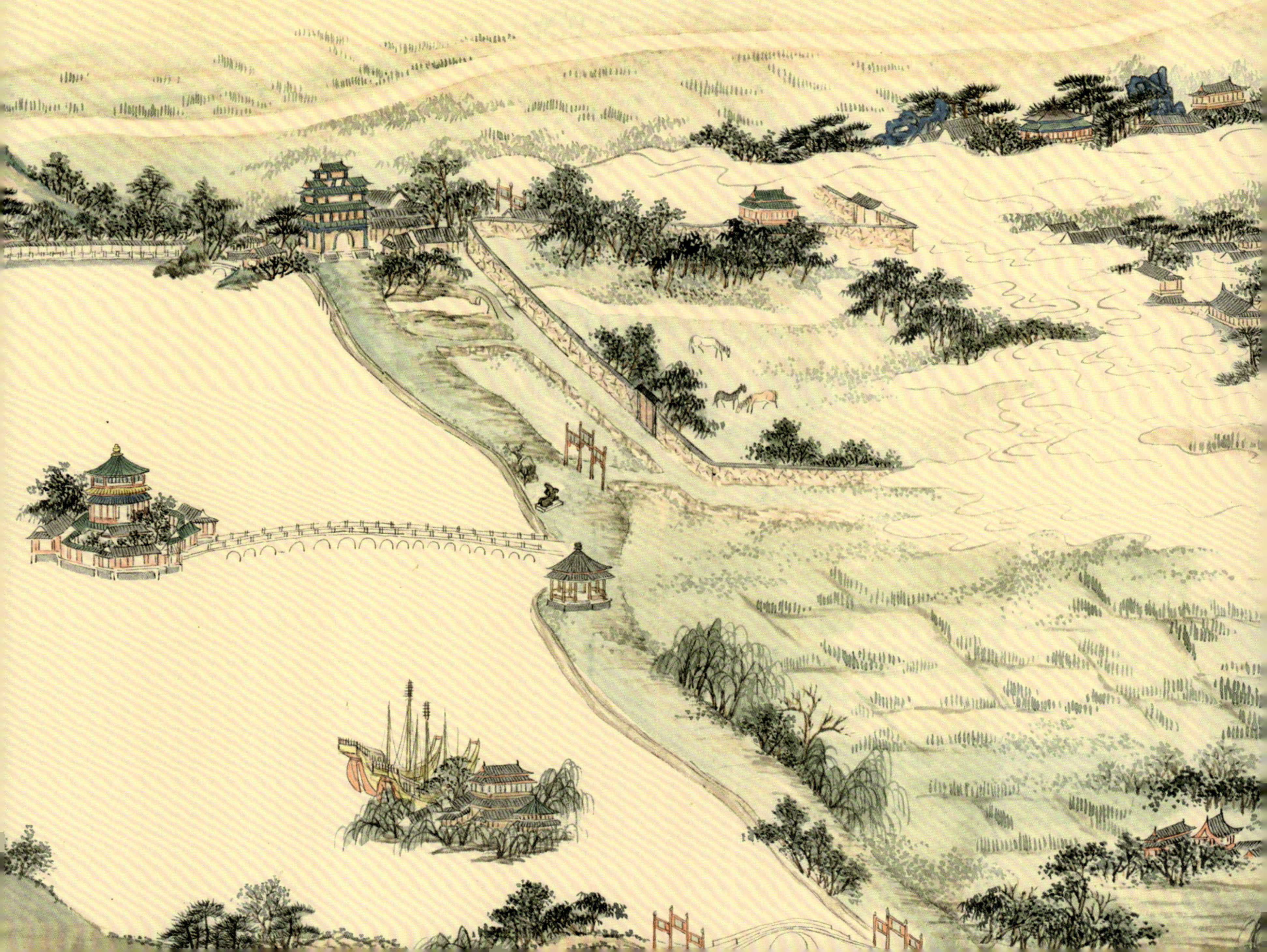

# 第一单元
SECTION ONE

# 山水毓秀
NUMINOUS HILLS AND RIVERS

西山自南向北绵延不绝，拱列京城西北，其东面的冲积扇平原，山岗突起，平地涌泉，湖泊罗布，远山近水烘托映衬，宛若江南水乡，为园林营建提供了优越的自然地理条件。自辽至明，行宫、庙宇迭起，成为京城的游赏胜地。

Xishan stretches from south to north, arching in the northwest of Beijing, with alluvial fan plain in the east, protruding hills, springs on the flat ground, lakes everywhere, distant mountains and nearby waters, just like a water town in the south of the Yangtze River, providing superior natural and geographical conditions for garden construction. From Liao Dynasty to Ming Dynasty, many palaces and temples sprung up, which made it a tourist attraction in Beijing.

# 1

# 辽金元时期

早在辽、金时期，这里即为帝王游豫之地。金章宗完颜璟在香山、玉泉山修建行宫，建造西山八大水院；元代，郭守敬引白浮诸泉至瓮山泊，使之成为元大都的水源地。这一时期，古刹相望，亦增加了这片山水的景观之胜。

## 1

## 『头陀遗身舍利舌塔』碑

Steel of Dhūta Śarīra Pagoda

辽（916～1125年）

通长21、通宽38、通高56厘米

香山公园藏

此碑是迄今为止香山公园发现年代最久远的文物。碑文中记述，此碑建于辽开泰九年（1020年）四月二十七日。据《香山公园志》记载，此碑1929年4月出土于香山慈幼院教育图书馆后（即原香山静宜园绿云舫旧址），之后陈列于慈幼院教育图书馆之北。2019年2月26日，香山公园小白楼东侧挖沟施工时再次出土。该碑拓片收入北京图书馆《中国历代石刻拓本汇编》。

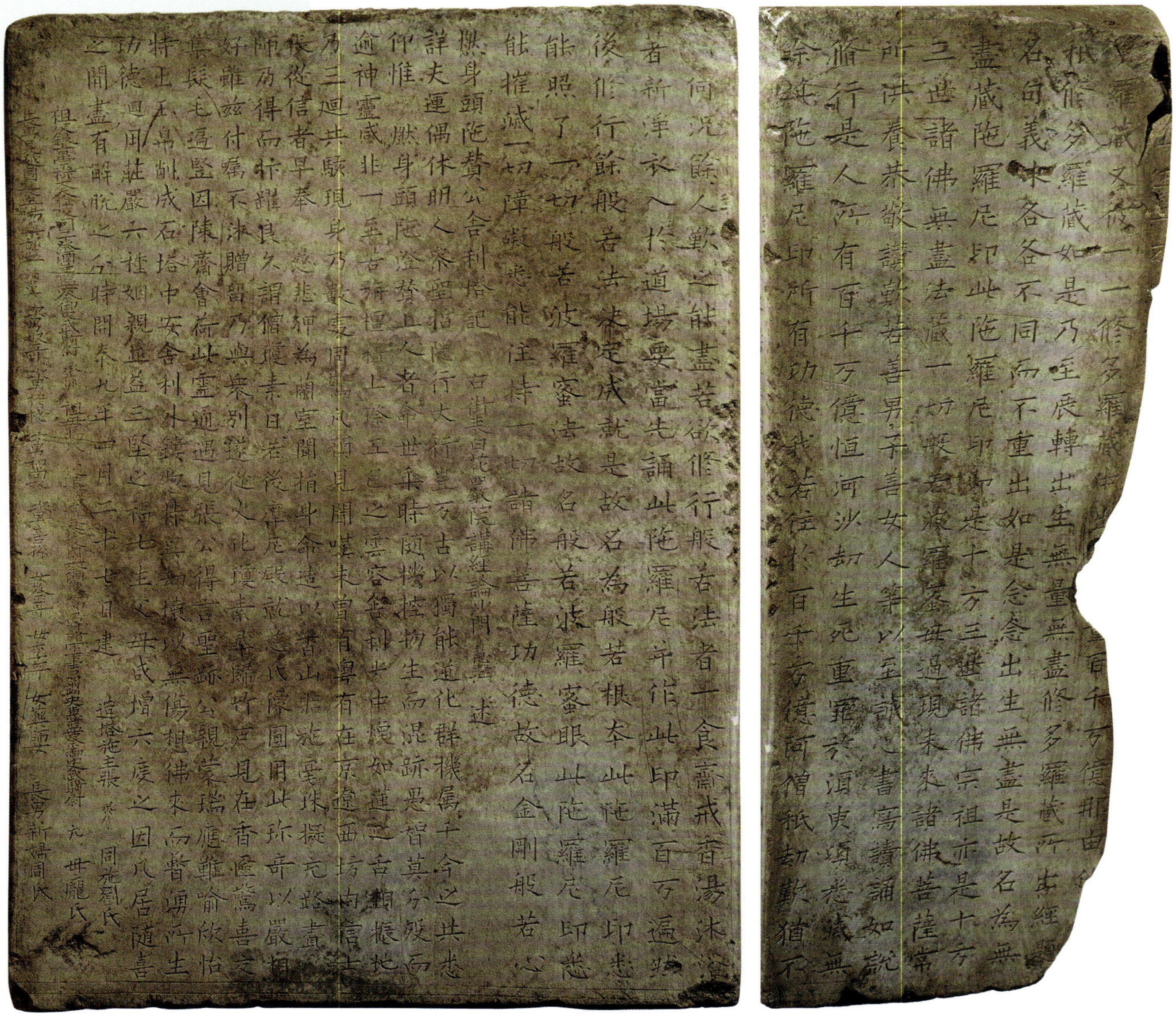

“头陀遗身舍利舌塔”碑拓片

## 2

## 『敕赐弘济菴』石匾

Stone Plaque of "Hongji Monastery by Imperial Order"

金至元（1115～1368年）

通长144、通宽33、通高13.5厘米

香山公园藏

石匾无印章落款，为弘济院内石匾，参考明代文徵明曾写游西山诗十首等史料推断此石匾应早于明代。据元代学者熊梦祥所著《析津志》推断，弘济院应为金代至元代所建。

2018年11月10日，拆修来青轩东侧矮墙时发现。

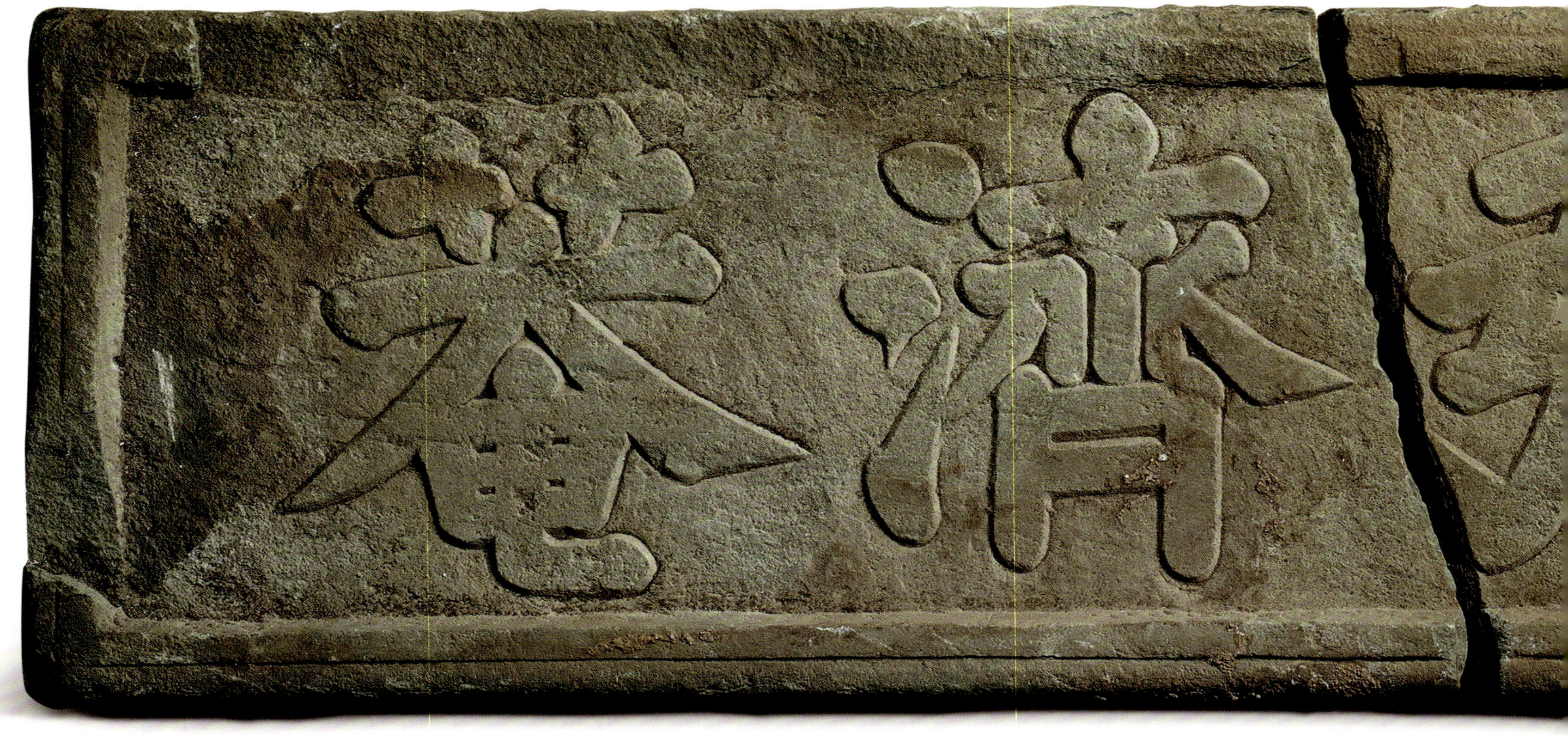

寺凡二百一十一（城内七十二，城外一百三十九）。……圆通寺，在西山，唐名大觉寺。……华严寺，在北务村，正统十年太监吴弼建。……寿安寺，在煤厂村，唐建，名兜率，三易其名。……洪光寺，在西山，太监郑友建。功德寺，在西湖上，元朝敕建，曰大护国圣寺。至本朝宣德年重修，敕赐今名，乃圣驾谒陵驻跸之所。地临西湖，一望无际，每夏秋之间，湖水泛滥，鸥雁往来，落霞返照，寺景如画。……圆静寺，在瓮山，弘治七年助圣夫人罗氏建。以上离城二十里。

——明·沈榜《宛署杂记》卷十九·僧道·寺

## 3

# 『塔铭』残件

Fragment of "Pagoda Inscription"

金（1115～1234年）

高45、直径35厘米

香山公园藏

此为香山寺残件，"塔铭"为石塔铭文，此件八面刻字，铭文中刻有"天会六年二月二十二日"（1128年3月24日）。

2015年12月出土于香山寺南侧泄洪沟内。

4

## 景德镇窑卵白釉『王白』款高足杯

Egg-White-Glazed Stem Cup with Inscription, Jingdezhen Ware

元（1271～1368 年）

口径 12.5、底径 4.5、高 9.5 厘米

首都博物馆藏

此杯撇口，弧腹，高足。腹内壁模印“荷塘三游鱼”纹。纹饰布局规整对称。花纹间对称印有楷书“王·白”二字，字体工整。胎色洁白，胎质坚硬，胎体轻巧。釉色白中闪青，莹润透彻，是元代景德镇创烧的一种青白色釉，因色泽白中微泛青，釉面透明度较弱甚至呈失透状，恰似鹅蛋壳，故名“卵白”釉。卵白釉中印出款识者，还有“枢府”“太禧”等官府机构款识，“王·白”款则极为罕见。此碗于 1998 年出土于元初名臣耶律铸墓，该墓位于颐和园文昌阁东北侧。耶律铸官至中书省左丞相，为耶律楚材次子，自幼聪敏，秉承家教，崇尚儒学，善于赋诗属文，更擅长骑射，曾出诗集《双溪醉隐集》。此件景德镇窑卵白釉“王白”款高足杯为元代景德镇新创烧卵白釉瓷中的精品，具有极高的历史价值。

## 2

# 明时期

**明代，海淀一带风景建设更加成熟。达官贵戚钟爱此景色，争相于此建祠立庙；私家园林造园之风大盛，武清侯李伟清华园和米万钟勺园，竞豪比奢，“李园壮丽，米园曲折；米园不俗，李园不酸”，代表了文人园与贵戚园两种不同园林审美的分野。**

5

### 『大明天启四年季春吉日造』款铁磬

Iron Chime with Tianqi Reign Mark

明（1368～1644年）

长40、宽40、高31厘米

香山公园藏

此为明代铁磬，直口、鼓腹，器身铸有“大明天启四年（1624年）季春吉日造”“碧云寺供”铭文，是见证香山碧云寺历史的重要物证。

## 6

# 錾花鸟错金银执壶

Gold-and-Silver Ewer with Engraved Birds and Flowers

明（1368～1644年）

口径5、底径7.5、通高23.5、通宽20.3厘米

首都博物馆藏

此执壶采用捶揲、錾刻、错金、焊接等工艺制成。通体横截面呈六角形，高柄长流，流口部向外倾斜。宝珠式盖纽，盖与柄以金链相连。壶身主体錾花鸟纹饰，并施以错金。壶口部饰三角形纹及十字花纹，颈部錾“卍”字纹一周。盖、流、柄分别錾刻花卉、卷草等纹饰。执壶整体造型规整流畅，纹饰繁密细腻，系明代金工制品中的佳作。

执壶出土于明代外戚武清侯李伟夫妇墓中。该墓位于北京海淀区八里庄慈寿寺塔西北约1千米。慈寿寺早已无存，寺塔原名永安万寿塔，系万历皇帝朱翊钧的生母李太后在万历四年（1576年）所建。李伟，字子奇，生于正德五年（1510年），死于万历十一年（1583年），是李太后之父，朱翊钧的外公，受封武清侯。李伟妻王氏经常被其亲女（慈圣皇太后）接到慈宁宫去住，赏赐殊多。李氏家族依仗皇亲身份，显赫一时。李伟夫妇死后得赐丰厚，墓中随葬器物多为宫廷精品，此执壶即为一佐证。

## 清华园

时人称“李园”，又被誉为“京国第一名园”，园主人为武清侯李伟。此园约建成于万历三十七年（1609年），规模豪华钜丽，格局自由，极富自然气息。山水佳胜，宛似江南；建筑华丽，雕梁画栋；假山堆叠，巧夺天成；奇花美石，绝艳独特。园主李氏注重与大臣、文人结交，经常在园中举办文人雅集活动。清初，此园被赐予肃亲王豪格；康熙年间，在清华园旧址上营建清代第一座御苑——畅春园。

清华园前后重湖，一望漾渺，在都下为名园第一。若以水论，江淮以北，亦当第一也。

——明·高道素·《明水轩日记》

米万钟《勺园纪图》

## 勺园

明代北京文人园林的典型代表，位于明清华园东侧，约建成于万历四十二年（1614 年），园主人为明末著名诗人、画家和书法家米万钟。米万钟，字仲诏，号友石、石隐庵居士，宛平县人。此园模仿江南园林，空间深邃，追求曲径通幽的意境。全园四处皆水，以桥、堤划分串联，层次丰富；建筑邻水而建，朴素舒朗；匾额题名，雅致深远。清初康熙年间，在勺园旧址上建弘雅园，为郑亲王西郊赐园；嘉庆年间改为集贤院，供六部官员居住。咸丰十年（1860 年）被英法联军焚毁，宣统间废园改赐贝子溥伦，1925 年售予燕京大学，成为今北京大学校园的一部分。

李园壮丽，米园曲折。米园不俗，李园不酸。

——明·刘侗 于奕正《帝京景物略》·卷之五·西城外·海淀

勺园林水纡环，虚明敞豁。游者或醉香以擘荷，或取荫以憩竹，或啸松坨，或弄鱼舠，或盟鸥订鹤，或品石看云，真翛然有濠濮间想。

——明·蒋一葵《长安客话》·卷四·郊垧杂记·海淀

7

## 『天启年米石隐制』款
## 青花洞石花卉出戟觚

Blue-and-White *Gu*-Shaped Vase with Halberd Handles and Mi Wanzhong's Sign

明（1368～1644年）

口径10.3、足径10.2、高31.8厘米

保利艺术博物馆藏

此件瓷器摹仿殷商青铜四方觚，圆腹随形四角出戟，上部四面绘青花洞石四季花卉纹，腹部四壁装饰折枝花卉托“卍”字纹，下部为葡萄丰收图。口沿下横书“天启年米石隐制”青花单栏楷书款。米万钟，字仲诏，号友石、石隐，善书画，“明末四家”之一。此件为米万钟订造的花器，是明末高档民窑瓷器的代表作。

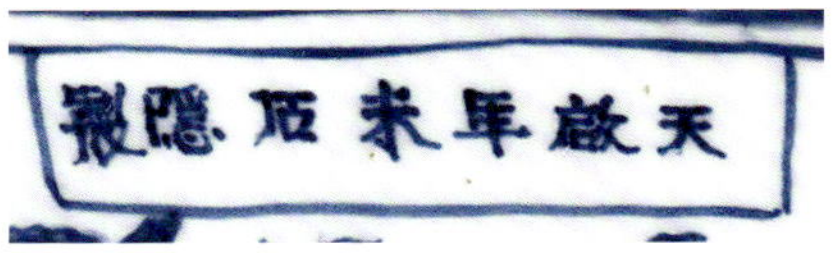

8

# 米万钟《勺园纪图》

*The Shao Garden by Mi Wanzhong*

明（1368～1644年）

绢本 设色

纵24、横285厘米

广州艺术博物院藏

此图为长手卷，图卷部分是明代勺园园主人米万钟亲绘，以俯瞰式构图将勺园各景点组织在一个横长画幅中，与吴彬《米氏勺园图》基本一致，只是米万钟绘制时加入自身笔意以致细节有所不同。画卷除因形制所限，东西南北方向有所变化之外，整个勺园建筑、景物所处位置及其布局细致准确。从右至左即从东到西，画起首是勺园的园门，上有“勺园”二字，最右端丛林中的木牌坊上书有“风烟里”三字。沿湖北行，再回向南，有书“缨云桥”，用“缨络云色”的典故。桥下迎面是围墙，上嵌石额云“雀浜”，往北为“文水陂”，过文水陂围绕湖水的一组跨水建筑即“定舫”，往左下方高阜为“松风水月”，隔水相望桥为“逶迤梁”，穿过梁往北为“勺海堂”，堂前有怪石辅以栝子松，堂右曲廊为太乙叶，周围湖中有白莲花盛开。穿过曲廊东南方竹林有碑书“林于澨”，竹林中高楼为“翠葆楼”，楼下向北为“槎枒渡”，再向北为水榭，再往西则有稻畦千顷，无围墙阻隔。整幅勺园图景布局得当，错落有序，由此可窥见当时勺园之盛景。卷尾画家自题：“万历丙辰上巳修禊勺园纪图　米万钟”并盖有印章。左边题跋部分为清乾隆九年诗人李梦苡所作，大意为通过此图可以看到当时勺园之景，惋惜勺园在明清交替之际毁于一旦变为荒芜之地。

告人左則曰園中宰百諸俱歇

觀此園之不保園之為主而知恩

之更可庵根夫阿房作而祕

禍峰在不敢之國傾不膏主之

遠樓遊而觀之不搖也使之園四

人而猶偃仰於園中者特意園而

哭之必付之炬而後快西樂之有哉

曰子而缺々一哭之貝樂人而將江一哭

子哭余曰哭自哭哭原誰非

強人安知有々徽然火不笑余之哭

而更哭役之笑已龔子曰譜書此

於吾孫輩吾子孫輩乃烱鑒

毋今人笑而人笑余因摟華

書之閩汀石峯居士李

兰之荒壽于錫山晉中

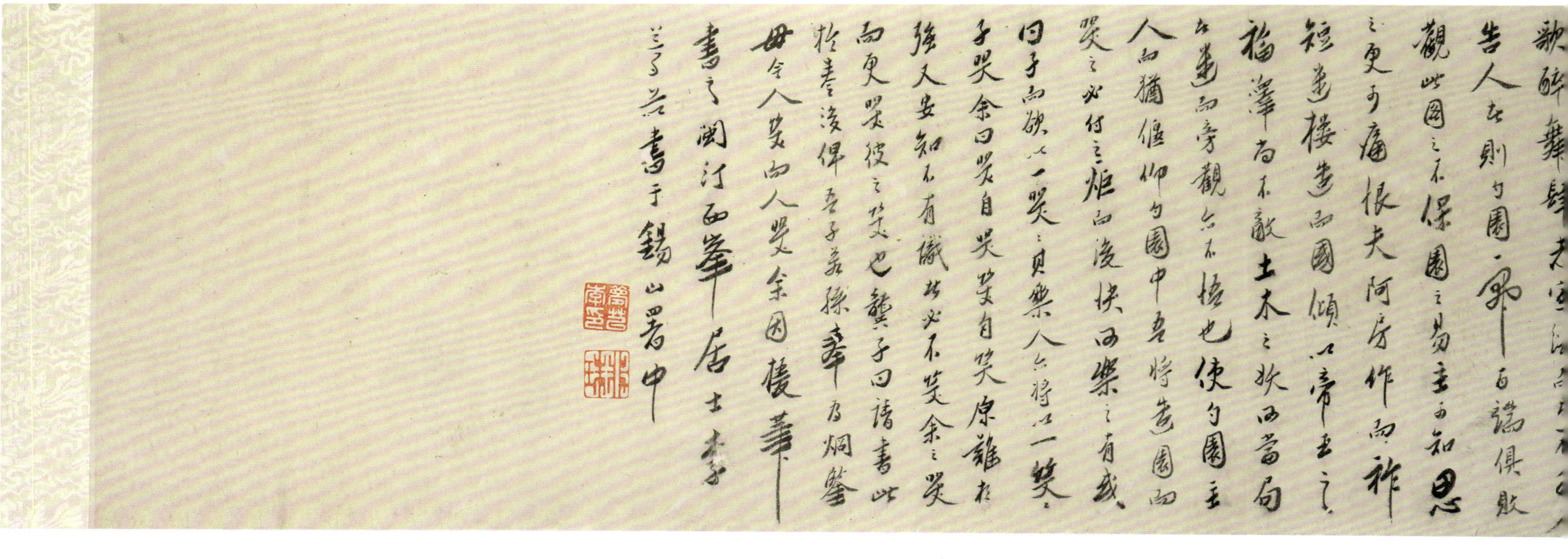

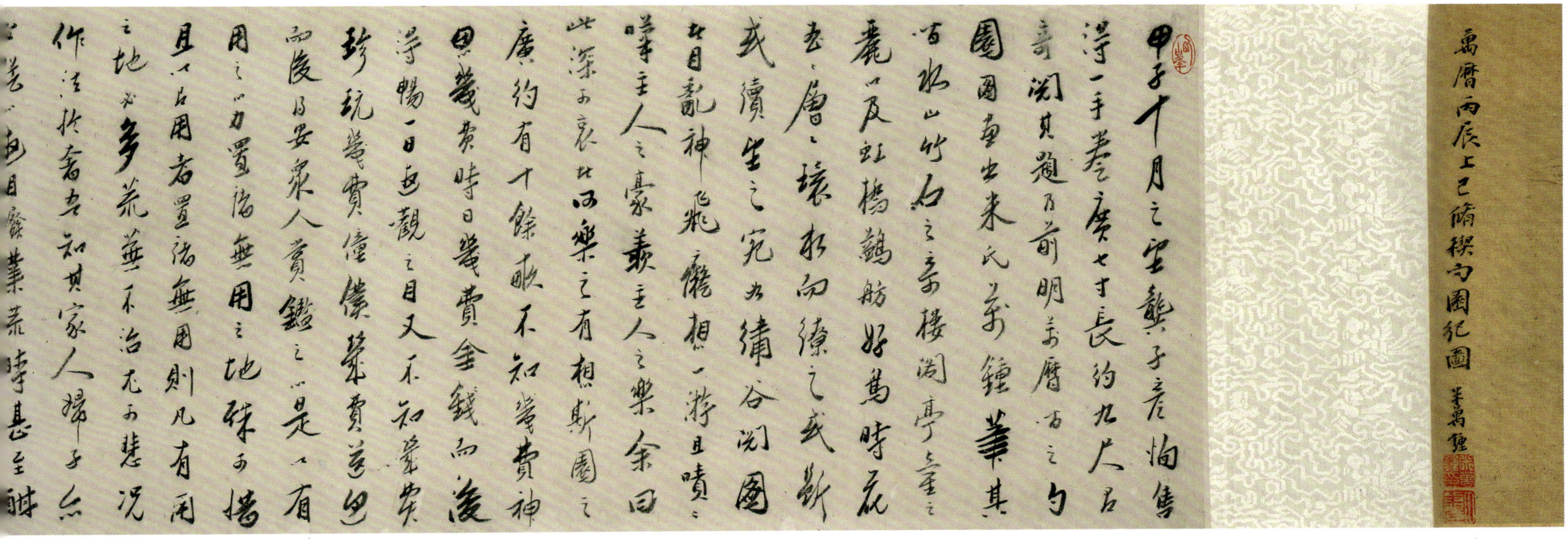
萬曆丙辰上巳脩禊勺園紀圖
米萬鍾

## 镂雕穿花龙纹玉带饰

Jade Belt with Openwork Dragon among Flowers

明（1368～1644年）

均宽5.5厘米

海淀博物馆藏

此带饰白玉质，质地纯净。带板形制为三台（三块）、圆桃（六块，其一残）、辅弼（两块）、排方（七块）和鉈尾（两块），共二十块。采用镂雕及透雕技法，均双层镂空透雕，每块带板留有边框，带板主纹为盘曲飞舞的龙纹，空隙处间饰鸾鸟和花草纹。玉带雕刻为立体的分层镂空，花下压花，刻工精细，玲珑剔透。此件为2003年北京市海淀区六一幼儿园出土。

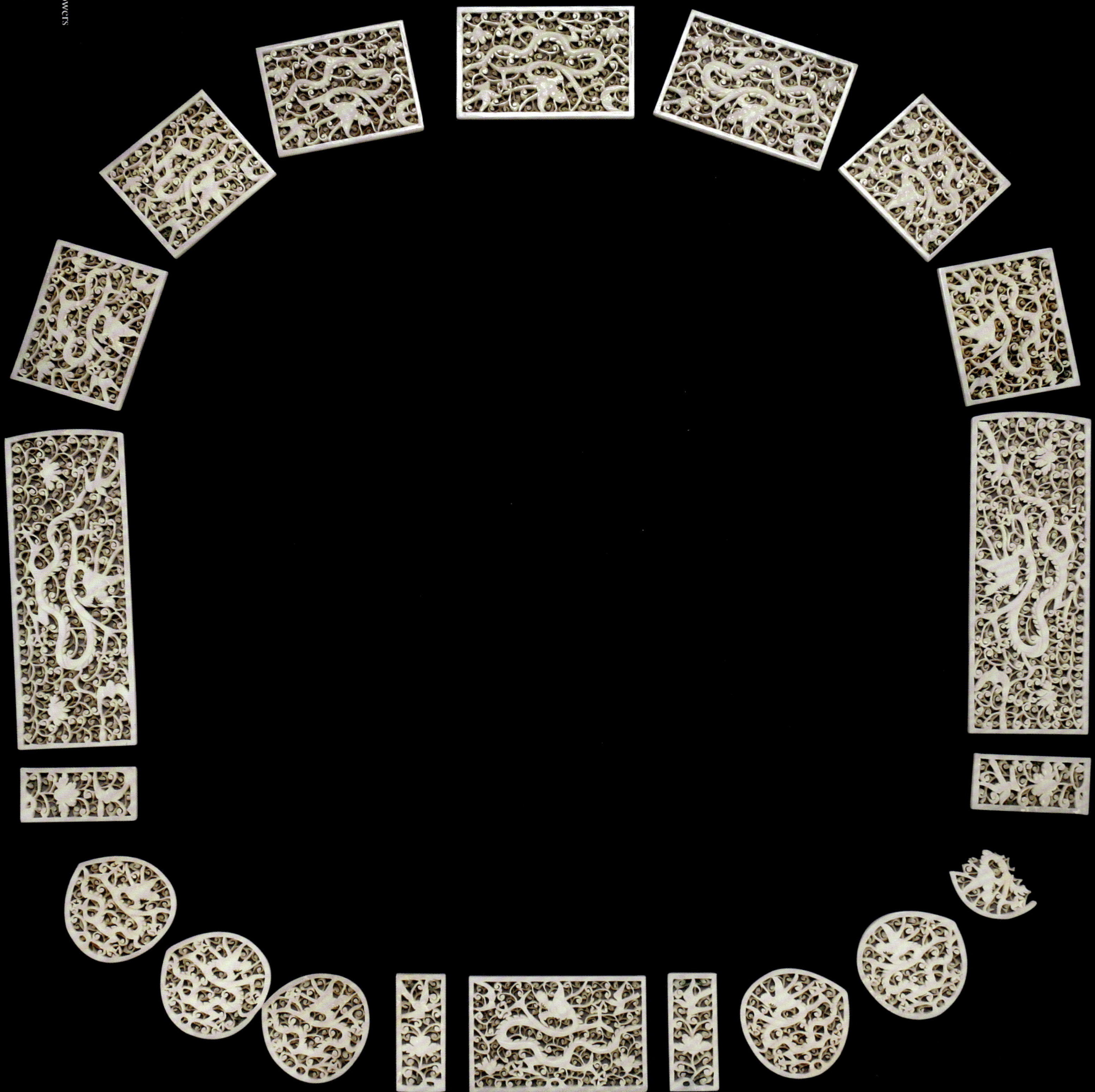

## 10

## 《古香斋鉴赏袖珍春明梦余录》

*Additional Records of Dreams at the Spring Brightness, Guxiang Studio Appreciation Pocket Edition*

清乾隆（1736～1795年）

单本：长15.1、宽10、高0.6厘米

颐和园藏

古香斋袖珍本，全书24册，4函，七十卷。明末清初孙承泽撰，记载明代北京概况。全书分为14门，有建置、形胜、城池、宫阙、石刻、陵园、寺庙等。对研究北京城建置沿革具有很高的资料价值。其中卷六十八“岩麓”中收录瓮山、耶律楚材墓等。古香斋，乾隆皇帝的斋名。

京师之西皆山也。《旧记》：太行山首始河内，北至幽州，第八陉在燕，强形钜势，争奇拥翠，云从星拱，于皇都之右。玉泉山，在京西二十余里，山顶悬崖旧刻玉泉二字，水自石罅中出，鸣如杂佩。金章宗行宫芙蓉殿之故址也。半岭有吕公岩，广盈丈许，深倍之，相传吕仙宴坐处。瓮山，在玉泉山之傍，西湖当其前，金山拱其后，山有寺，曰圆静寺。山之阳，有耶律楚材墓。

——明·孙承泽·《春明梦余录》卷六十八

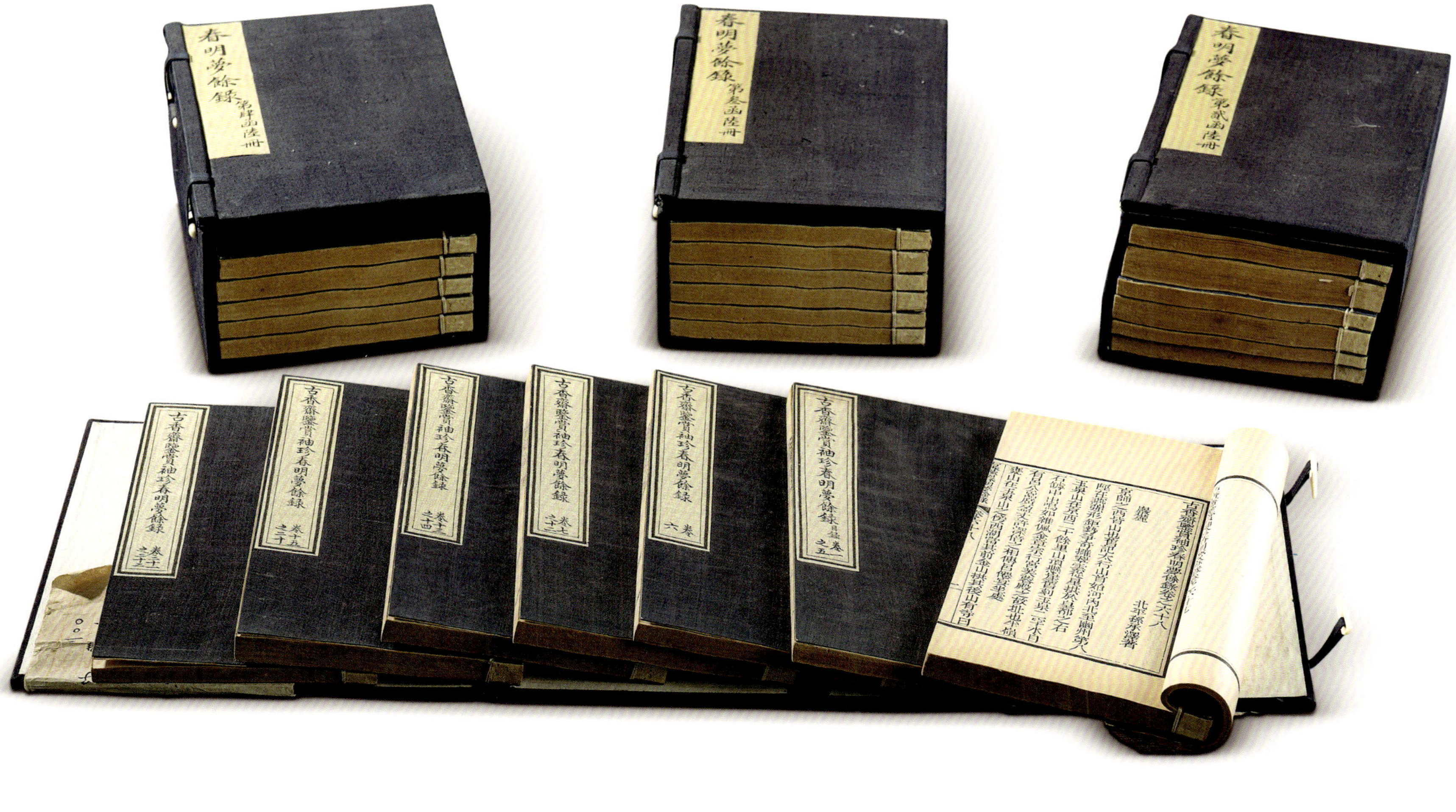

11

# 郭谌《西山漫兴图》

*The Western Hills* by Guo Chen

明（1368～1644年）

绢本 设色

纵 24.2，横 1061 厘米

故宫博物院藏

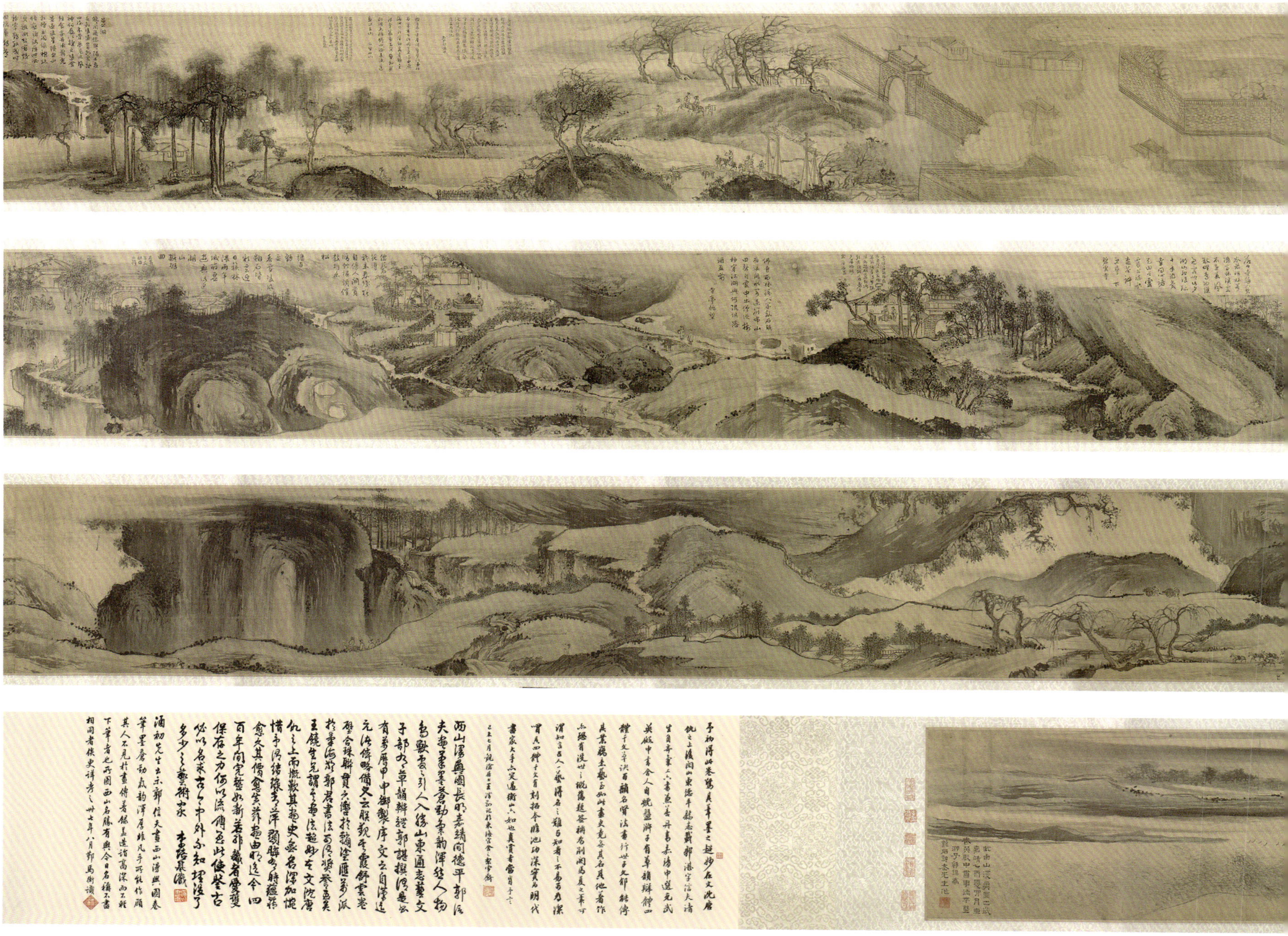

郭谌（1488～1578年）字信夫，号盘浒居士，德平县（今山东德州临邑县）郭家村人。正德三年（1508年）在朝廷选试书法中夺魁。嘉靖年间升任武英殿中书事。

郭谌书、画、诗俱佳，识者称以“三绝”，其书法尤为有名，慕名者多自备纸、绢以求其作，公卿也无不以得其作品为荣。南京吏部少监许龙石因欣赏郭谌之才，特邀其同游西山，归来后郭谌为许龙石作此图以记其事。图中集诗、书、画于一体，被时人视为神品。

款识：此西山漫兴图也，岁嘉靖乙酉夏卯月，直武英殿中书事，德平盘浒子郭谌为龙石许老先生作。

12

# 仿《文衡山西山游咏真迹》

*Scenery of the Western Hills by Wen Zhengming (Imitation)*

明（1368～1644年）

纸本 行书

引首纵 28.5、引首横 101 厘米

画心纵 28、横 264.5 厘米

中国园林博物馆藏

文徵明（1470～1559年），原名壁，字徵明，世称“文衡山”，长洲（今江苏省苏州）人。他幼习经籍诗文，喜爱书画，文师吴宽，书法学李应祯，绘画宗沈周。

文徵明以贡生入京三年，该手卷为其游京郊西山所得，诗十首，分别为《早出阜城马上口占》《登香山》《来青轩》《下香山历九折阪登弘光寺》《碧云寺》《宿弘济院》《观道边石涧寻源至五花阁》《吕公洞》《玉泉亭》《暮沿湖堤而归》。

引首：黄葆戉题。

款识：乙巳冬十月三日，征明书。

钤印：文徵明印（白）衡山（朱）

鉴藏印：金山陆士雄藏（朱）、汉阳叶名沣润臣甫印（白）、敦夙好斋鉴藏（朱）

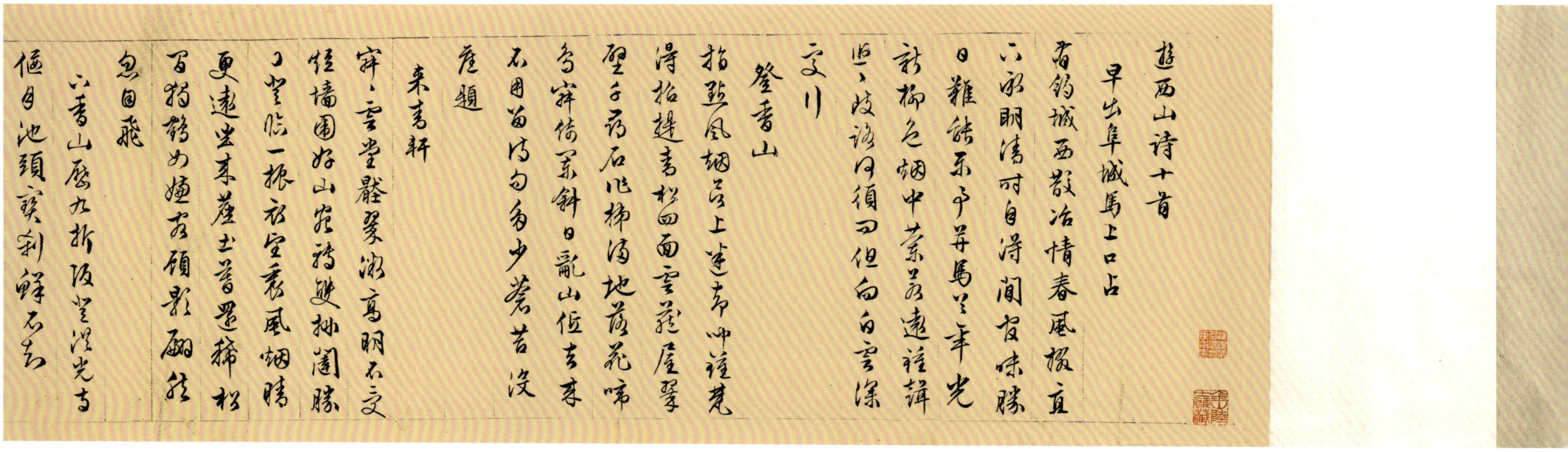

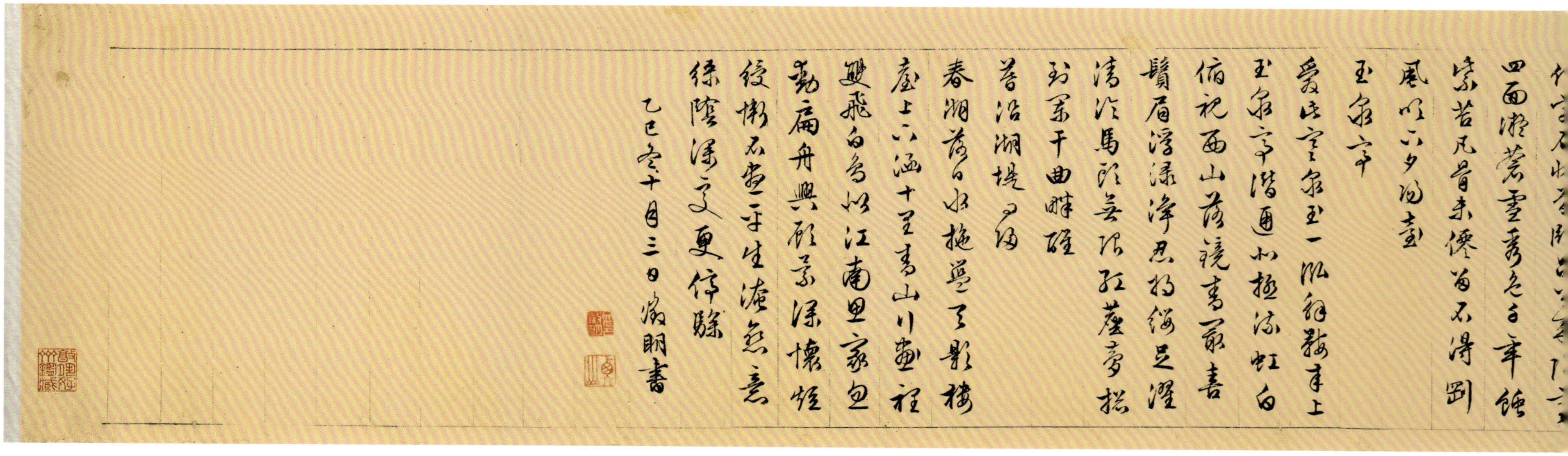

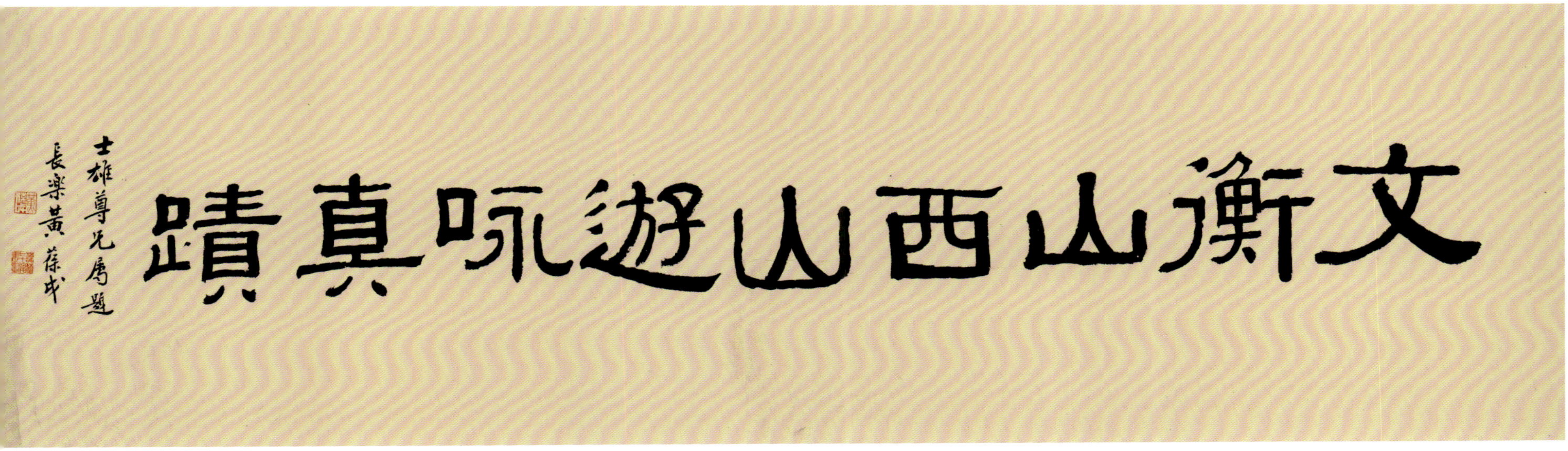
文衡山西山遊咏真蹟
士雄尊兄屬題
長樂黃葆戉

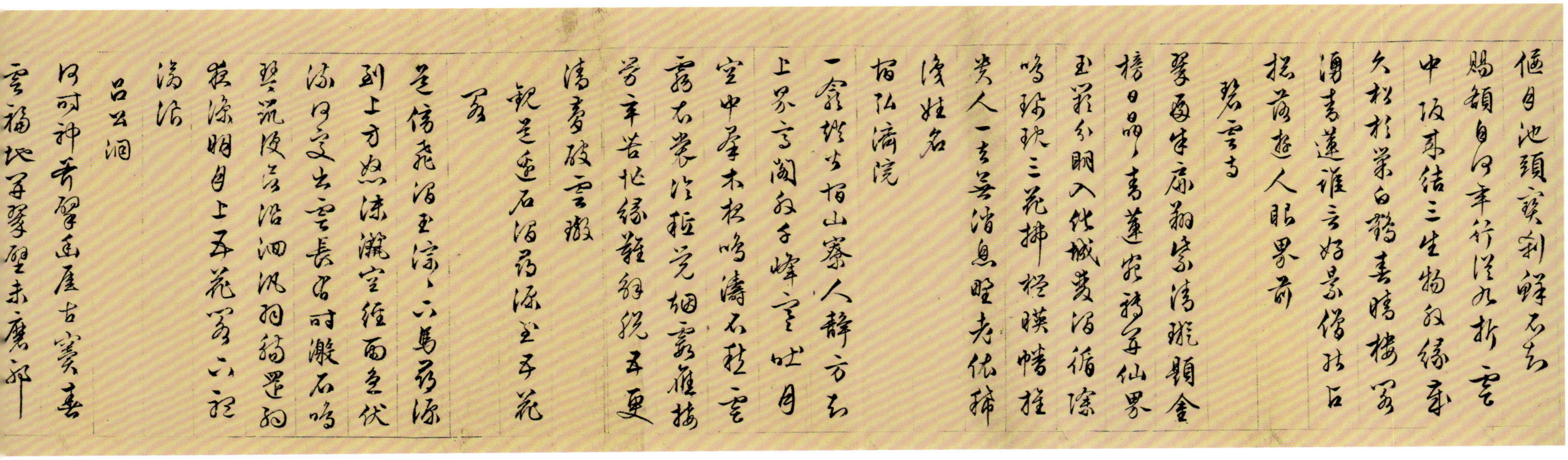

宋割山後十六州以與遼以白溝為界白溝在今保定府新城縣其時容城雄縣皆為要地今之順天永平遼陽大同及宣府以北之地皆十六州故地也

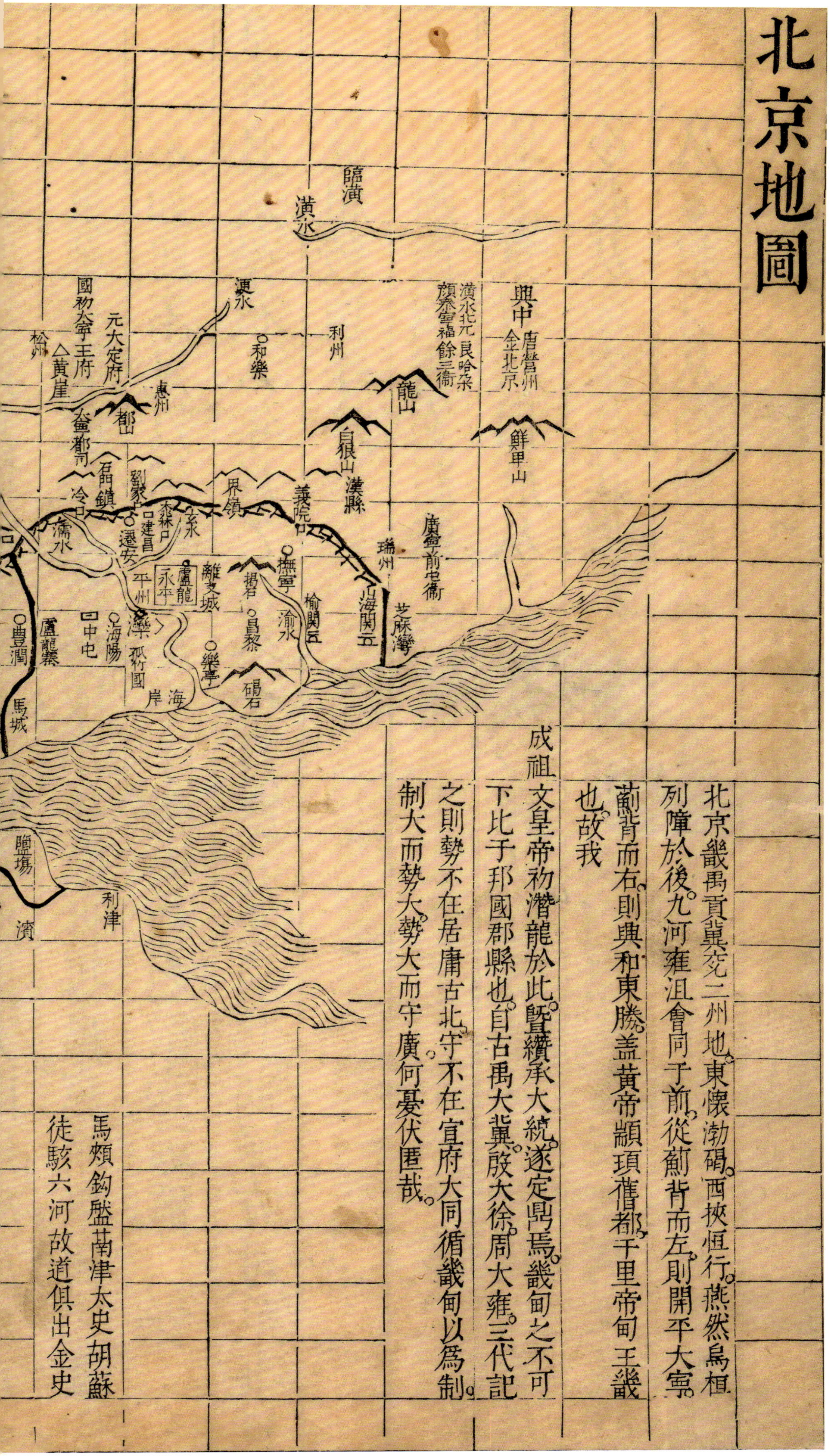
北京地圖
臨潢
潢水
遼水
和樂
利州
潢水北元晃哈朵顏泰寧福餘三衛
興中
唐營州
金北京
國初大寧王府
元大定府
黃崖
松州
惠州
都山
奮都司
龍山
白狼山
鮮甲山
石匣鎮
冷口
劉家口
界嶺
義院口
漢縣
灤水
桃林口
建昌
遷安
玄水
瑞州
廣寧前屯衛
盧龍
永平
平州
離支城
撫寧
揭石
昌黎
渝水
榆關
山海關
芝麻灣
豐潤
盧龍寨
中屯
海陽
孤竹國
樂亭
碣石
岸
海
馬城
鹽場
利津
濟
北京畿禹貢冀兗二州地。東懷渤碣。西挾恆行。燕然烏桓列障於後。九河雍沮會同于前。從薊背而左。則開平大寧薊背而右。則興和東勝。盖黃帝顓頊舊都。千里帝甸。王畿也。故我
成祖文皇帝初潛龍於此。暨纘承大統。遂定鼎焉。畿甸之不可下比于邦國郡縣也。自古禹大冀。殷大徐。周大雍。三代記之則勢不在居庸古北。守不在宣府大同。循畿甸以爲制。制大而勢大。勢大而守廣。何憂伏匿哉。
馬頰鈎盤鬲津太史胡蘇徒駭六河故道俱出金史

**《皇明职方地图·北京地图》**

国家图书馆藏

此地图集由陈组绶等人于崇祯八年（1635 年）编纂完成，分为上中下三卷，共有地图 52 幅，其中，上卷为全国和各省政区图。此幅北京地图中清晰地标注了“西山”“玉泉”，显示出明时期北京西郊的具体地望。《皇明职方地图》对研究明代制图技术水平以及明代政治、历史有重要的参考价值。

展厅实景照

清华园
小心玻璃
CAUTION! GLASS!

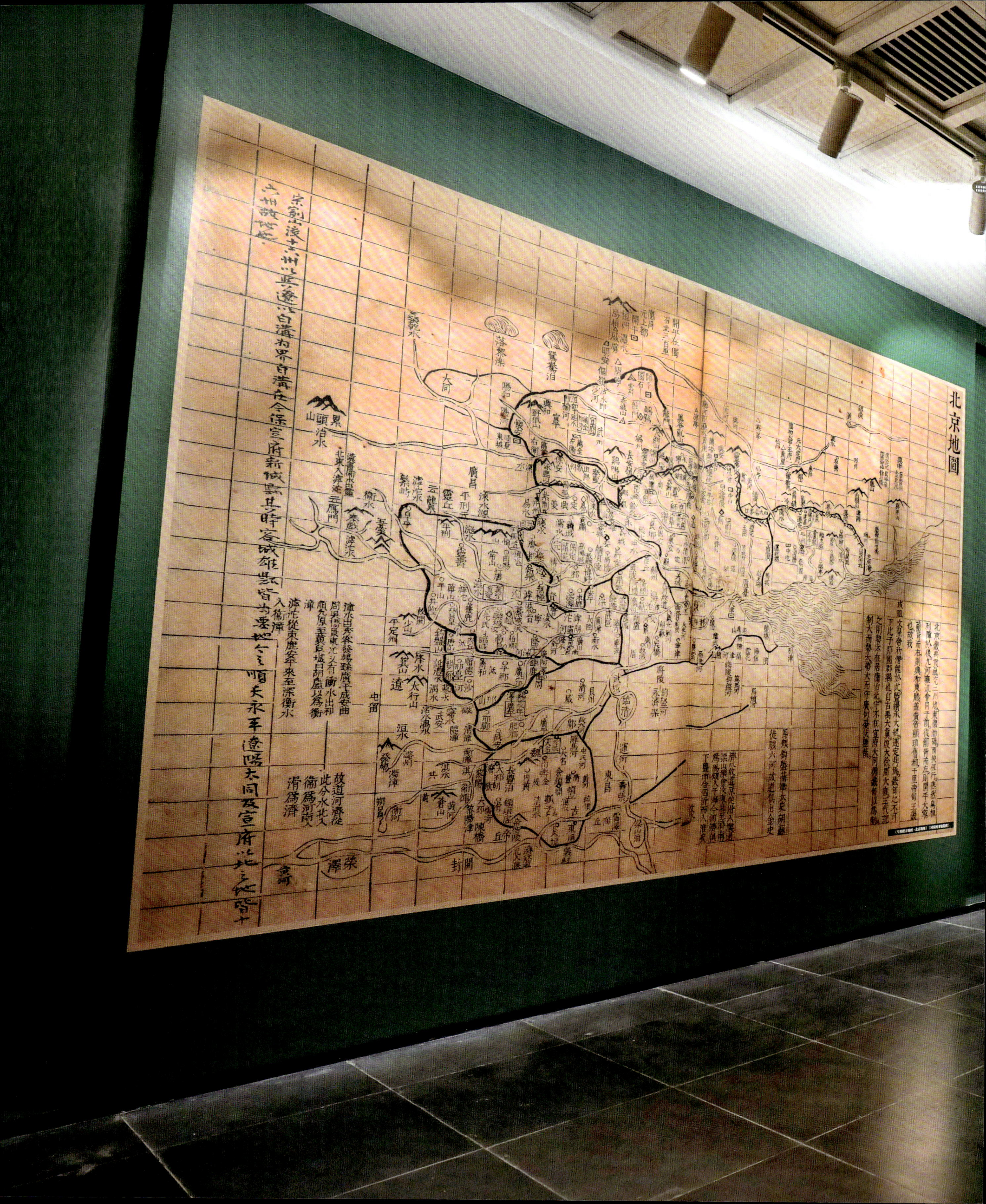
北京地圖
大同
太行山

展厅实景照

# 第二单元 SECTION TOW

# 名园盛衰 RISE AND FALL OF RENOWNED GARDENS

清代康乾年间，国力强盛，三山五园次第建成，与周边的赐园、衙署、兵营、市镇、稻田、水系、道路等构成的皇家园林网络连成一体，山水相望，台榭参差，功能互补，极天下之盛。咸丰、光绪年间，这里的名园两遭帝国主义劫掠破坏，但最高行政中心的地位依旧，见证了近代历史的风云变幻。

During the reign of Kangxi to Qianlong (three emperors) in Qing Dynasty, the national strength was strong, and Three Hills and Five Gardens was built one after another, which was connected with the royal garden network composed of ambient bequeathed gardens imperially, government offices, barracks, towns, rice fields, water systems and roads. The hills and waters faced each other, the terraces and pavilions were uneven, and the functions were complementary, which was extremely prosperous in the world. During the reign of Xianfeng and Guangxu, the renowned gardens here were looted and destroyed by imperialism twice, but the status of the highest administrative center remained the same, which witnessed the changes in modern history.

1

# 园林兴造

清朝定鼎北京后，逐渐开始在京城周边兴建行宫。康雍乾时期，国家统一、社会稳定、经济发展、国帑富裕，在帝王的亲自主持下，经过规划及造园名家、能工巧匠的创造性劳动，这片山水迎来了园林营建的全盛时期。

## 暢春園

康熙二十六年（1687年），在清华园的旧址上建成畅春园，这是清代在北京西郊修建的第一座大型皇家园林。雍正以后，随着皇帝理政中心转移至圆明园，畅春园逐渐衰落；乾隆年间，作为弘历奉养生母的「皇太后园」，其间曾进行过几次修建，嘉庆至道光年间，因闲置而荒废。咸丰十年（1860年），被英法联军焚毁。民国年间，其旧址被辟为练兵场。现今，仅遗留恩佑寺、恩慕寺两座山门。

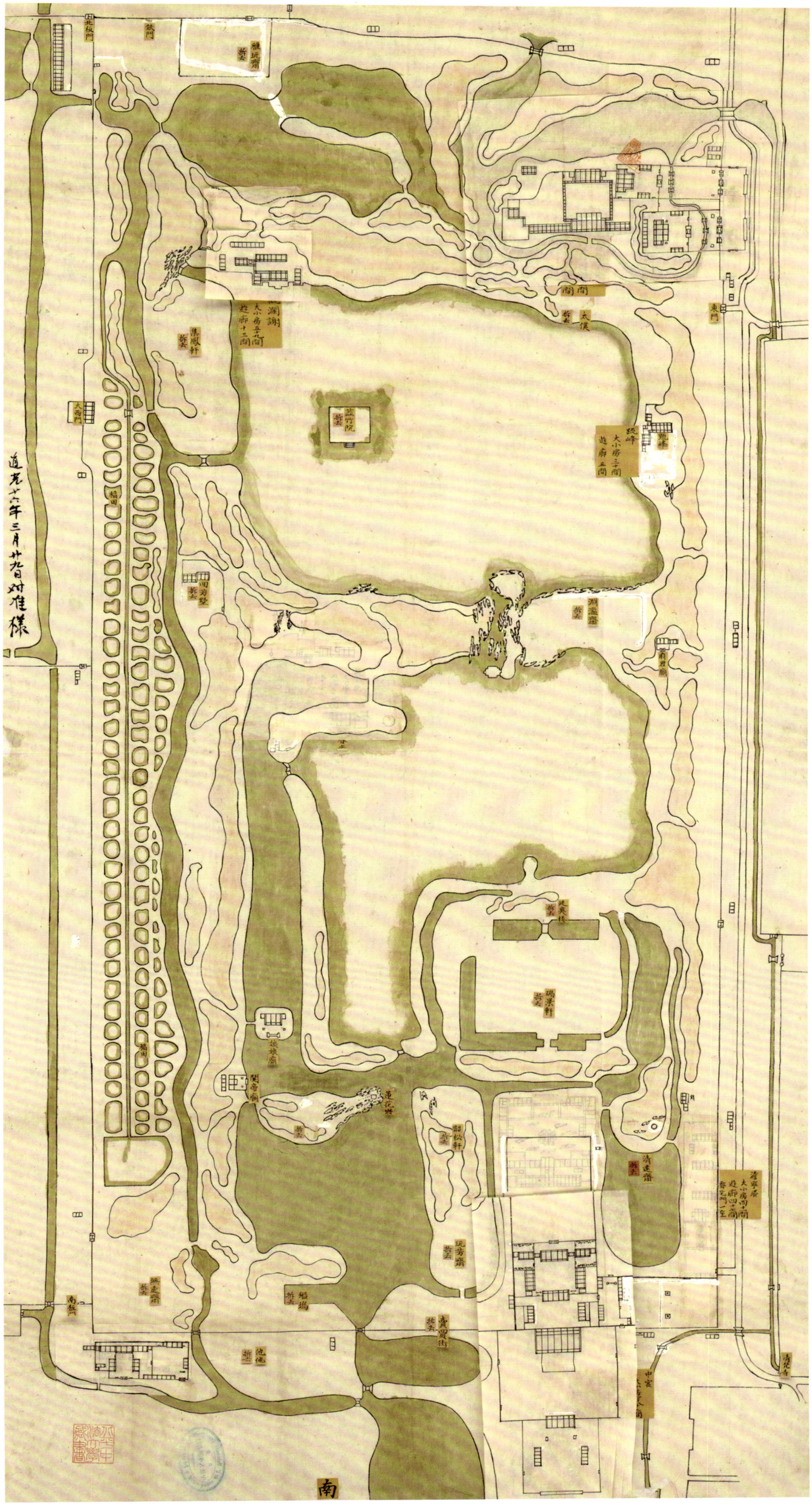


**畅春园地盘形势全图**

故宫博物院藏

此为样式房绘畅春园地盘平面图，绘制出畅春园内水陆分布布局，建筑布局及平面形态。左侧图边书“道光十六年三月廿九日对准样”表明此为道光十六年（1836年）校对，因此其上有修正痕迹。此图以贴黄签的方式标注出主要建筑及园门名称，疏峰、观澜榭等个别建筑还标出内部房间数量，中路延爽楼、瑞景轩、玩芳斋和韵松轩，东路清远斋、渊鉴斋、太朴，西路的船坞、卖买街、无逸斋、回芳墅、蕊竹院、集凤轩和雅玩斋等建筑名称旁边注明“拆去”字样，说明这些建筑物即将被拆除。畅春园，建成于康熙二十六年（1687年），为康熙皇帝避暑听政之所，雍正和乾隆时期成为奉养皇太后之所，荒废于嘉庆至道光年间。

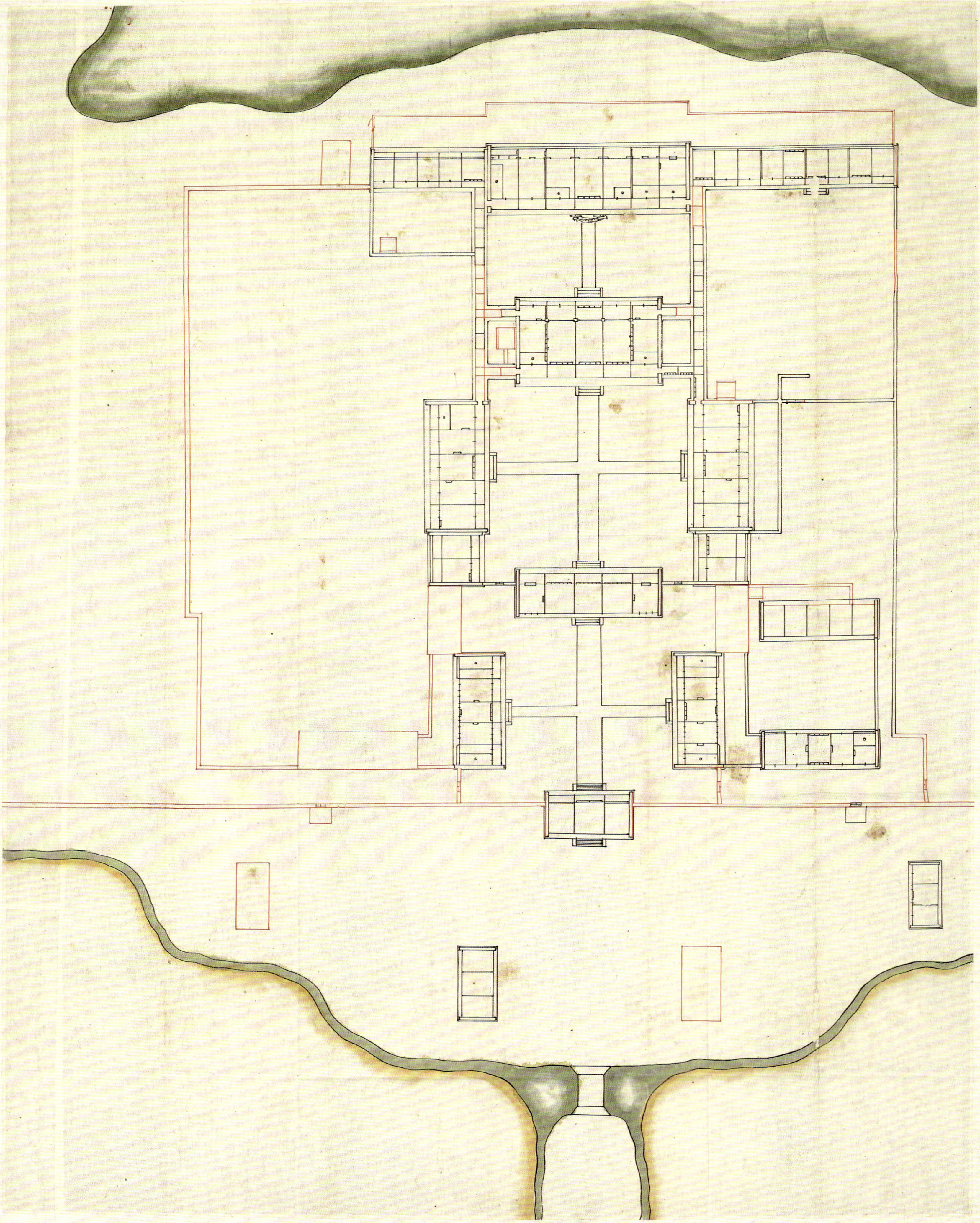

## 13

**西花园地盘图**

*Site Plan of the West Garden*

清（1644～1911年）

纵85、横65.3厘米

国家图书馆藏

此为样式房所绘西花园地盘平面图，绘制了西花园内建筑的设计形式、布局形制及分布位置，对连接建筑的路径、外围墙体也有明确描绘，是造园施工之依据。西花园为畅春园的附属园林，于康熙二十七年（1688年）前建成，园址主要为今海淀公园。

## 14

**玄烨楷书《畅春园记》**

*Records of the Changchun Garden* in Regular Script by the Kangxi Emperor

清康熙（1662～1722年）

纸本 楷书

纵23.8、横639.3厘米

避暑山庄博物馆藏

纸本，长卷，康熙皇帝御笔楷书《畅春园记》，落款"康熙二十七年岁在戊辰六月望日御制并书"，钤印"钦训堂世宝御笔书画臣永瑆恭记之章""载沣珍藏"。全文共967字，记述了康熙建畅春园的目的和经过，也叙述了畅春园的建制和重要景观。《畅春园记》字体严整秀拔，行笔洒脱，整幅长卷气势连贯，文辞流畅，一气呵成。

此卷于1987年8月由溥杰、溥任先生捐赠给承德市避暑山庄博物馆，是避暑山庄博物馆收藏的清代帝后书法作品中的上乘之作。

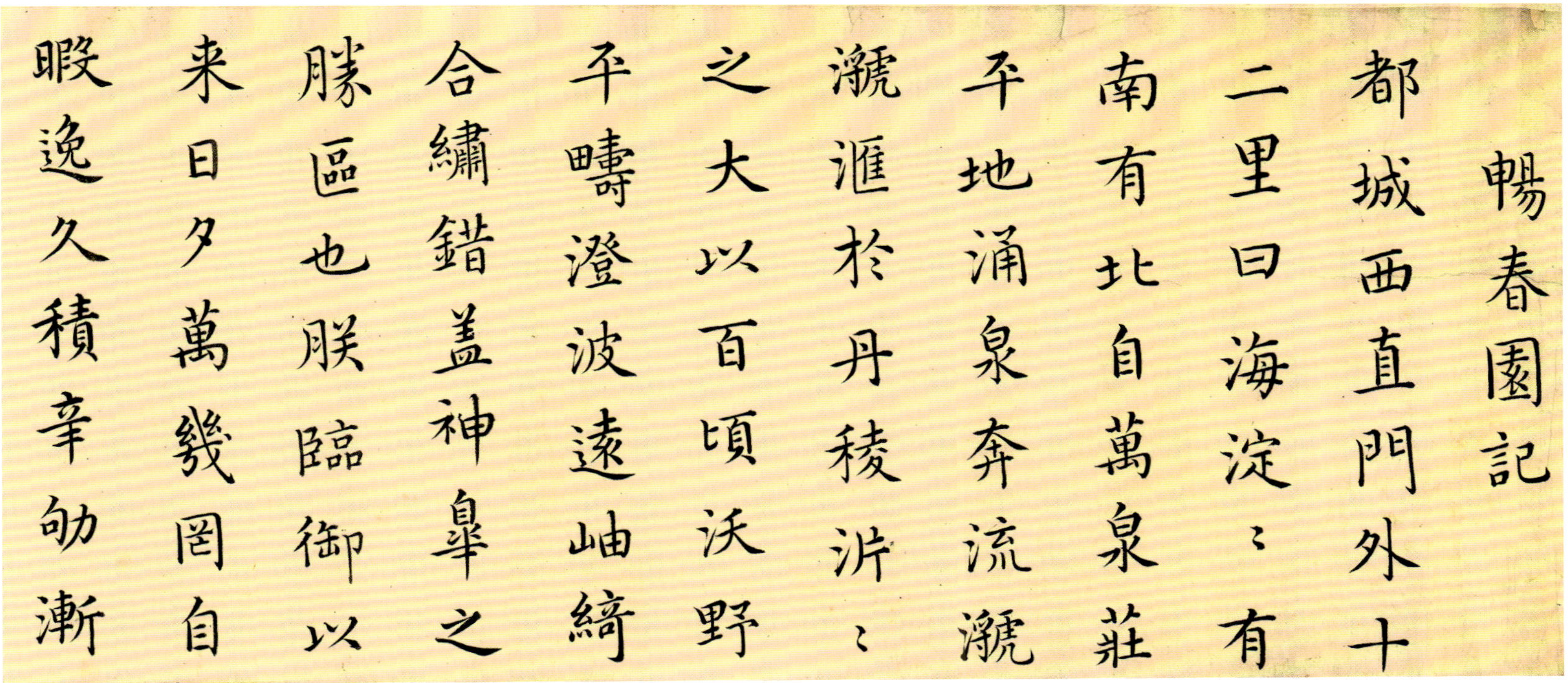

瞰飛樓之鬱律循
水檻之逶迤古樹
蒼藤往往而在爰
詔內司少加規度
依高為阜即卑成
池相體勢之自然
取石甓夫固有計
庸畀直不役一夫
宮館苑籞足為寧
神怡性之所永惟
儉德捐泰去雕視
昔亭臺丘壑林木
泉石之勝絜其廣
袤十僅存夫六七
惟弥望漣漪水勢
加勝耳當夫重巒
極浦朝煙夕霏芳
萼發於四序珎禽
喧於百族禾稼豐
稔滿野鋪芬寓景
無方會心斯遠其
或穱稌未實暘雨
非時臨陌以閔胼
胝開軒而察溝澮

春寅為人之春而
易文言稱乾元統
天則四德皆元四
時皆春也先王體
之以對時育物使
圓頂方趾之衆各
得其所跂行喙息
之屬咸若其生光
天之下熙熙焉皞
皞焉八風罔或弗
宣六氣罔或弗達
此其所以為暢春
者也若乃秦有阿
房漢有上林唐有
繡嶺宋有艮嶽金
缸璧帶之飾包山
跨谷之廣朕固不
能為亦意所弗取
朕匪敢希踪古人
媲美曩軌安土階
之陋惜露臺之費
亦惟是順時宣滯
承顏致養期萬類
之乂和思大化之
周浹一民一物念

慈闈那居高明遐
矚俯瞰聊用娛情
粤有圖史藏之延
閣惟此大廡會彼
朱襮鬱鬱溝塍依
然耕鑿無假人工
湫淼雲壑有鷁其
舟有虹其梁可帆
可涉於焉徜徉文
武之道一弛一張
退省庶政其罔弗
臧嘗聞君德莫大
於仁體元出治於
時為春頌言物阜
還使俗醇暢春之
義以告臣鄰
康熙二十七年歲
在戊辰六月望日
御製并書

## 暢春園記

都城西直門外十
二里曰海淀〻有
南有北自萬泉莊
平地涌泉奔流濊
濊滙於丹稜沜〻
之大以百頃沃野
平疇澄波遠岫綺
合繡錯蓋神臯之
勝區也朕臨御以
来日夕萬幾罔自
暇逸久積辛劬漸
以滋疾偶緣暇時
於玆遊憩酌泉水
而甘顧而賞焉清
風徐引煩疴乍除
爰稽前朝戚畹武
清侯李偉因玆形
勝構為别墅當時
韋曲之壯麗歷〻
可考圮廢之餘遺
址周環十里雖歲
遠零落故蹟堪尋

占離畢則殷然望
詠雲漢則悄然憂
宛若禹甸周原在
我戶牖也每以春
秋佳日天宇澄鮮
之時或盛夏鬱蒸
炎景鑠金之候機
務少暇則祗奉順
養遊息於玆足以
迓清和而滌煩暑
寄遠矚而康
慈顏扶輿後先承
歡愛日有天倫之
樂焉其軒墀爽塏
以聽政事曲房邃
宇以貯簡編茅屋
塗茨畧無藻飾於
焉架以橋梁濟以
舟楫間以籬落周
以繚垣如是焉而
已矣既成而以暢
春為名非必其特
宜於春日也夫三
統之迭建以子為

玆在玆朕之心豈
有已哉於是為之
記而系以詩〻曰
昔在夏姒克儉卑
宮亦越姬文勿亟
庶攻若稽古訓是
欽是崇箴銘戶牖
夙夜朕躬棟宇之
興因基前代巖宿
丹霞簷棲翠靄營
之度之以治蕪廢
有沸泉源汪濊斯
在駕言西郊聊駐
綵旄甘彼挹酌工
築斯謀瑩澈明鏡
縈帶芳流川上徘
徊以詠以遊因山
成峻就谷斯卑洛
彼將作毋曰改為
松軒茅殿實惟予
宜亦有樸斲予尚
念玆撰辰經始不
日落成豈曰遊豫
[illegible]

15

## 畅春园界碑拓片

Rubbing of the Boundary Monument at the Changchun Garden

清（1644～1911年）

高约70、宽约20厘米

原件藏于北京大学

此为畅春园之东北界碑拓片。此界碑旧址在篓斗桥稍南、万泉河分水东流处，约今畅春园食堂南门前。2001年兴建畅春园宿舍时，石碑被移至北大校园西南角外火神庙院内。碑上刻有“畅春园东北界”六个大字。该界碑既是“三山五园”初始建设地的见证，也是北大校内园林水源的地标，具有重要的历史价值。

《康熙六旬万寿庆典图》畅春园部分

## 16

# 畅春园铁火印

Iron Seal of the Changchun Garden

清道光（1821～1850年）

长16、宽8、高38厘米

故宫博物院藏

火印为铁质，首端为长方形，末端为中空圆柱，可插入把柄，方便使用。印文由上至下为“畅春园”及“道光二十二年制造”，标明了使用机构及年份。这件火印应是用于制作畅春园相关人员入宫通行木牌的工具。

# 圆明園

康熙四十六年（1707年）建成，为皇四子胤禛的赐园。雍正三年（1725年）起，开始在此园居理政；乾隆年间，建成「圆明园四十景」，形成「圆明五园」的格局，至嘉庆时，园林达到鼎盛。嘉庆七年（1802年）和道光二年（1822年），分别将春熙院和熙春园赐予庄静固伦公主和惇亲王绵恺。咸丰十年（1860年），惨遭英法联军焚毁。同治、光绪年间，因耗费过大，中止重修，其后历经各种劫难，逐渐沦为废墟。新中国成立后，在圆明园基址上建成圆明园遗址公园，成为爱国主义教育示范基地。

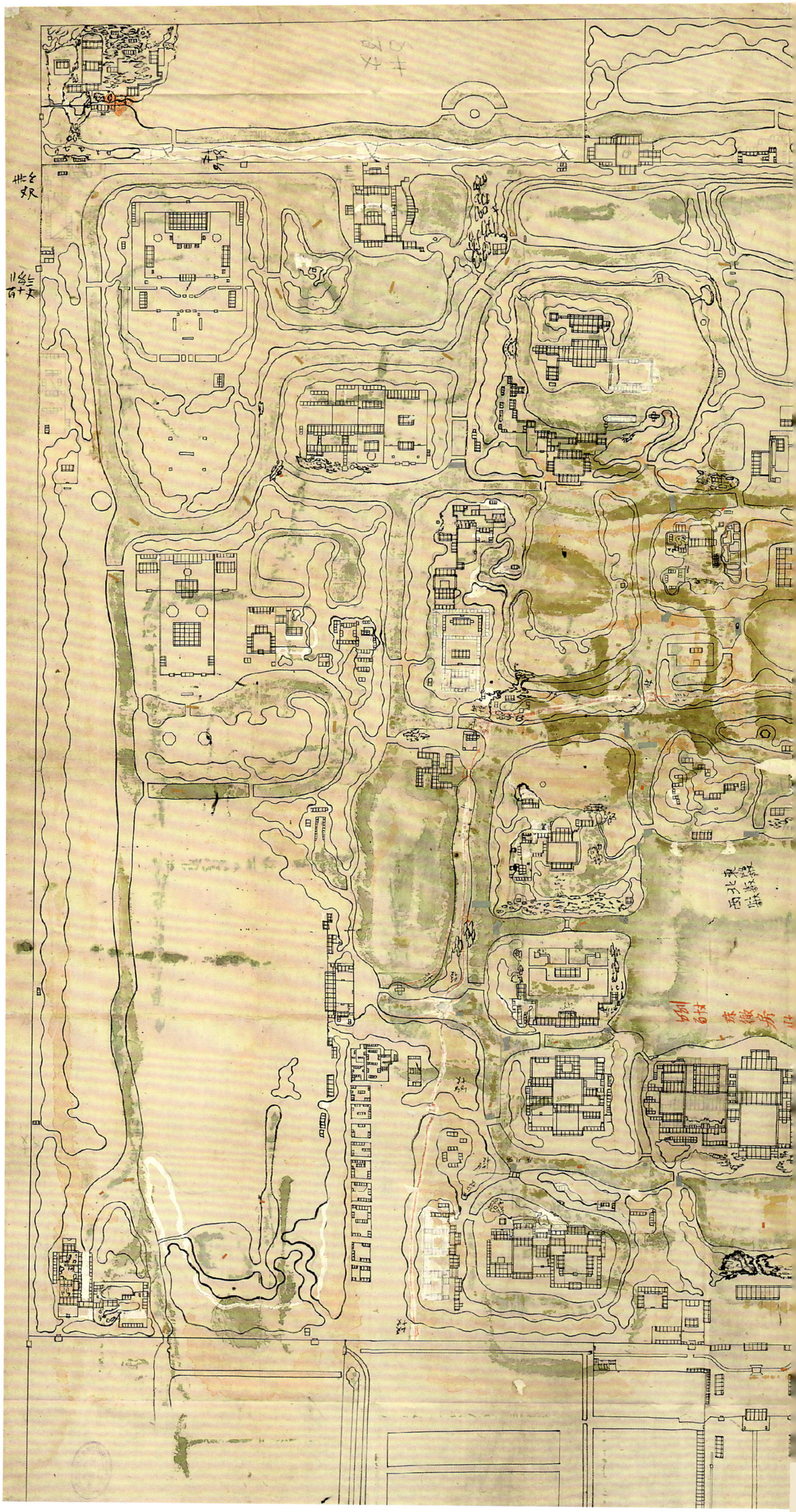

**圆明园苏堤春晓前后地盘全图**

故宫博物院藏

此图收藏于故宫博物院图书馆，编号1704，是现存圆明园图档中绘制年代早、表现内容丰富的珍贵档案。原图纸本，用墨笔描绘圆明园山形水系及各建筑组群。此图粘贴、涂改近百处，多处景点呈现图纸重叠、白粉覆盖现象，表明此图经历了长期反复使用，是研究乾隆、嘉庆、道光三朝圆明园变迁史的重要档案。（援引自端木泓《圆明园新证——乾隆朝圆明园全图的发现与研究》，故宫博物院院刊）

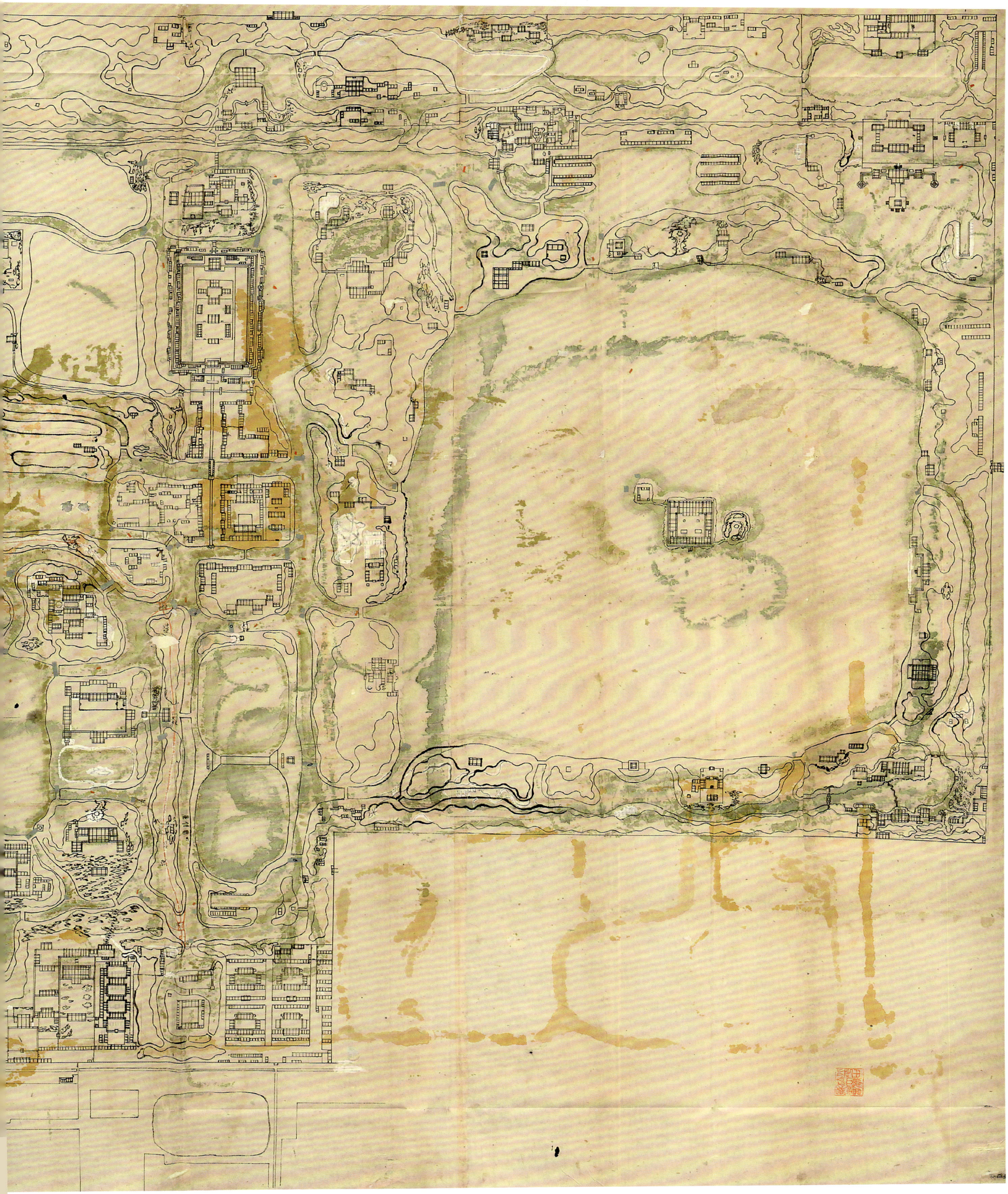

17

# 清人绘
## 胤禛朗吟阁图像轴

*Yinzhen at the Langyin Pavilion, Hanging Scroll*

清（1644～1911年）
绢本 设色
纵175.1、横95.8厘米
故宫博物院藏

本图描绘了朗吟阁外树木葱茂，鹤鹿相伴，胤禛于阁内端坐怡神，欣赏风光，侍者肃穆而立的安静雅逸场景。从胤禛身上所穿常服、凉帽以及年轻面容来看，此时应为其皇子时期。朗吟阁位于圆明园内，是康熙皇帝赐给胤禛的藩邸，胤禛皇子时期常居于此处。全图画风工细，色彩艳丽，极富装饰效果。此图也是存世不多的胤禛皇子时期画像作品之一。

## 18

## 《御制圆明园四十景诗》

*Poems on the Forty Scenes of the Yuanmingyuan*

Composed by the Qianlong Emperor

清乾隆（1736～1795年）

上卷：长26.7、宽16.7、高1.6厘米

下卷：长26.7、宽16.7、高1.1厘米

中国园林博物馆藏

纸本，线装一函两册。

清高宗弘历撰，鄂尔泰、张廷玉等注。目录前有“世宗宪皇帝御制圆明园记”“圆明园后记”“玉研堂”白文方印等，卷末镌跋。

圆明园为清代皇家园林，园内建筑仿国内及西洋的名园，各具特色。此书仿避暑山庄诗例，乾隆帝标举园内四十处胜景，每景配诗一首，依次为：“正大光明、勤政亲贤、九州清晏、镂月开云、天然图画、碧桐书院、慈云普护、上下天光、杏花春馆、坦坦荡荡、茹古涵今、长春仙馆、万方安和、武陵春色、山高水长、月地云居、鸿慈永祜、汇芳书院、日天琳宇、澹泊宁静、映水兰香、水木明瑟、濂溪乐处、多稼如云、鱼跃鸢飞、北远山村、西峰秀色、四宜书屋、方壶胜境、澡身浴德、平湖秋月、蓬岛瑶台、接秀山房、别有洞天、夹镜鸣琴、涵虚朗鉴、廓然大公、坐石临流、曲院风荷、洞天深处。”

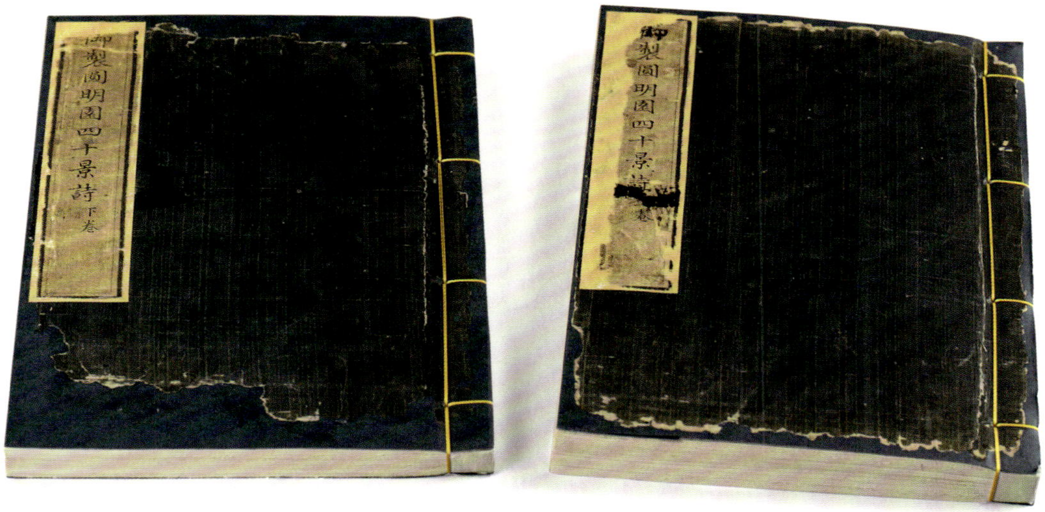


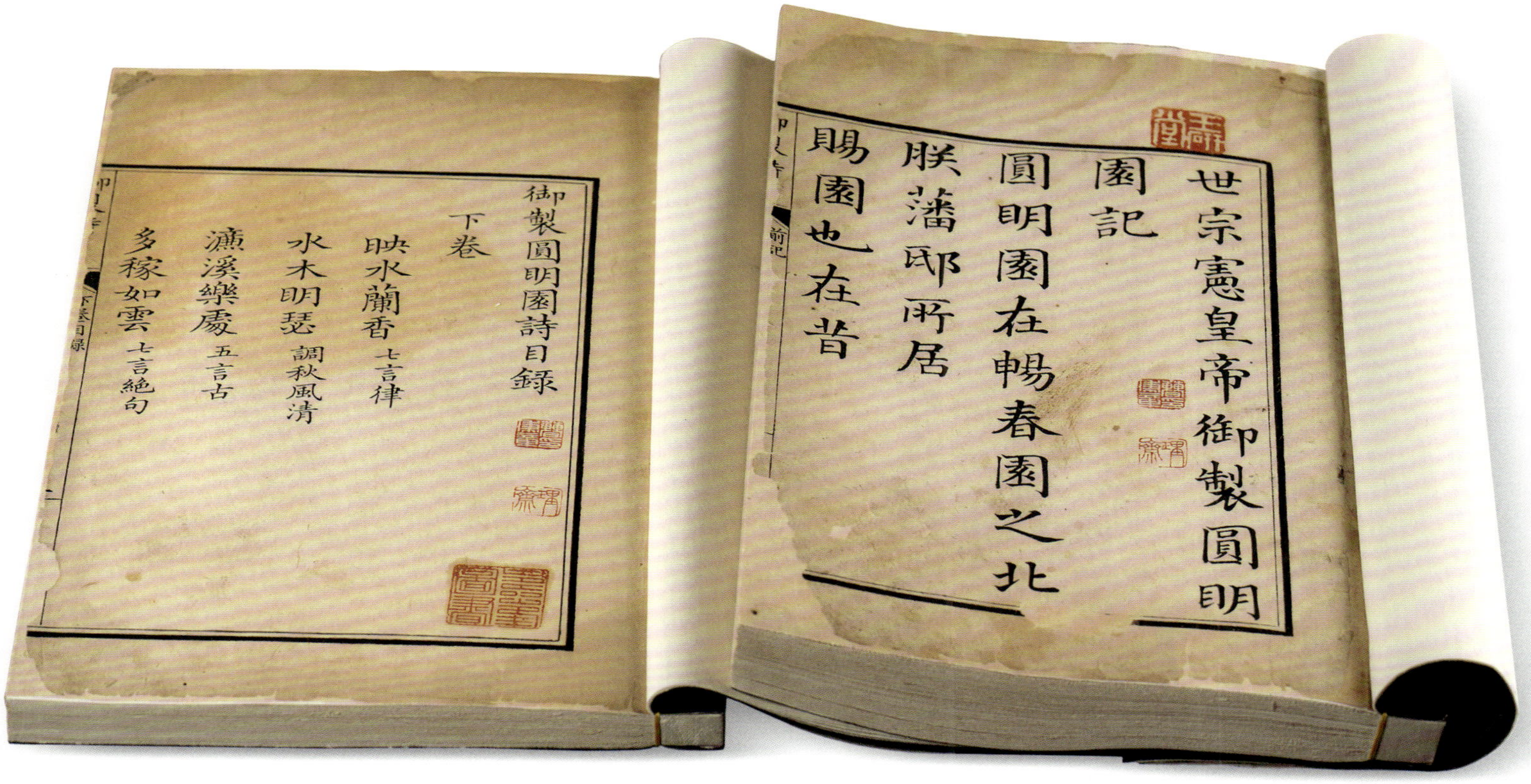

## 19

### 雕双螭纽『圆明园』寿山石玺

Shoushan Stone Seal with Inscription "Yuanmingyuan" and Knob in the Form of Two Hornless Dragons

清雍正（1723～1735年）

边长3.6厘米

故宫博物院藏

宫殿玺，寿山石质，印模正方形，镌阳文篆体“圆明园”三字，横排。双螭纽，其身各居一侧，口衔灵芝，回首环视，相戏成趣。

20

## 圆明园铁火印

Iron Seal of the Yuanmingyuan

清光绪（1875～1908年）

长16、宽8、高36厘米

故宫博物院藏

此件火印的印文为竖版排列，左侧印文为“圆明园”，右侧为“光绪三十四年制造”。火印底端插有木质握柄，上有墨书“圆明园”字样。该火印是用于制造圆明园相关人员通行宫廷木牌的工具，与“颐和园铁火印”形制相似，且印文年代相同，应为同一时期使用。

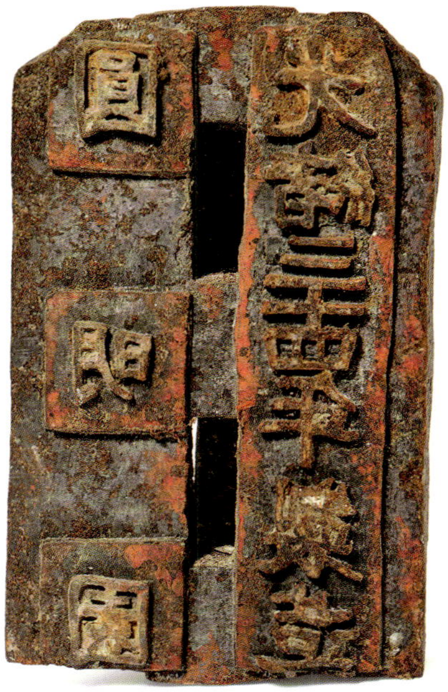

三山五园及外三营地理全图

国家图书馆藏

# 静宜园

康熙十六年（1677年），修建香山行宫；乾隆年间，建成「二十八景」，并更名为「静宜园」；道光以后，静宜园逐渐衰败，咸丰十年（1860年），遭英法联军焚掠。光绪二十六年（1900年），八国联军入侵北京，静宜园又历劫难。民国年间，园内曾办过静宜女校和香山慈幼院，民国三十五年（1946年），曾作为公园对游人开放。1957年，在静宜园旧基上建成的「香山公园」正式对游人开放。

21

香山形势图
Topography of the Fragrant Hills
清（1644～1911年）
纸本 设色
纵82、横165.5厘米
首都博物馆藏

此图近景绘香山静宜园二十八景中的部分景观，远景描绘逶迤绵延的群山，画面饱满且富立体感。全图以图文结合的方式进行了细致描绘，其中的重要景观和建筑皆以图记和图注作标记，在“静宜园”“昭庙”“碧云寺”“香山寺”“洪光寺”“森玉笏”“香雾窟”“重翠庵”“玉华寺”等代表性景观旁用文字对其历史沿革和功能等方面作以介绍。全图构图合理准确，符合香山静宜园地理位置及景观概况，是研究香山建筑方位和历史文化的可靠资料。

图左下角署：“京兆希之乌景洛仿静宜园原迹谨绘。”此图绘制方式与玉泉山风景图相类，以中国传统绘画中的写意法结合界画方式全景表现香山静宜园风景，横向大尺幅构图，所绘地域广阔。

香山地盤

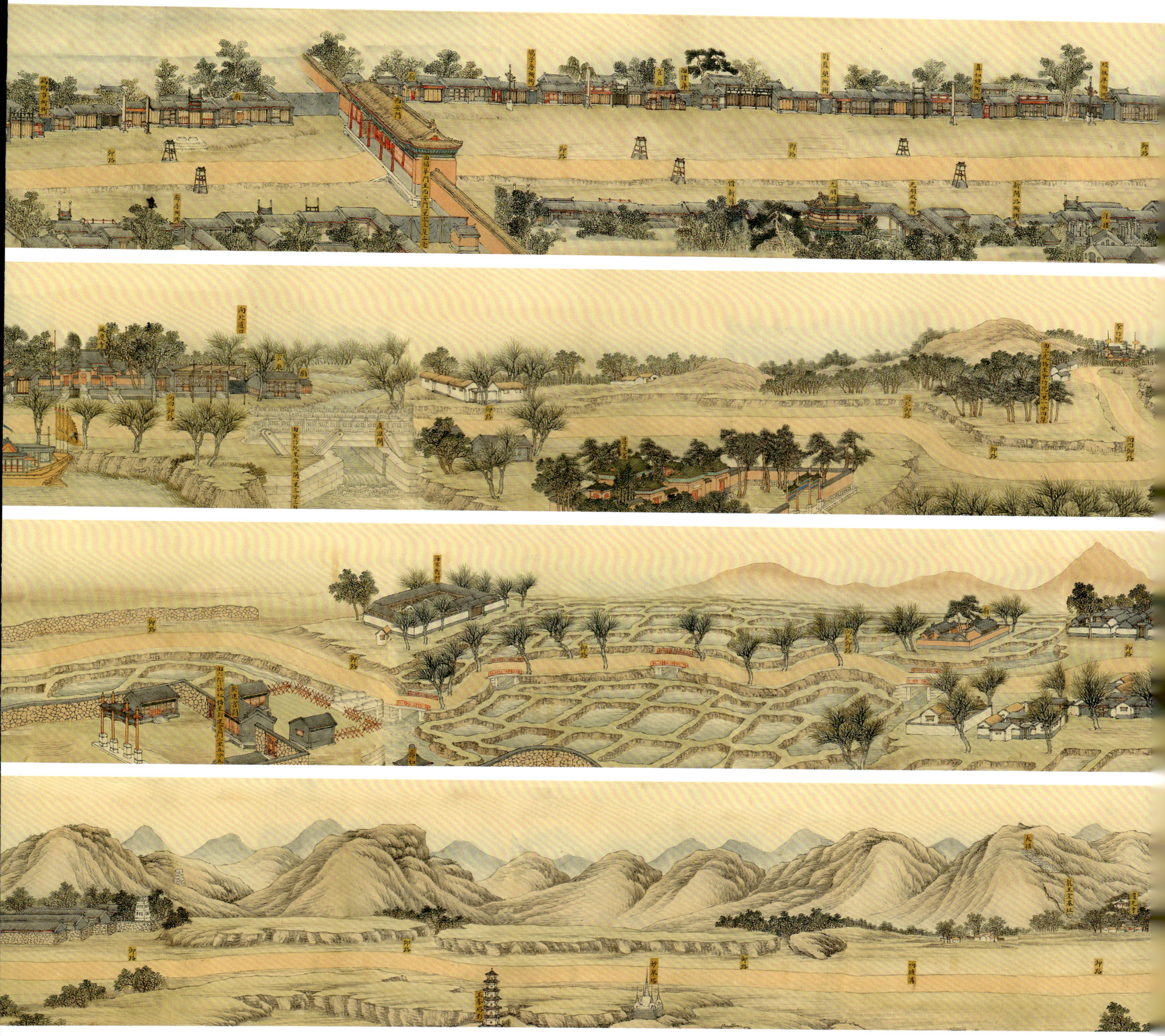

25

## 静宜园铁火印

Iron Seal of the Jingyi Garden

清道光（1821～1850年）

长16、宽8、高36厘米

故宫博物院藏

此铁火印的印文由上至下为“静宜园”及“道光二十二年制造”，与“清漪园铁火印”和“畅春园铁火印”形制相仿，且印文年代相同，应当使用于同一时期，是用于制作静宜园相关人员入宫通行木牌的工具。

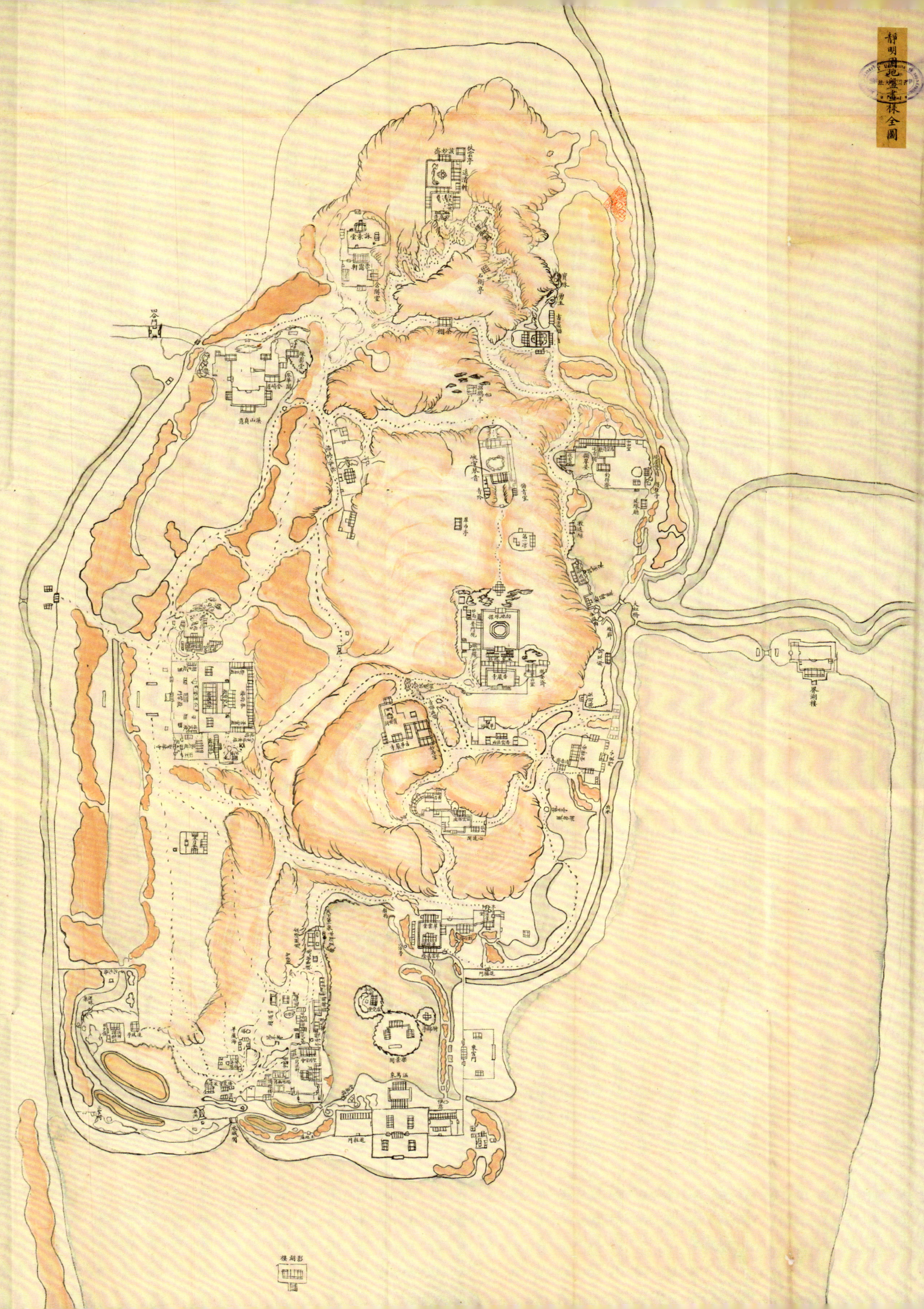
靜明園地盤畫樣全圖

## 27

## 玉泉山静明园内涵漪斋各座地盘图样

Site Plan of the Hanyi Studio at the Jingming Garden in the Yuquan Moutain

清（1644～1911 年）

纵 70.9、横 80.2 厘米

颐和园藏

此为样式房绘玉泉山静明园中西山景区涵漪斋及周围环境的平面图样，绘制出此座建筑内部结构及形制，用贴黄签的方式标注出各处名称。涵漪斋于“静明园十六景”建成之后的乾隆二十二年（1757 年）增建，嘉庆十七年（1812 年）左右大修，在涵漪湖北岸临水而建。其西即静明园的角门，自香山一带以石槽导引过来的泉水在此处折而向南，汇入玉泉山水系。角门外面的石铺御道南连大宫门，往西直达香山静宜园。

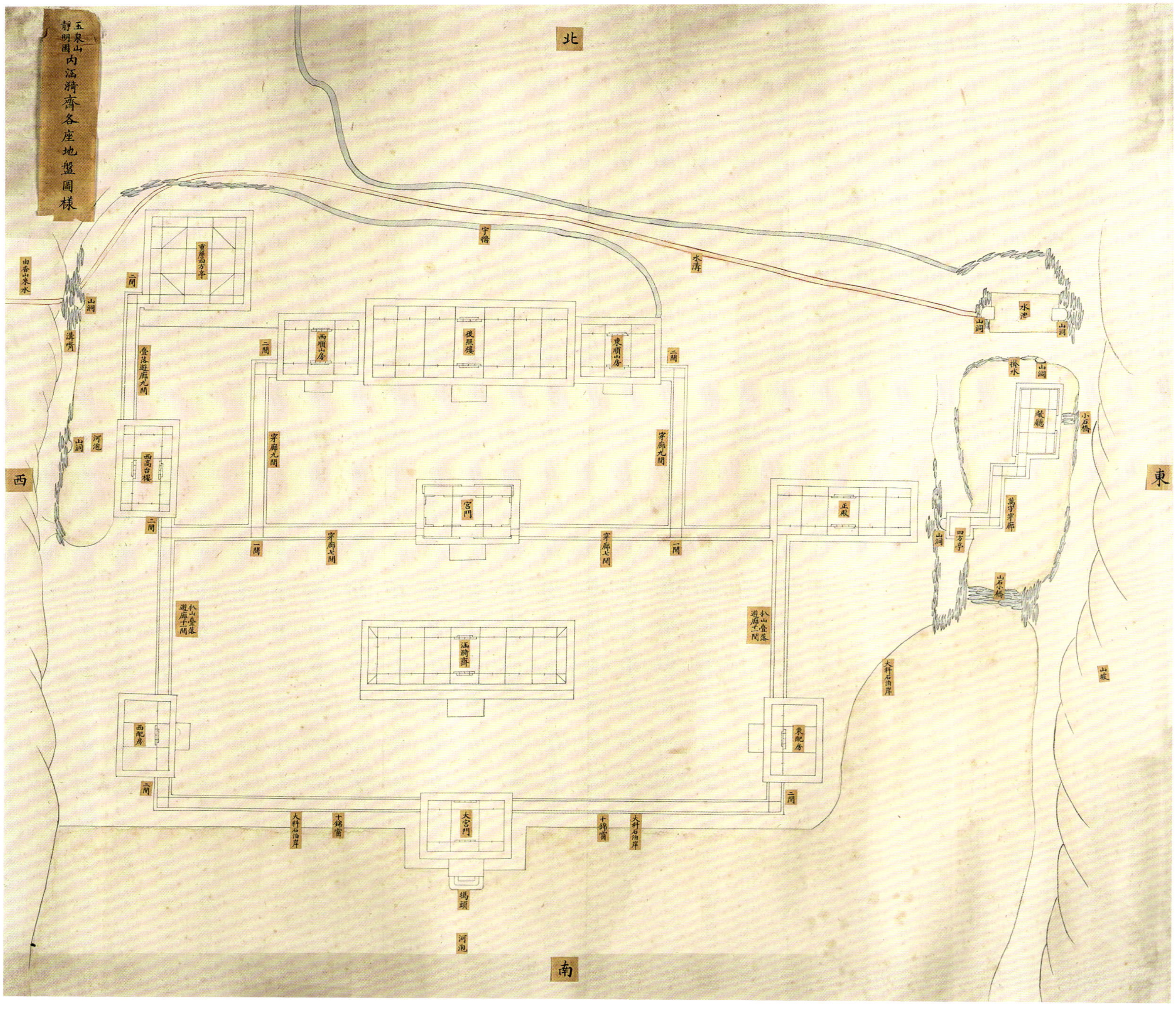

## 28

# 玉泉山静明园峡雪琴音各座地盘图样

Site Plan of Xiaxue Qinyin at the Jingming Garden in the Yuquan Mountain

清（1644～1911年）

纵 73.2、横 39.7 厘米

颐和园藏

此为样式房绘玉泉山静明园中“静明园十六景”之一峡雪琴音连带周围环境的平面图样，绘制出此座建筑内部各处结构及形制，用贴黄签方式标注出样式和名称。峡雪琴音位于静明园东山景区的玉泉山顶峰北坡的一座山峰上，乾隆诗序写道：“山巅涌泉潺潺，石峡中晴雪飞洒，朗然清圆。”这是峡雪琴音命名的由来。

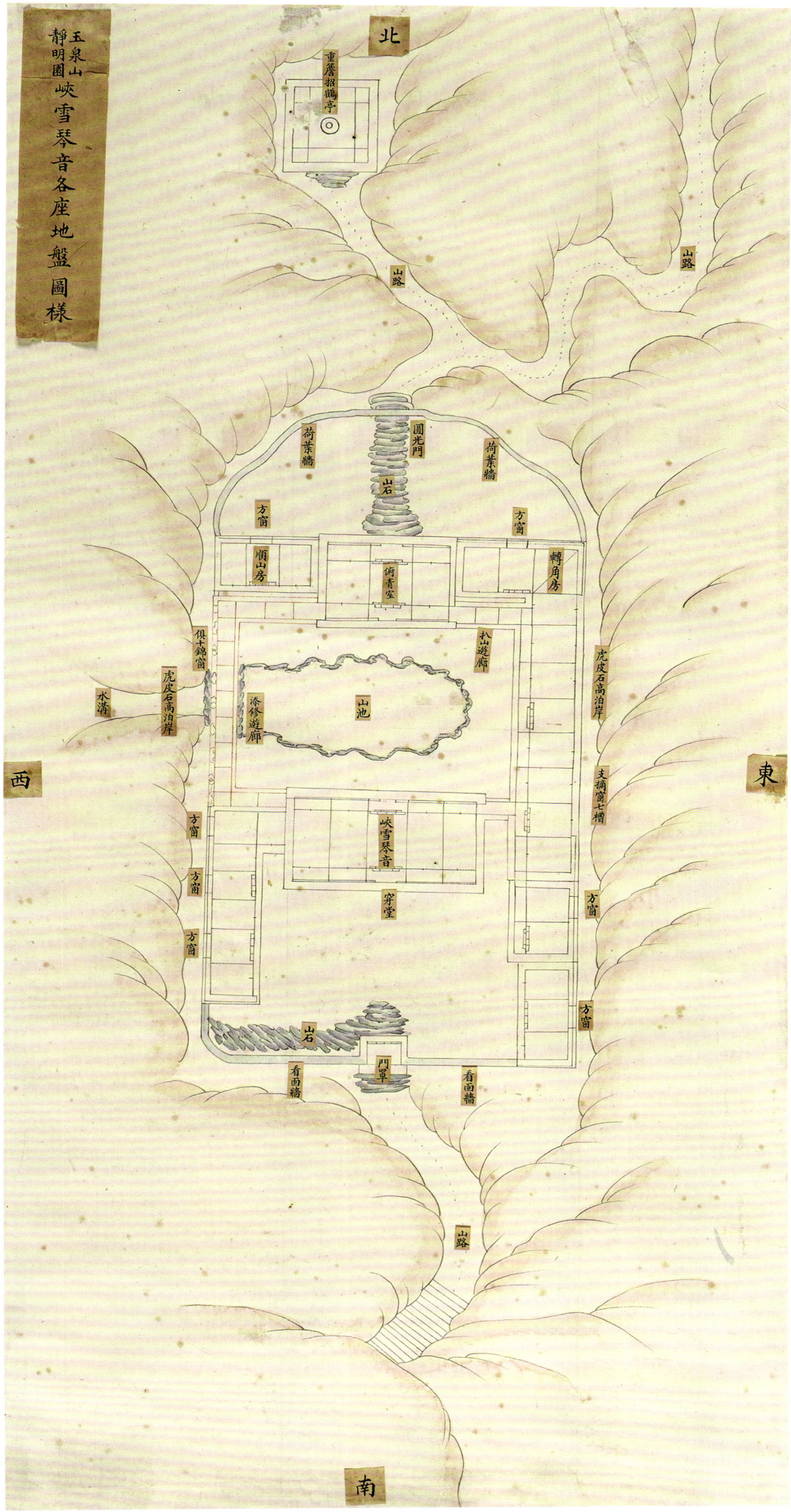

## 29

# 玉泉山风景图

Scenery of the Yuquan Mountain

清（1644～1911年）

纸本 设色

纵131、横257.4厘米

首都博物馆藏

该图尺幅巨大，满幅构图，无款识、钤印。不同于地图绘制的方法和创作风格，此图以中国传统绘画中的写意法结合界画方式表现玉泉山风景，采用古代山水画中近、中、远“三远”的构图方式布局画面，既工致又写意。近景绘水域、稻田，中景绘山脉及山上院落、景观，远景以青色绘连绵起伏的群山。

此图采用横向、左南右北构图，是全图景象的翻转，画出了玉泉山静明园的地貌概况，反映了玉泉山一带的风景。有静明园“三绝”之称的泉水、宝塔、山洞，在图上均可找到相应位置。整幅画面符合玉泉山静明园以山地景观取胜的皇家园林形象。

## 30

## 《御笔玉泉山竹罏山房记》碧玉册

Spinach Jade Booklet with *Records of the Zhulushan Pavilion in the Yuquan Mountain* Composed by the Qianlong Emperor

清乾隆（1736～1795年）

长12.5、宽8.6、厚1.9厘米

故宫博物院藏

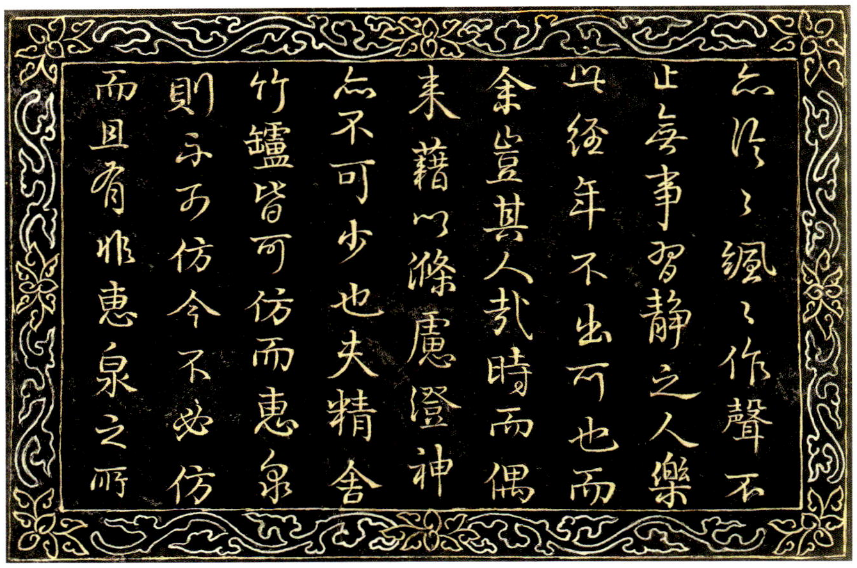

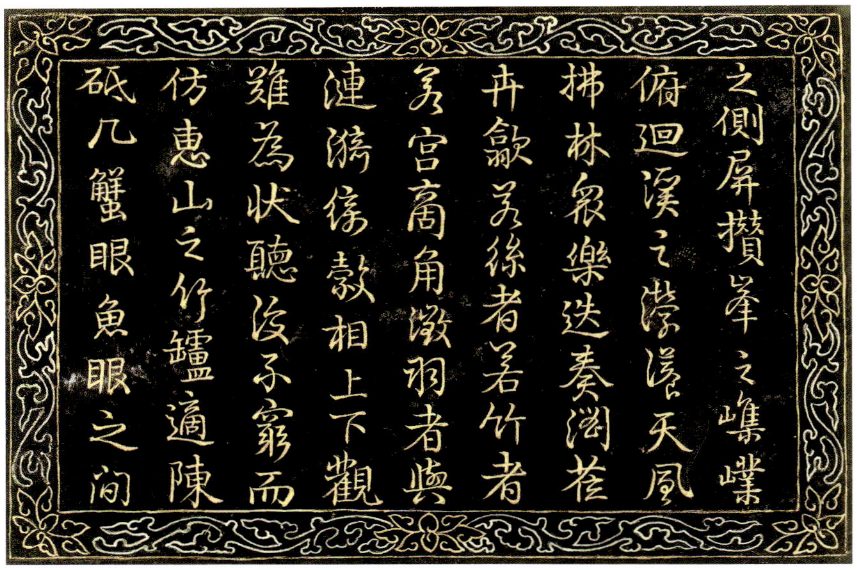

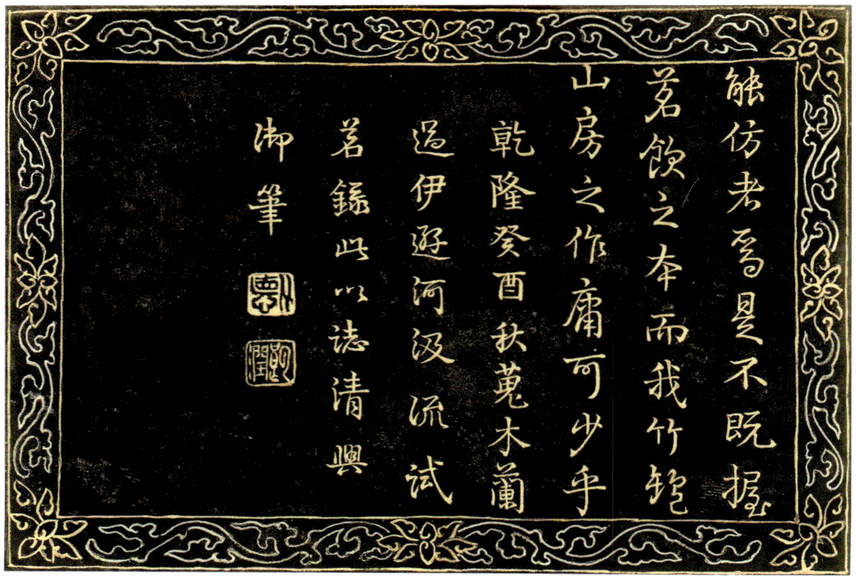

此册碧玉质，体长方，现存四片。册面正中刻字漆金“御笔玉泉山竹鑪山房记”，边缘饰海水江崖双龙云纹，册背镌海水江崖云龙纹。竹鑪山房，即竹炉山房，是玉泉山静明园十六景之一，也是乾隆帝烹茶品茗的常驻之所。乾隆帝于品茶之后常漫兴诗文以记其茶饮品鉴之趣，《玉泉山竹鑪山房记》是其御制文，真实记录了乾隆帝于此品茗后的心得体会，表达自己寄情山林、涤虑澄神、畅享幽娴之逸情。

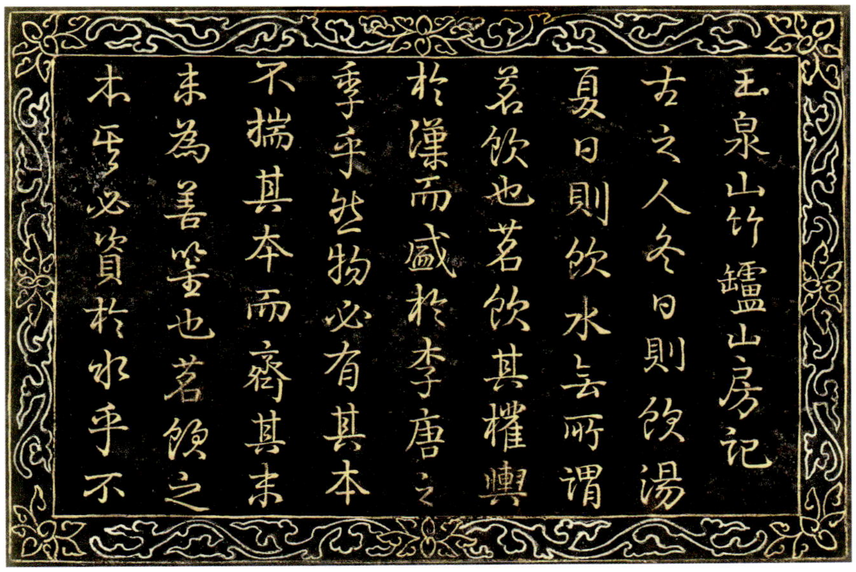

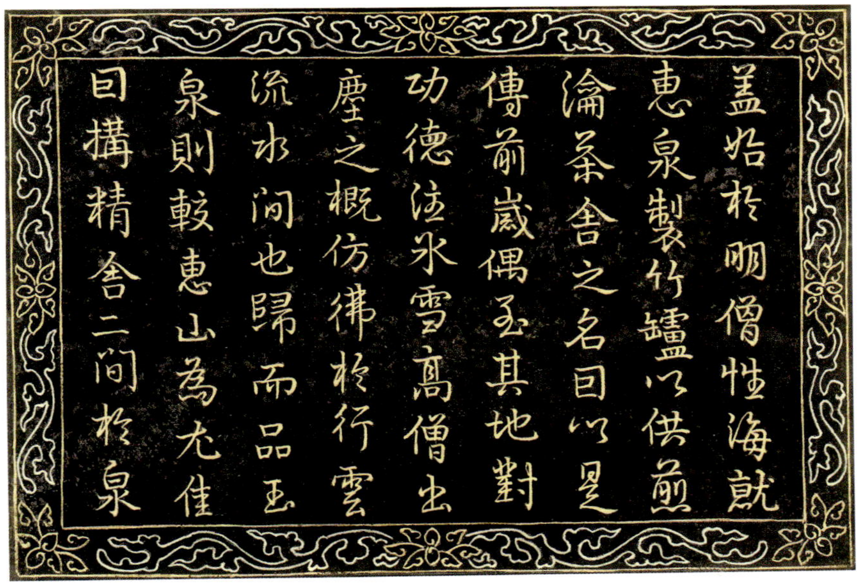


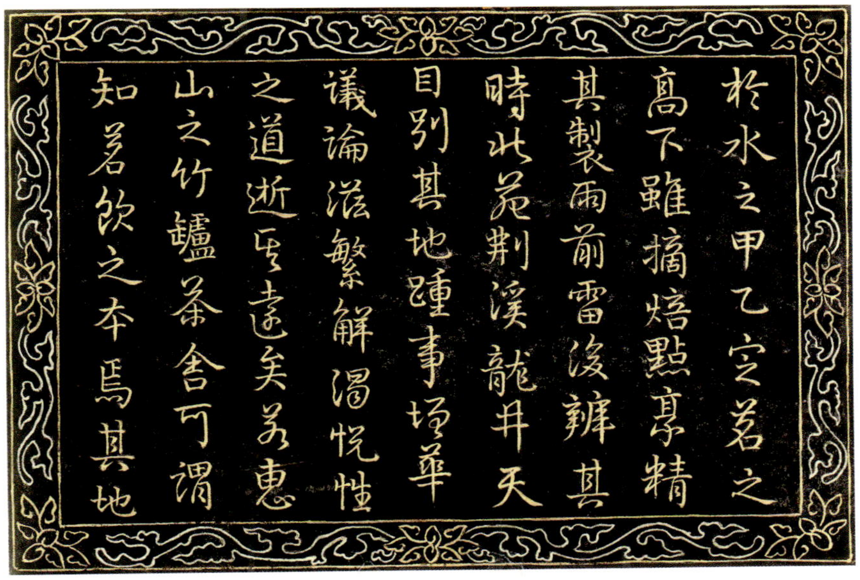

# 清漪園

乾隆十四年（1749年）冬，乾隆帝以『兴修水利』和『为母祝寿』之名开始兴建清漪园，至乾隆十九年（1754年）基本完工。清漪园是三山五园中最后建成的一座行宫式御苑，它以得天独厚的居中地位将京西一带的皇家园林连成一片。咸丰十年（1860年），被英法联军焚掠殆尽。光绪十二年（1886年）重建，光绪十四年（1888年）更名为『颐和园』。光绪二十六年（1900年），被八国联军毁坏。民国年间，作为公园对广大公众开放。新中国成立后，颐和园得到充分的重视、保护和建设，1998年，被联合国教科文组织列为世界文化遗产。

31

## 清漪园地盘画样

Site Plan of the Qingyi Garden

清（1644～1911年）

纵114.2、横70厘米

国家图书馆藏

图中清漪园建筑格局相对完整，大部分建筑群贴有相应的题名图签。依据乐安和、构虚轩、怡春堂等建筑存毁情况，推测此图绘制于道光二十年至二十四年（1840～1844年）。

弘历行书“清漪园”匾字样

清漪園地盤畫樣
南

32

# 《御笔万寿山清漪园记》碧玉册

Spinach Jade Booklet with *Records of the Qingyi Garden in the Wanshou Mountain* Composed by the Qianlong Emperor

清乾隆（1736～1795年）

长20.5、宽8.5、厚5.8厘米

故宫博物院藏

此册碧玉质，形体长方，现存八片。册面正中刻字漆金"御笔万寿山清漪园记"，边缘饰二龙戏珠海水江崖纹样，册背镌海水江崖云龙纹。清漪园即现今之颐和园，位于圆明园之西，玉泉山以东，其北为瓮山（后改为万寿山），南为昆明湖。清漪园始建于乾隆十五年（1750年），于乾隆二十九年（1764年）完工，是京西大型皇家园林"三山五园"中最后兴建的园林。清漪园建成后，乾隆帝作园记之文，表达自己于拨内府重帑耗费民力而建园囿是否有背己之初心，以及希冀后世"犹初志也，或亦有以谅予矣"的反复考量与自省等心态。

與我初言有所背
則不能不愧於心
有所言乃咨諏吾
過而終不能不言
者所謂君子之過
予雖不言能免天
下之言之乎蓋湖
之成以治水山之
名以臨湖既具湖
初志也或亦有以
諒予矣
乾隆歲次甲申
仲春月之上澣
御筆
玉器七十四號

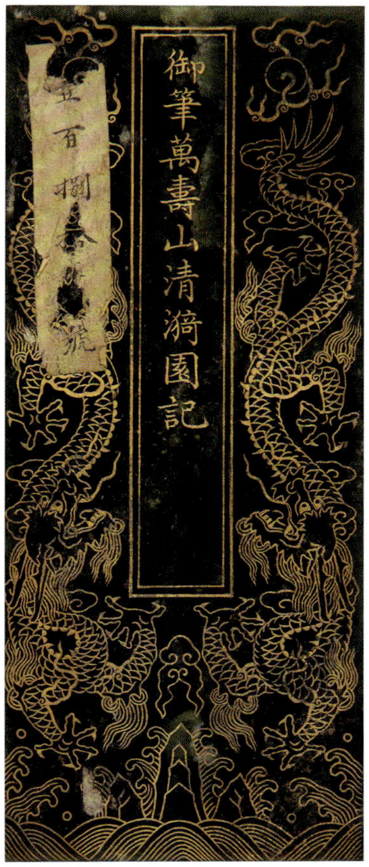


萬壽山清漪園記
萬壽山昆明湖記
作於辛未記治水
之由與山之更名
及湖之始成也萬
壽山清漪園成於
辛巳而今始作記
者以建置題額間
或緩待而亦有所
難於措辭也夫既
建園矣既題額矣
何所難而措辭以

名以近山而創園
園雖云治水誰其
信之然而暢春以
奉
東朝圓明以恒蒞
政清漪靜明一水
可通以為勅幾清
暇散志澄懷之所
蕭何所謂無令後
世有以加者意在
斯乎意在斯乎及
憶司馬光之言則
又奕然自失園雖
成過辰而往逮午
而返未嘗度宵猶

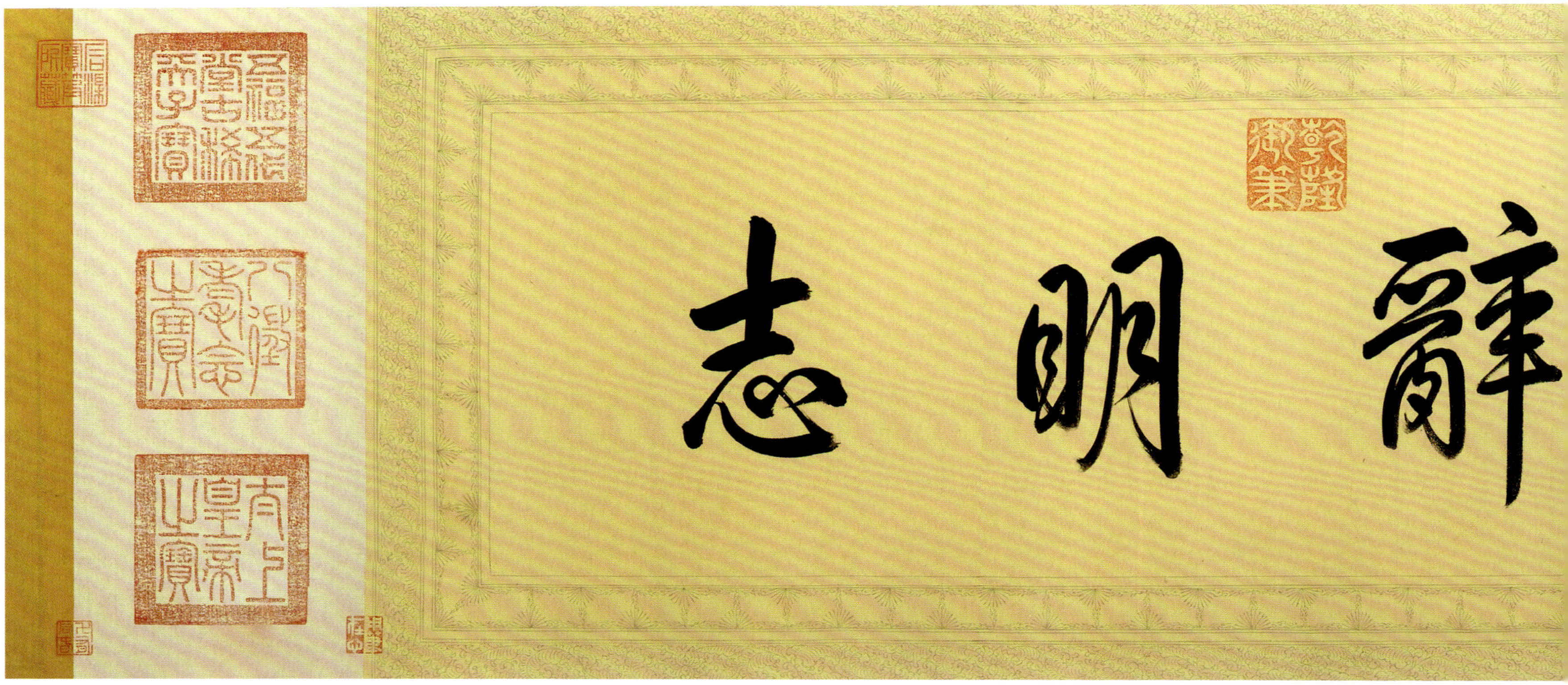
明志

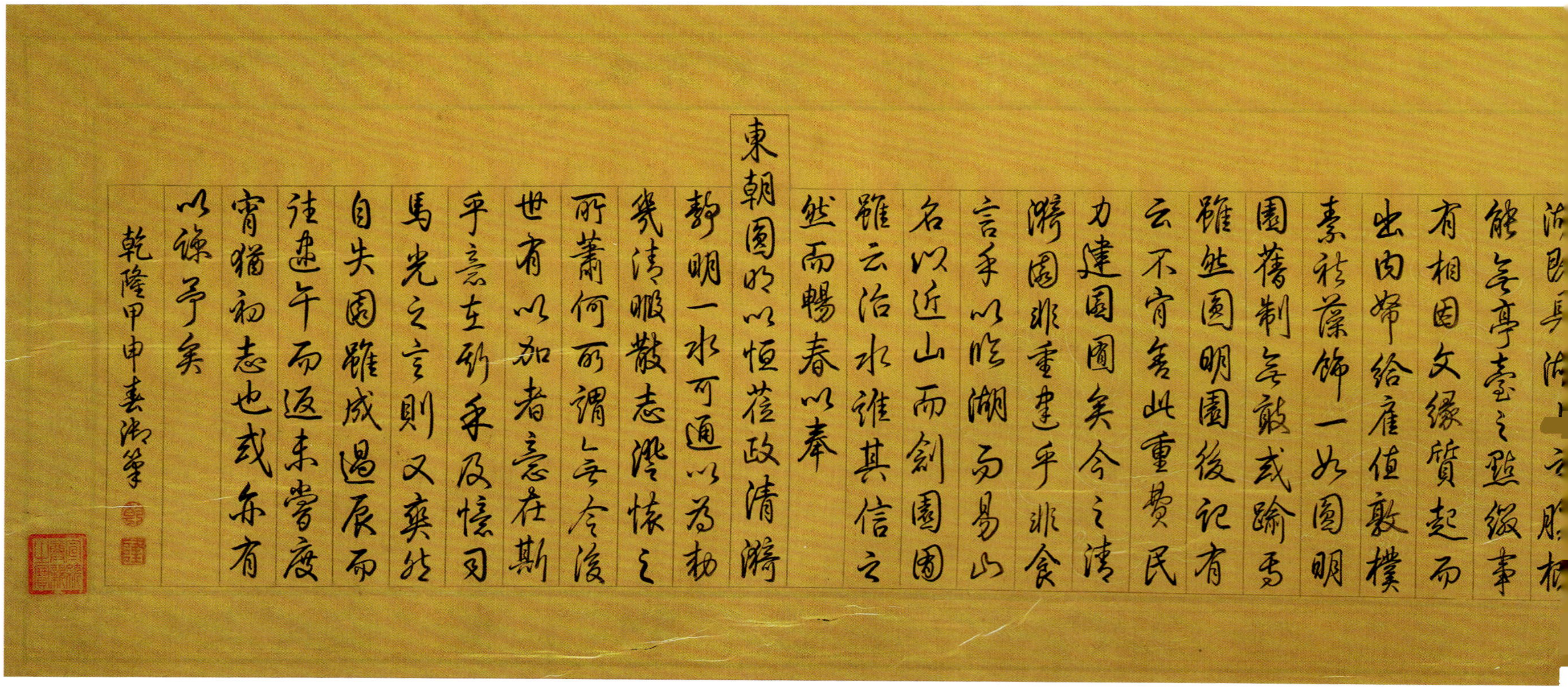
能無亭臺之點綴事
有相因文緣質起而
出內帑給雇值敦樸
素祛藻飾一如圓明
園舊制無敢或踰焉
雖然圓明園後記有
云不肯舍此重費民
力建園囿矣今之清
漪園非重建乎非食
言乎以昆明湖易山
名以近山而創園囿
雖云治水誰其信之
然而暢春以奉
東朝圓明以恆蒞政清漪
靜明一水可通以為敕
幾清暇散志澄懷之
所蕭何所謂無令後
世有以加者意在斯
乎意在斯乎及憶司
馬光之言則又爽然
自失園雖成過辰而
往逮午而返未嘗度
宵猶初志也或亦有
以諒予矣
乾隆甲申春御筆

33

## 弘历行书《万寿山清漪园记》

*Records of the Qingyi Garden in the Wanshou Mountain in* Running Script by the Qianlong Emperor

清乾隆（1736～1795年）

纸本 行书

纵34、横261厘米

故宫博物院藏

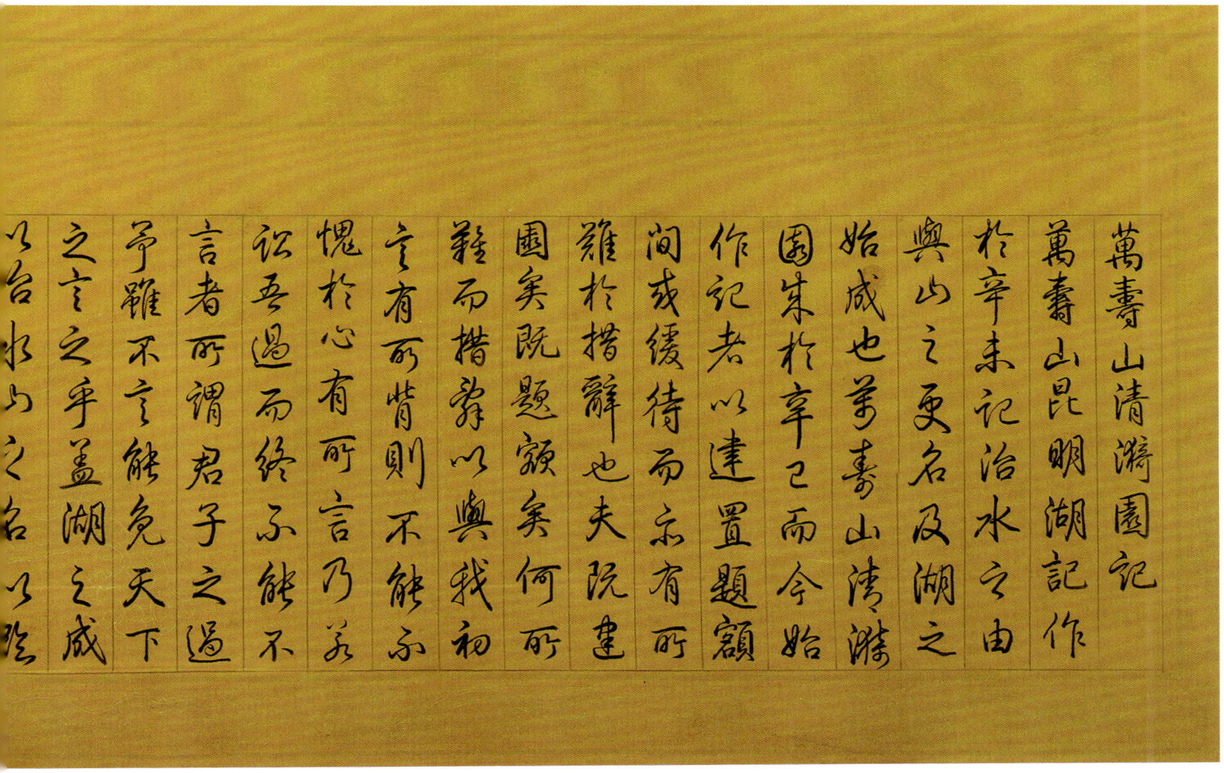


正文为乾隆帝于乾隆二十六年（1761年）所做《万寿山清漪园记》，阐述因治水而修清漪园，进一步完善西郊水系，因此违背圆明园后不建园的原因。引首题“达辞明志”，钤“乾隆御笔”印。卷前钤“五福五代堂古稀天子宝”“八征耄念之宝”“太上皇帝之宝”“石渠宝笈所藏”“用笔在心”“卍(万)有同春”印章。款下有“乾”“隆”连珠印，卷后有“宣统御览之宝”方印。

附原文：万寿山昆明湖记作于辛未，记治水之由与山之更名及湖之始成也。万寿山清漪园成于辛巳，而今始作记者，以建置题额间或缓待而亦有所难于措辞也。夫既建园矣，既题额矣，何所难而措辞？以与我初言有所背，则不能不愧于心。有所言乃若诵吾过而终不能不言者，所谓君子之过。予虽不言，能免天下之言之乎？盖湖之成以治水，山之名以临湖，既具湖山之胜，概能无亭台之点缀？事有相因，文缘质起，而出内帑，给雇值，敦朴素，祛藻饰，一如圆明园旧制，无敢或逾焉。虽然，圆明园后记有云，不肯舍此重费民力建园囿矣，今之清漪园非重建乎？非食言乎？以临湖而易山名，以近山而创园囿，虽云治水谁其信之？然而畅春以奉东朝，圆明以恒莅政，清漪静明一水可通，以为勅几清暇散志澄怀之所，萧何所谓无令后世有以加者，意在斯乎！意在斯乎！及忆司马光之言，则又爽然自失。园虽成，过辰而往，逮午而返，未尝度宵，犹初志也，或亦有以谅予矣。 乾隆甲申春御制。

34

# 万寿庆典图（局部）

Birthday Celebration for Empress Dowager Chongqing (Detail)

清乾隆（1736～1795年）

绢本 设色

通长3270、宽77厘米

故宫博物院藏

清代张廷彦等绘。清乾隆十六年（1751年）十一月二十五日，是清高宗弘历生母崇庆皇太后六十岁寿辰，乾隆为此举行盛大的庆寿活动。此图真实地再现了当时的庆寿场面和演戏的场景。从中还可以看出当年清漪园时期的全貌，对于研究清漪园的历史有重要的参考价值。

局部

35

## 清漪园铁火印

Iron Seal of the Qingyi Garden

清道光（1821～1850年）

长16、宽8、高37厘米

故宫博物院藏

火印的印文由上至下为“清漪园”和“道光二十二年制造”，应当是用于制作清漪园相关人员入宫通行木牌的工具。从形制及年代看，这一件铁火印与“静宜园铁火印”和“畅春园铁火印”使用于同一时期。

清漪园建成于乾隆年间，于咸丰十年（1860年）被英法联军破坏，光绪时期经过重修后，更名为颐和园。

# 頤和園

36

颐和园方位全图

Map of the Summer Palace

清（1644～1911年）

纸本 设色

纵146.7，横192厘米

首都博物馆藏

本幅为彩色手绘地图，无款识。图中按“上北下南左西右东”规则，以方形纸签正楷书写方向贴在四边处表示方位；各处桥梁、台阁等景观建筑，以及衙署、他坦等功能性建筑均贴正楷书名签。此图较为翔实地表现了光绪年间重修并更名后的颐和园建筑格局。其中，渠湖均染绿色，平陆施以淡赭，山峦略作青绿渲染，建筑则以红、黄、青等色细涂朱栏、墙面、檐顶等部位，使之在一般方位地图的基础上具有一定的观赏性。

北
南

37

## 颐和园佛香阁图样

Site Plan of the Foxiang Pavilion

清（1644～1911年）

全幅：纵195.5、横96.2厘米

颐和园藏

此图样绘制了颐和园内从云辉玉宇牌楼起到排云殿、佛香阁一线建筑群。图中牌楼、宫门、配殿、排云殿、佛香阁沿中轴线依次排开，绘制详细，除主体建筑外还涵盖了配套的值房、造景的山石树木等，工程的结构尺寸另附黄签标注说明。该样式雷图是颐和园建筑沿革以及清晚期皇家园林设计的重要史料。

38

## 颐和园全景图

Panorama of the Summer Palace

清（1644～1911年）

纸本

全幅：纵49.3、横97.6、厚2.2厘米

颐和园藏

该图是以清晚期颐和园万寿山及玉泉山一带风景为蓝本所绘版画，采用广角的视觉表达和对称式的构图绘制“万寿山、玉泉山”中最为标志性的景观。图中近景有东堤绣漪桥、廓如亭、十七孔桥、文昌阁等。中景为宽阔的昆明湖湖面，西洋火轮船与中式御船作点缀。以湖堤作为画面上下的分割以及山和水的分界。远景则取两山相向，亭台楼阁掩映其间。作品描摹精细，反映了晚清颐和园的风貌，是研究颐和园及其周边的重要资料。

## 39

### 雕龙纽青玉玺

Green Jade Seal with Dragon-Shaped Knob

清乾隆（1736～1795年）

长12.8、宽12.8、高10.7厘米

颐和园藏

青玉质，青绿色中夹有斑点。玺纽以圆雕、浮雕、浅刻等技法雕刻一条爬伏状祥龙，目圆睁，嘴微张，鬓须飘逸，神态威严。玺印呈正方形，光素润洁，印面无铭文，整体端庄稳重，做工精细。

40

## 斜房檐

Slanted Roof Tile

清（1644～1911年）

长29.7、宽18.6、高6厘米

斜房檐又称斜盆沿，是中国古代建筑屋顶所需瓦件中的一种。此件斜房檐上施黄色琉璃，上有墨书“交它代去 台视 掌柜见活 照此样斜盆沿急发工 九拾件等用为要 将原样千万带回工上 十六日 可也”等文字，为研究当时建筑规格、建筑构件提供了宝贵的标本。

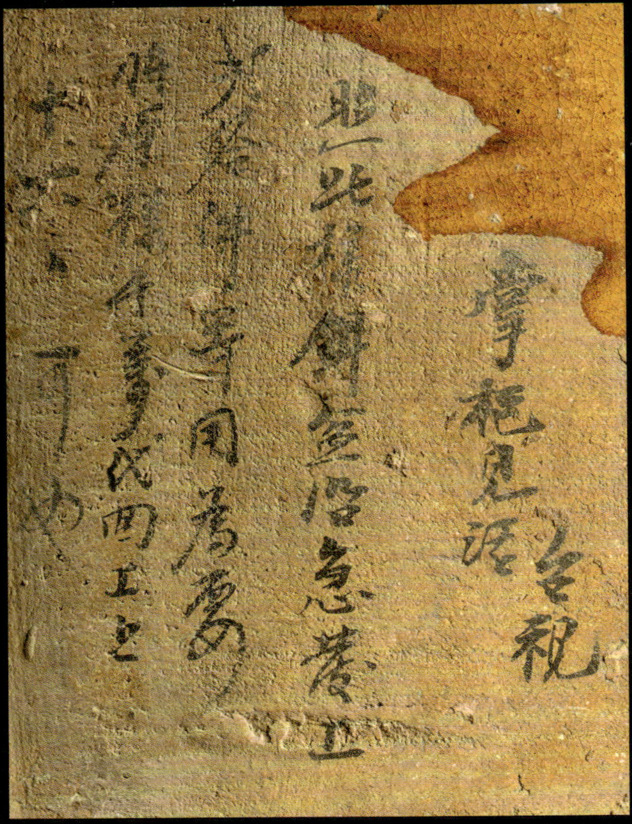

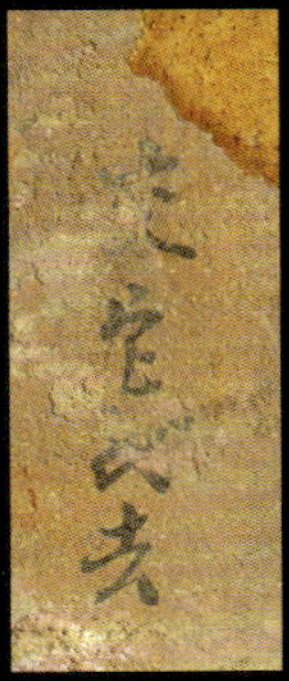

41

## 颐和园铁火印

Iron Seal of the Summer Palace

清光绪（1875～1908年）

长15、宽8、高53厘米

故宫博物院藏

火印为铁质，首端烙铁为长方形。印文竖版排列，左侧印文为“颐和园”，右侧为“光绪三十四年制造”，标明了使用机构及年份。火印底部插有木质把柄，便于使用。把柄上有墨书“颐和园”字样。

这件火印应当是用于制作颐和园相关人员入宫通行木牌的工具。使用时，将其烙印在木牌上，再在木牌左右处写明持有者的官职、姓名、年龄及体貌特征，即可作为身份凭证，由清宫内务府统一进行门禁和哨卡管理。故宫博物院中藏有一批清宫旧藏铁火印，内容涉及清朝的多个机构及宫殿方位，体现了清宫对流动人员的统一管理。

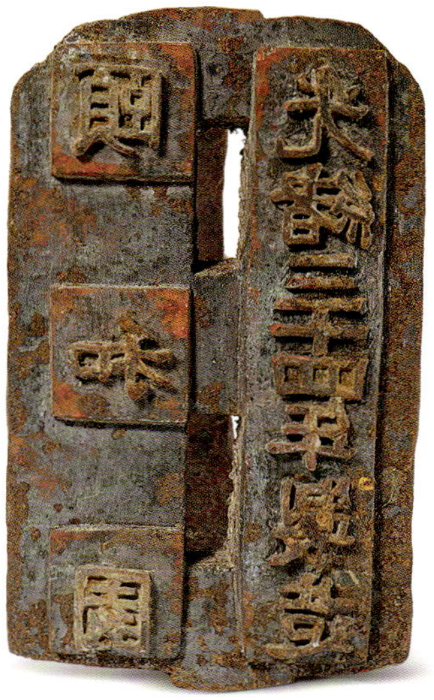

# 赐园

## 熙春园

熙春园，位于畅春园东北，始建于康熙四十六年（1707年），是康熙帝第三子诚亲王允祉的赐园。乾隆、嘉庆年间成为圆明园的组成部分，是圆明五园之一。道光年间一分为二，东部称熙春园、涵德园，西部称近春园、春泽园。咸丰年间，涵德园更名为『清华园』。宣统年间，在该园址上建立清华学堂，1928年改名为国立清华大学。

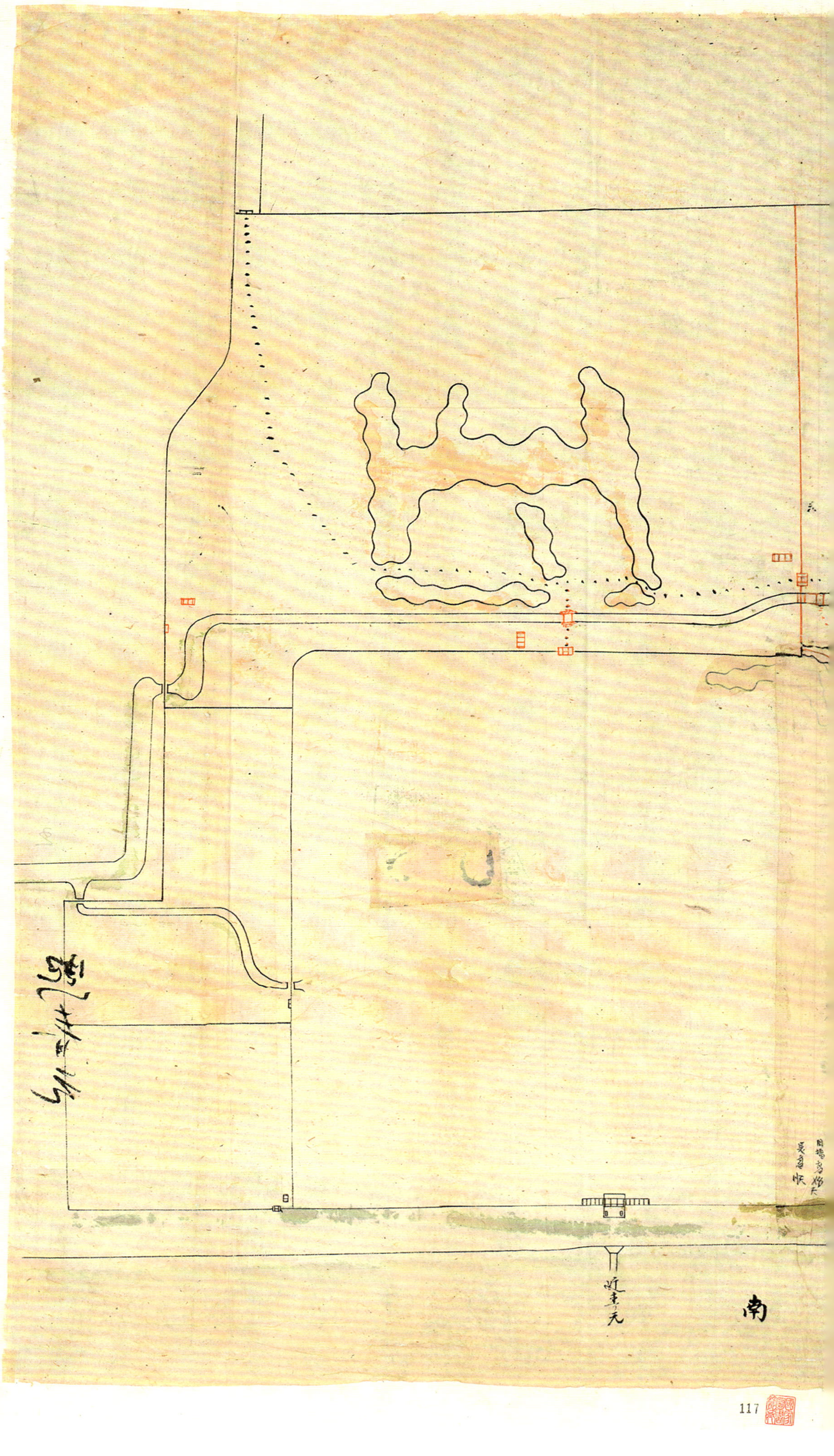


42

熙春园地盘图样

Site Plan of the Xichun Garden

清（1644～1911年）

纵77、横88厘米

国家图书馆藏

此为样式房绘熙春园平面图样，以红黑两色笔绘制出园内各建筑平面基本形制并附带环境示意。熙春园为清华园的前身，地域二顷六十一亩。始建于康熙四十六年（1707年），建成于乾隆三十二年（1767年）。

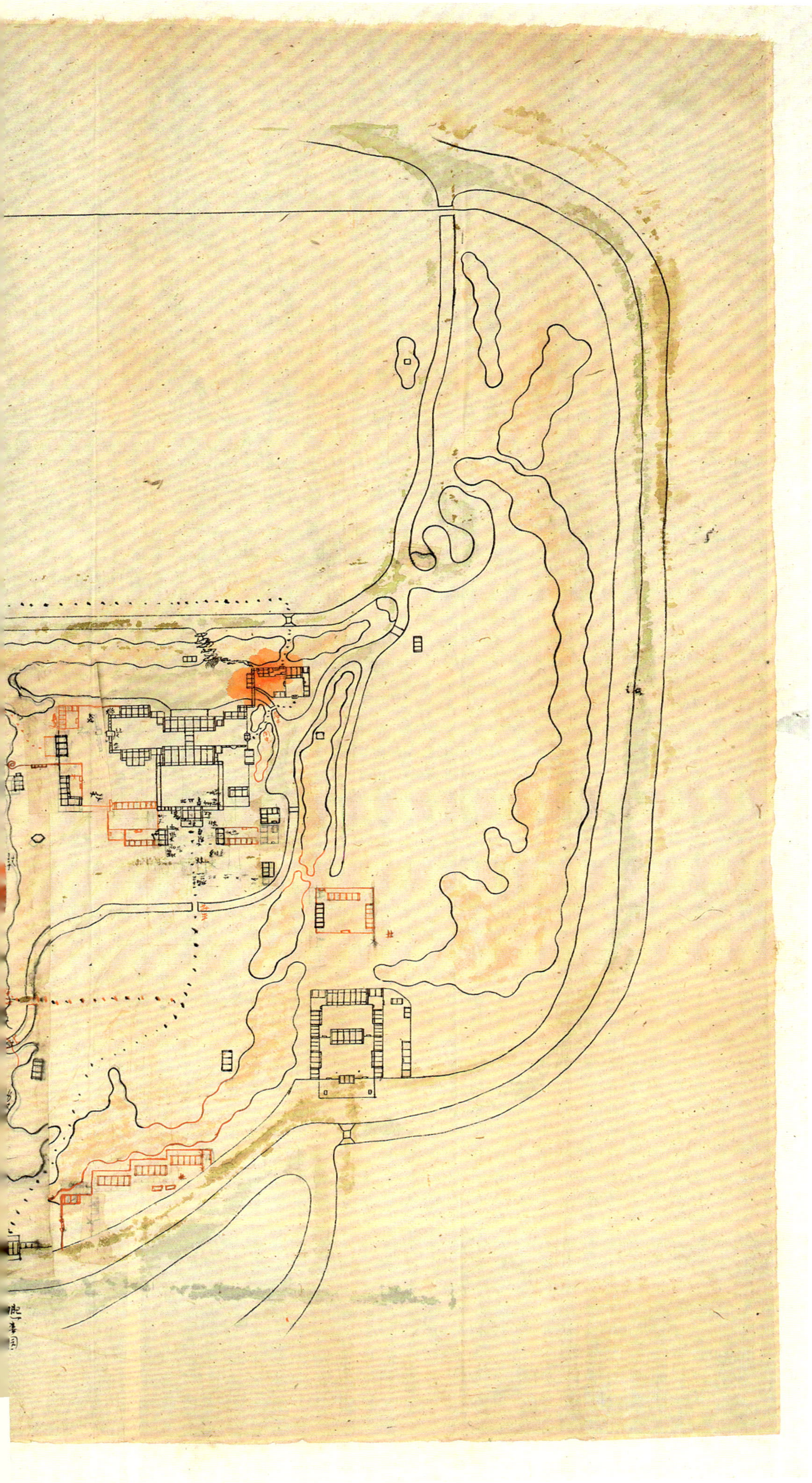

## 43

# 刻御制诗青玉纽

Green Jade Knob with Poem Composed by the Qianlong Emperor

清乾隆（1736～1795年）

高7.5，宽约3厘米

首都博物馆藏

青玉质。玉纽上琢刻乾隆御制诗，诗文为："玉蕊香徐送，琼枝影半横。"此纽玉质温厚，雕工精细。清华大学出土。

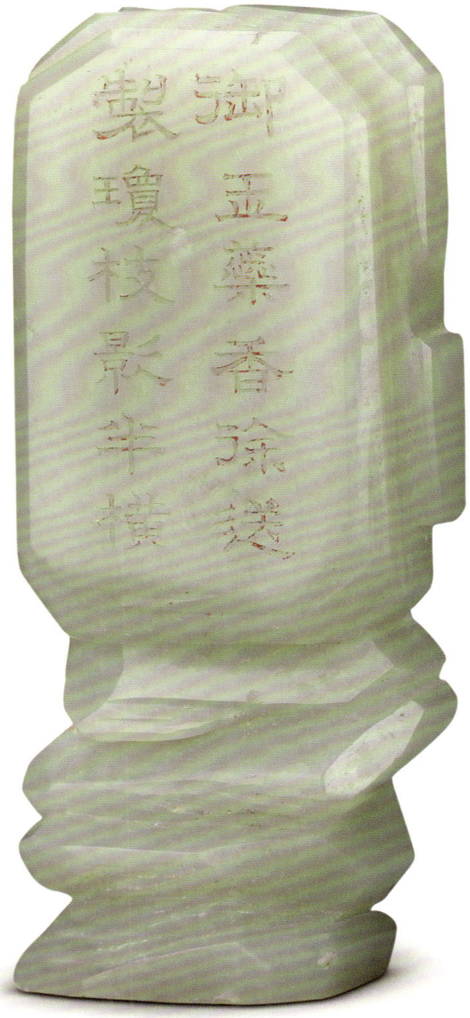

# 赐园

## 承泽园

承泽园，位于畅春园和圆明园之间。有学者推断其始建于康熙四十六年（1707年），为允禩或允祧的花园。嘉庆、道光年间为协办大学士英和的赐园依绿园。道光二十五年（1845年），成为皇六女寿恩固伦公主的赐园承泽园（春颐园）。光绪十五年（1889年）赐予奕劻，称『庆亲王园』。民国年间，卖给同仁堂乐家。新中国成立初期，为大收藏家张伯驹的展春园。1954年，售予北京大学作为教职工宿舍。

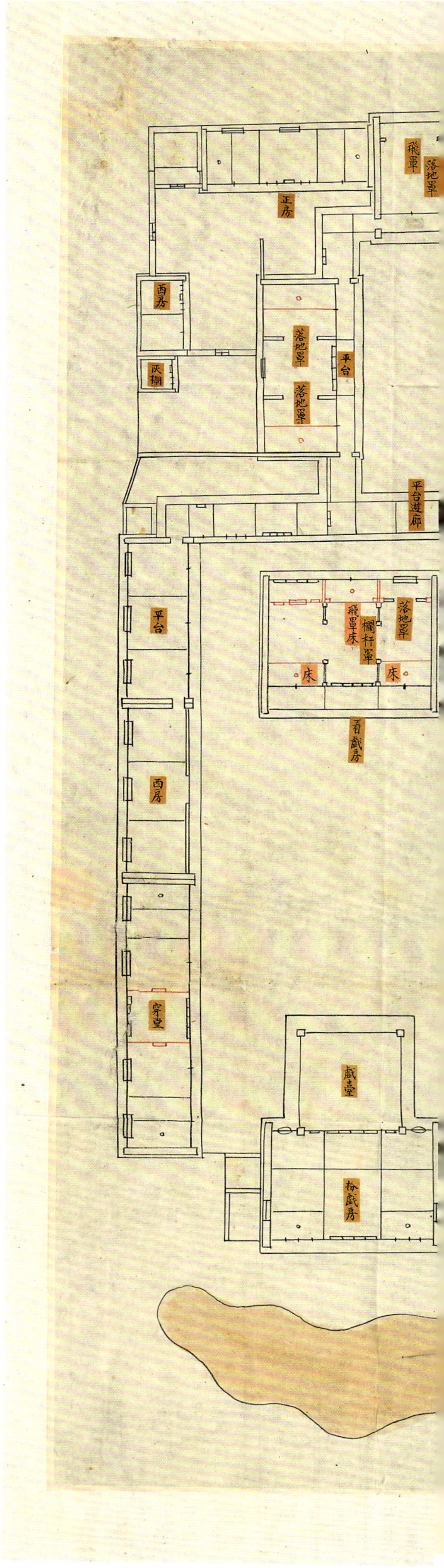


44

承泽园地盘房样

Site Plan of Rooms in the Chengze Garden

清道光（1821～1850年）

纵58、横66厘米

国家图书馆藏

此为样式房所绘承泽园内道光年间西所平面图样，绘制出西所内部建筑平面基本形制和比例大小，用贴黄签的方式标注出各处样式名称。

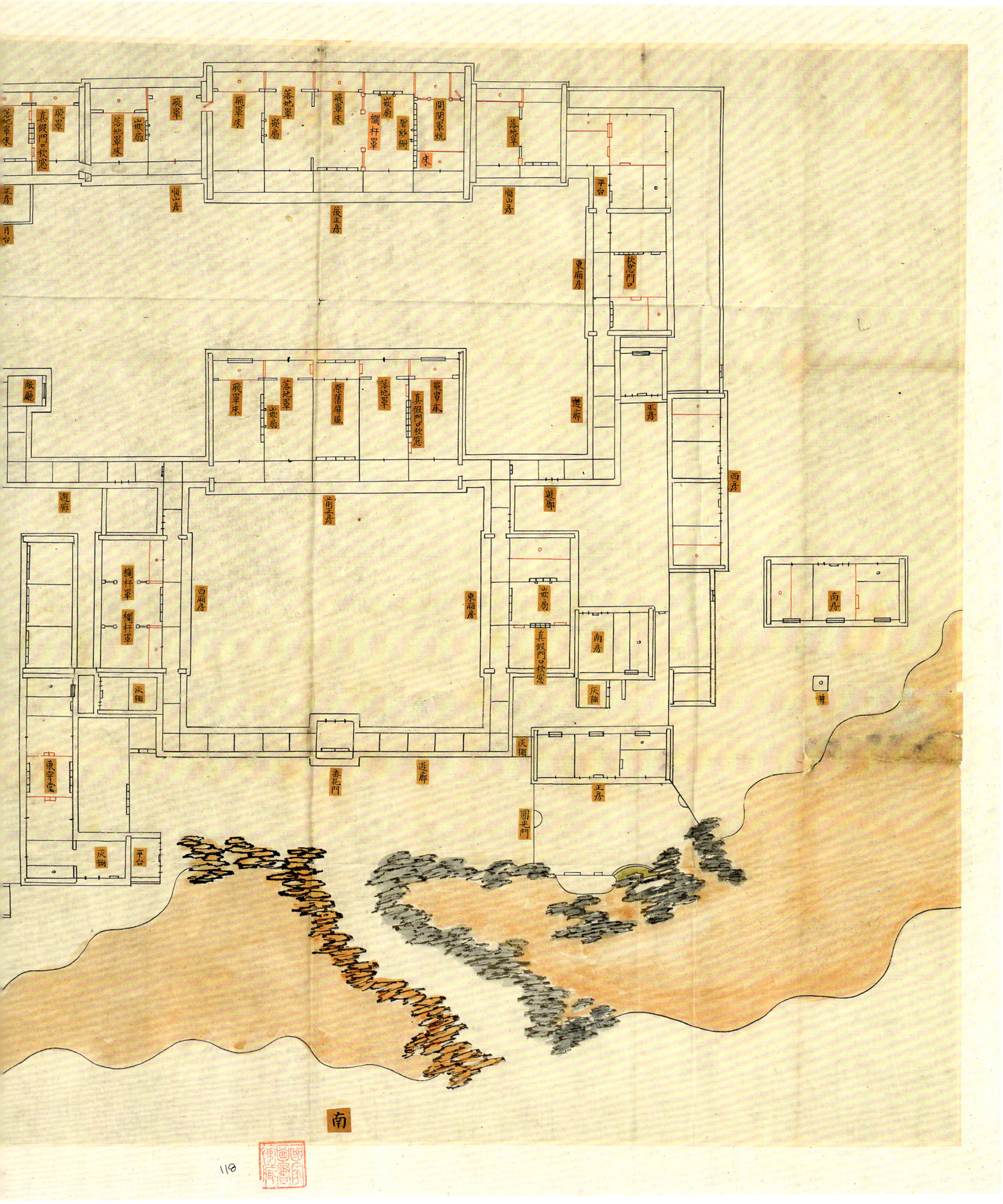
南

# 赐园

## 自得园

自得园，位于圆明园西南隅，建于雍正三年（1725年），为康熙帝第十七子果亲王允礼赐园。乾隆末年，开始在自得园内占地修建马圈；嘉庆末年和道光年间，自得园由内务府收回，改作圆明园附属的『御马圈』。咸丰十年（1860年）被焚毁。光绪重修颐和园时，将自得园改建为养花园和升平署等机构。新中国成立后，为中共中央党校校址。

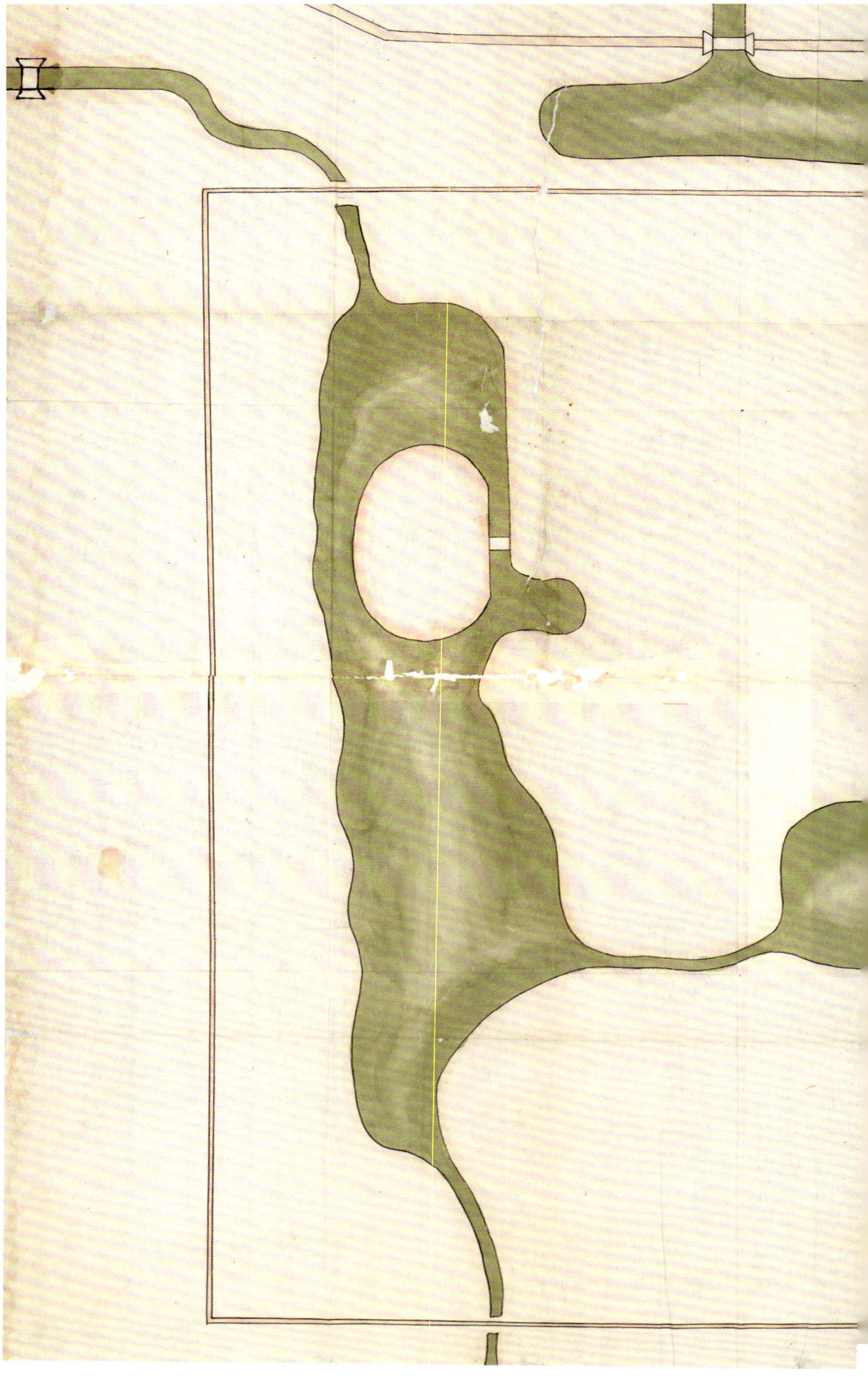

45

自得园水道图

Watercourses in the Zide Garden

清（1644～1911年）

纵67、横110.6厘米

国家图书馆藏

此为自得园内水域与其间陆地分布图。按比例绘制出水域的形状及面积，从中可以看出自得园水系的来源及流向，其中绿色部分表示水域。园内引的是玉泉山的水，从瓮山下东流，自南墙入园。园内水域宽广，狭长的西池沿着西墙南北向纵列，西池北部水域中堆着一座土山。东湖是园中的主要水域，正中有一座小岛，水域南部横亘着一列长长的土山。

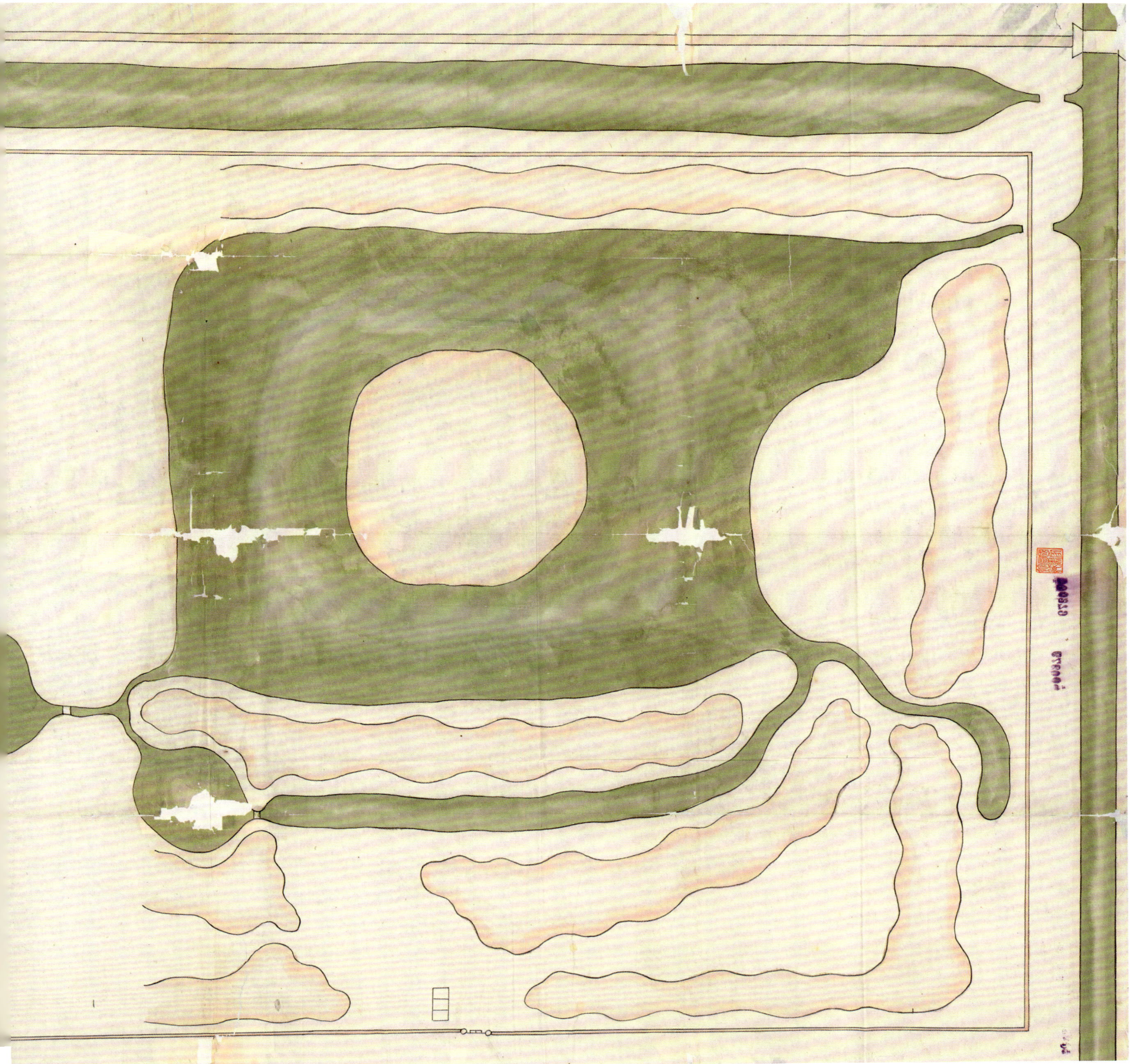

# 赐园

## 朗润园

朗润园，位于今北京大学范围内，前身为嘉庆年间庆郡王永璘的赐园（乾隆年间傅恒赐园春和园）。咸丰年间，改赐恭亲王奕䜣，称『朗润园』。光绪年间，充作内阁、军机处诸大臣会议之所。宣统末年，溥仪将此园改赐贝勒载涛。后归北京大学所有。

46

# 朗润园通景条屏

Panorama of the Langrun Garden, Scrolls

清（1644～1911年）

纸本 设色

单幅纵177、横45厘米，共8幅

首都博物馆藏

朗润园通景图共八条屏，通景屏气势宏大，生动再现了清代朗润园较为完整的概貌。图中描绘了布局严整、壮观的皇家建筑群，展示了皇家园林景观树木葱郁、莲叶田田、小桥流水之景，风景优美、环境幽静。全图无署款，最后一幅图的左下角钤有一枚“张氏永保”白文印。

# 2

# 两度劫难

咸丰十年（1860 年），英法联军攻入北京西郊，抢劫并焚毁了三山五园，园内珍宝陈设被洗劫一空。光绪二十六年（1900 年），八国联军侵华，颐和园和周围园林再遭劫掠和毁坏。

47

## 蓝地粉彩缠枝花纹方砖

Enameled Porcelain Tile with Floral Scrolls on Blue Ground

清（1644～1911 年）

不规则形，厚约 9 厘米

圆明园藏

此为残件，正面以蓝色衬地，上绘缠枝花草。颐和园藏有类似完整方砖，背面有三纵三横九个小孔，侧面为两两和三三对称圆孔，共计开孔 19 个。瓷砖内里中空，孔与孔之间有孔道相通。推测为殿堂取暖用的空心“火墙”用砖。

48

# 夔龙纹白玉栏板

White Jade Balustrade with *Kui* Dragon

清乾隆（1736～1795年）

通长120、高55、厚12厘米

颐和园藏

此石栏板为清漪园绮望轩遗址遗物。汉白玉质地，四边斜棱形镂空，形制规整，栏板中部开光，两面中部均浮雕龙纹，雕工细腻，为颐和园中具有代表性的石质建筑构件。

## 49

## 『清国德界健锐营门头村保民总局钤记』印

Seal Used at the German Concession in Western Suburbs

清（1644～1911年）

长7.5、宽7.3、厚3.6厘米

颐和园藏

此为木质正方形印章，上阴刻“清国德界健锐营门头村保民总局钤记”。属于当时公务印章，是清末八国联军侵略占领期间三山五园一带村落设置安民公所管制的重要实物。

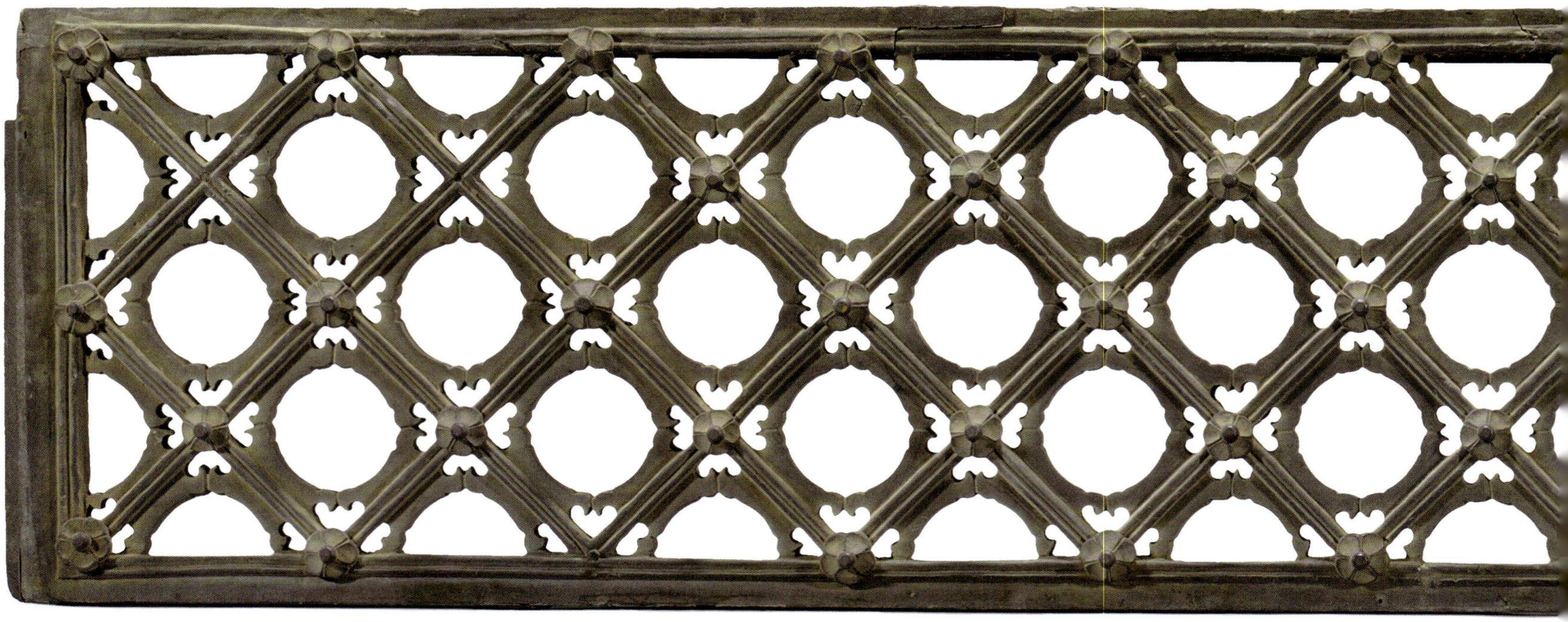

## 50

### 宝云阁铜窗芯

Bronze Window Accessory of the Baoyun Pavilion

清（1644～1911年）

长106、宽20、厚1厘米

颐和园藏

此为颐和园宝云阁铜窗。宝云阁坐落于佛香阁西侧五方阁建筑群的中央，是清代皇家园林中仅存的一座铜铸建筑，原为清代帝后诵经拜佛的场所。

咸丰十年（1860年），英法联军入侵北京，宝云阁内原摆放的佛像、祈拜用具和珍贵文物除大件外，大部分被掠夺和毁坏。之后，经历了八国联军和日本侵略军的抢掠，至抗日战争胜利时，宝云阁仅存铜殿架和一个日本投降时运回的铜供桌。此后，因皇家园林疏于管理，偷盗事件不断发生，宝云阁窗扇丢失了许多。宝云阁内原有铜门12扇、铜窗20扇、格扇芯70页，其中10扇铜窗于20世纪初流失海外。

1993年7月，美国工商保险公司董事长莫里斯•格林伯格出资51.5万美元购回10扇铜窗，无偿赠还中国。1993年7月2日，在法国巴黎巴雷尔画廊举行了铜窗交接仪式，中国驻法国使馆文化参赞代表国家文物局接收了铜窗，并于7月12日将10扇铜窗安全运抵颐和园，时任颐和园园长的王仁凯在颐和园进行了接收。1993年12月3日，铜窗安装竣工仪式在颐和园举行。时任全国人大副委员长王光英、北京市市长李其炎、北京市副市长何鲁丽、国家文物局局长张德勤等嘉宾出席了仪式。

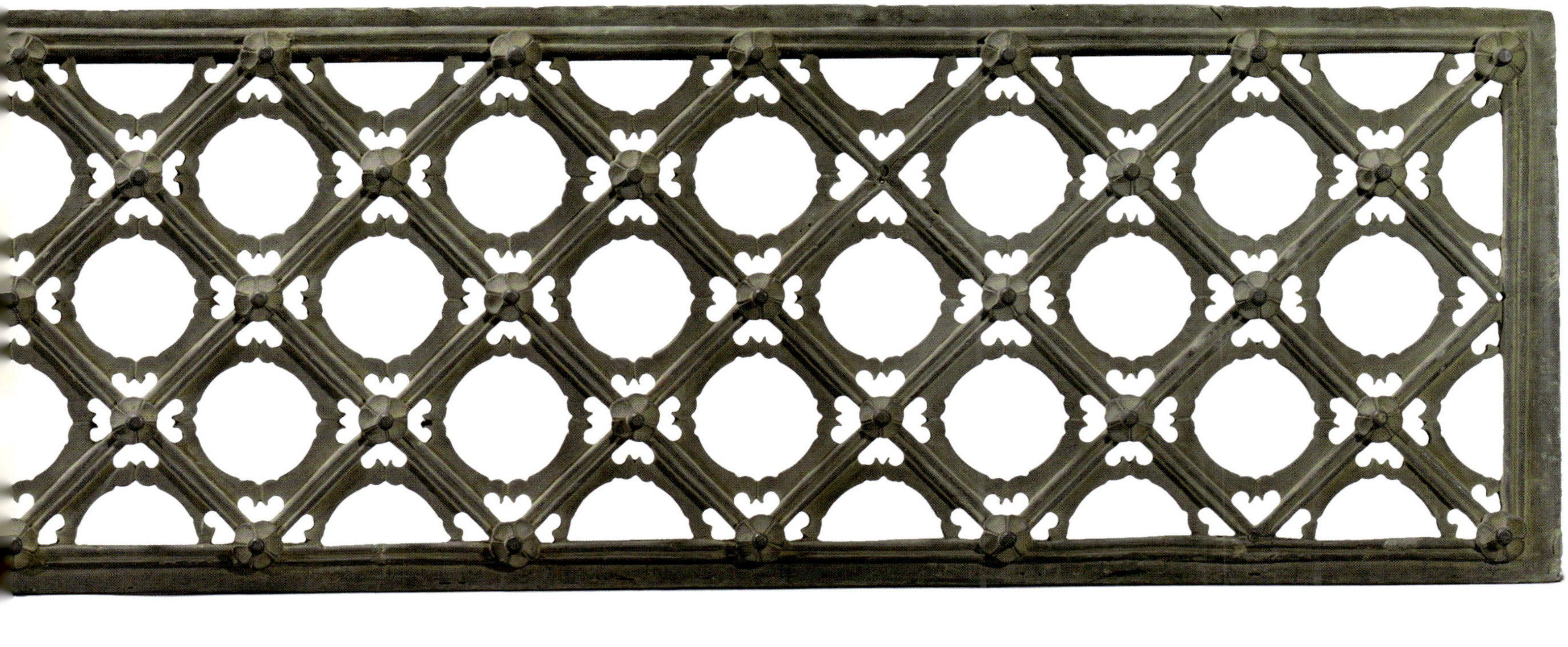

展厅实景照

静明园
静明园

万寿山清漪园/颐和园历史图轴
圆静寺
万寿山清漪园
清漪園

展厅实景照

# 第三单元 SECTION THREE

# 移天缩地 PINNACLE OF GARDEN DESIGN

以三山五园为核心的皇家园林群作为中国古典园林集大成的代表，模拟海上仙山的大尺度空间架构、写仿天下胜景的集锦式精华呈现、以神话传说和宗教信仰为主题的祠庙殿宇建造、华美琳琅的陈设装饰与布置、欧洲园林要素的引入与交融等特色，继承了中国三千多年的造园理念与技艺，具有深厚的哲学底蕴与文化内涵。

The royal garden cluster centring on three hills and five gardens is the representative of Chinese classical gardens, simulating the large-scale spatial structure of the fairy mountains on the sea, presenting the highlights of the world's beautiful scenery, building temples and halls with the theme of legends and religious beliefs, colorful furnishings, decoration and layout, and introducing and blending European garden elements. It inherits the gardening ideas and skills of China for more than 3,000 years, and has profound philosophical and cultural connotations.

# 1

# 一池三山

“一池三山”的造园思想源自秦汉，历代皇家园林常以传说中的神仙境界为创作主题，以塑造层次丰富的景观效果。圆明园、清漪园、静明园中均有“一池三山”的技法实例，是对中国古典园林艺术独特传统的继承和发展。

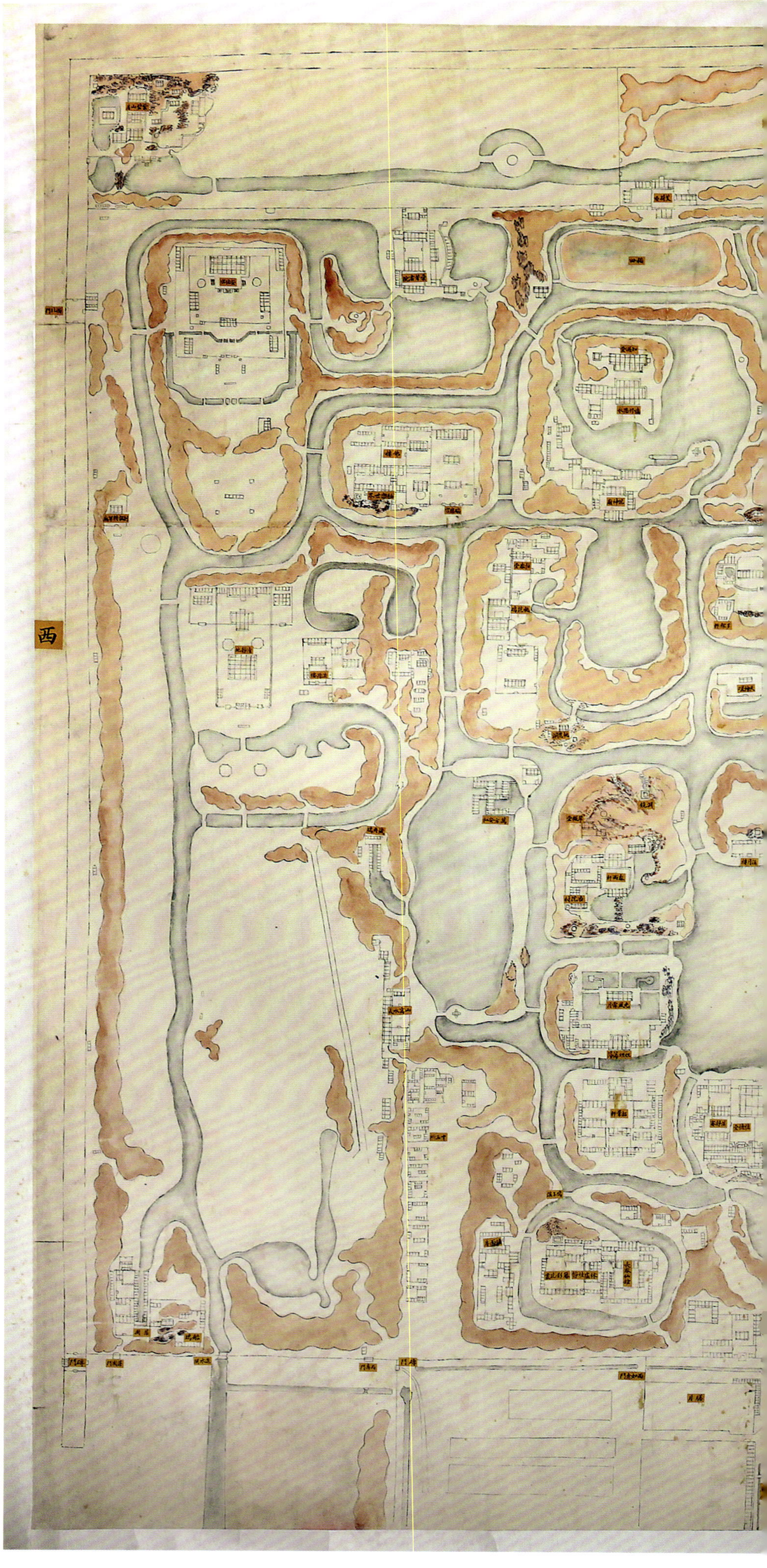


51

圆明园建筑方位图

Site Plan of the Yuanmingyuan

清（1644～1911年）

通长176.7、通宽129.2厘米

首都博物馆藏

本幅为彩色手绘地图，无款识。图中按“上北下南左西右东”规则，以方形纸签正楷书写方向贴在四边处表示方位；各处建筑并景观均贴以楷书名签。

此图设色较为粗简，南部宫殿区有些建筑尚未画完并标出名称，可能是一幅尚未完成的草图。

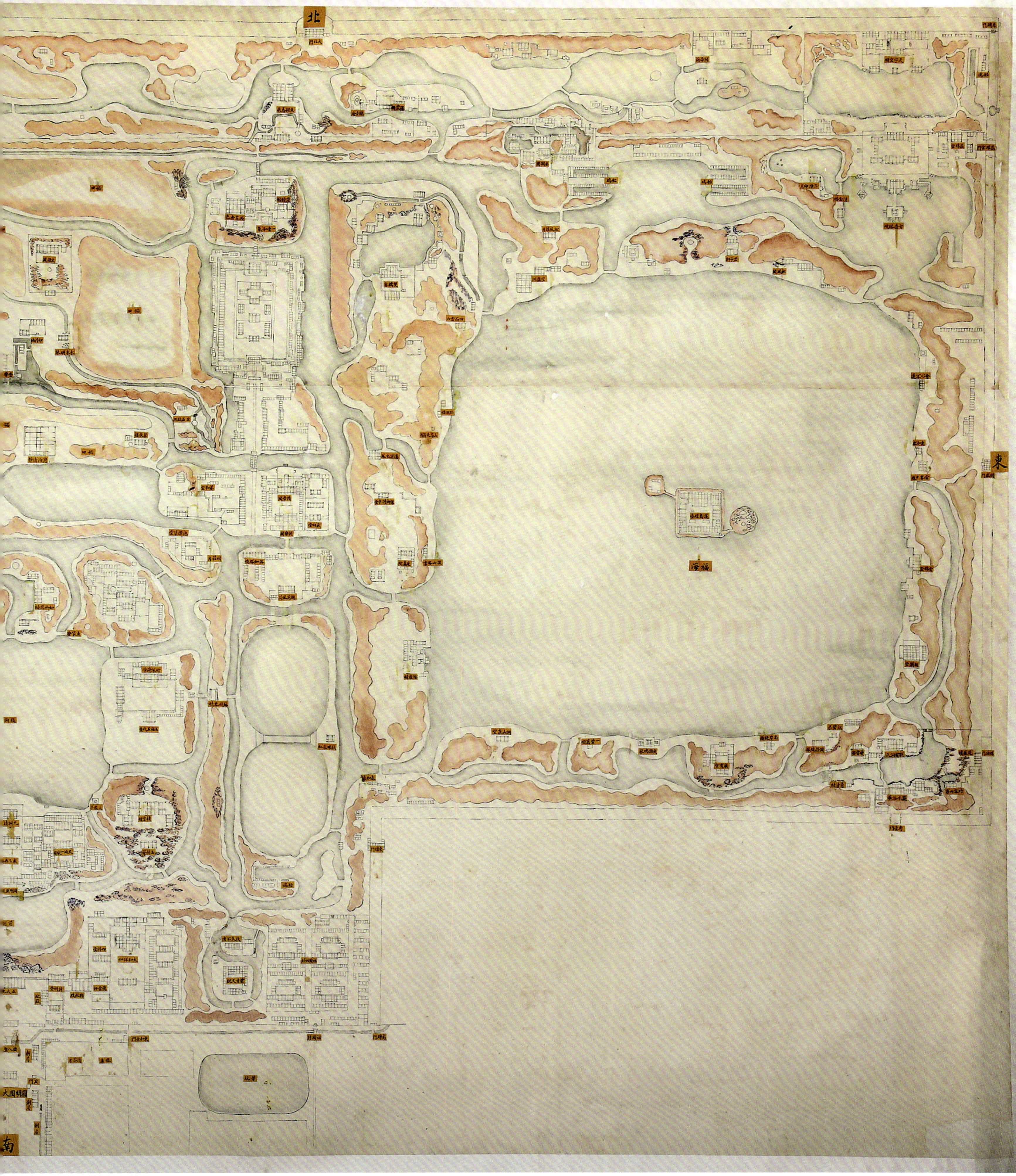
北
東
南

52

# 玉泉山静明园全图

Map of the Jingming Garden in the Yuquan Mountain

清（1644～1911年）

通长190、通宽94.9厘米

首都博物馆藏

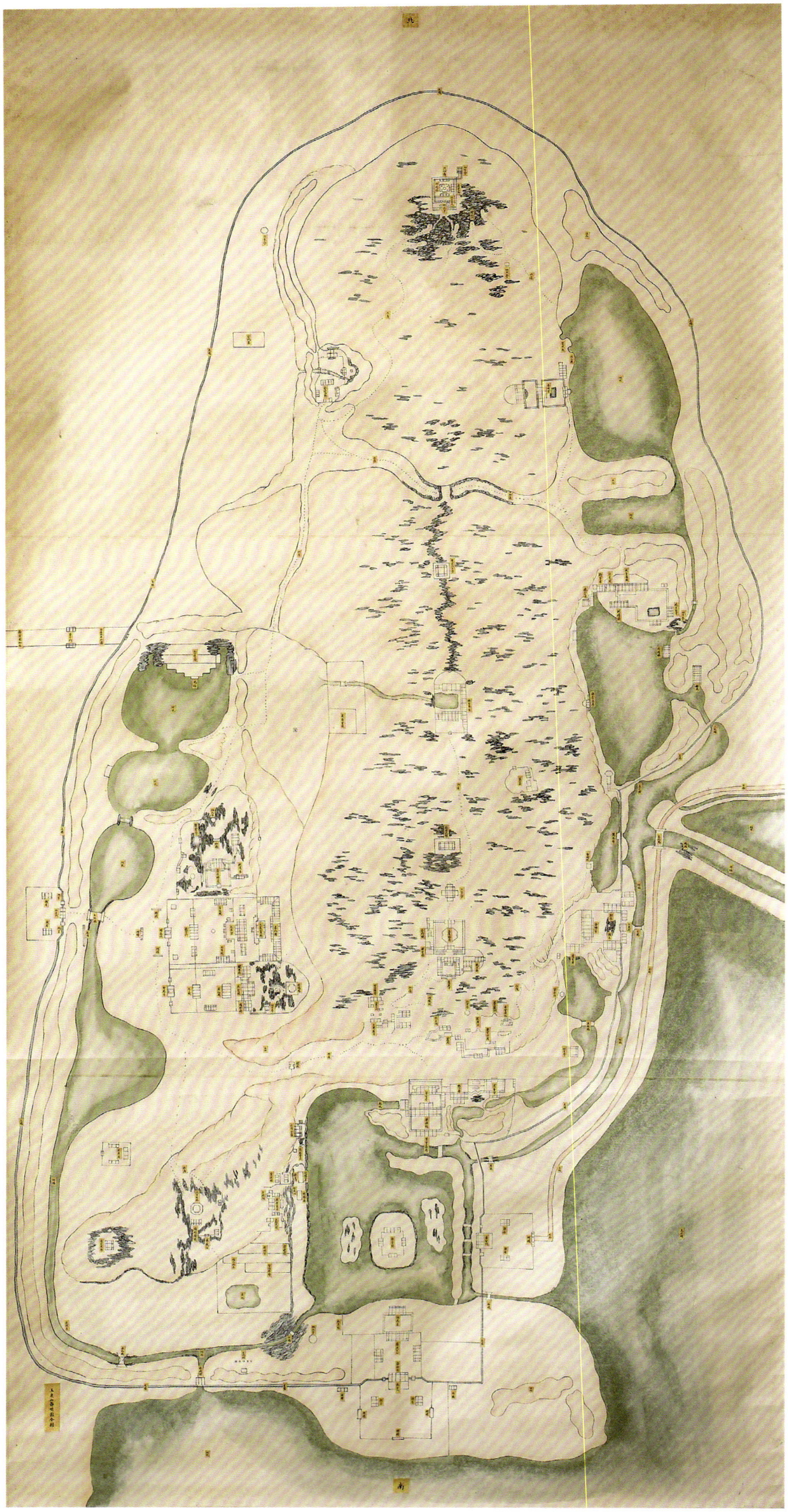

此图无款识、钤印。以大尺幅地形图方式绘制，用笔工整，未注比例，采用由上到下，上北下南的构图。点、线、面相结合，彩绘勾画各重点区域、景点的方位、布局，简洁明了。反映了清晚期玉泉山静明园的实景概貌。全图以黄底黑字楷书标注图记，字迹端正，较为详尽地描绘标注了玉泉山脉和静明园的各处景观。

首都博物馆藏《玉泉山静明园全图》是目前已知唯一一件以地图彩绘的方式展示玉泉山静明园全貌的文物作品，为玉泉山静明园的研究提供了宝贵的参照资料。

玉泉山静明園全圖
南

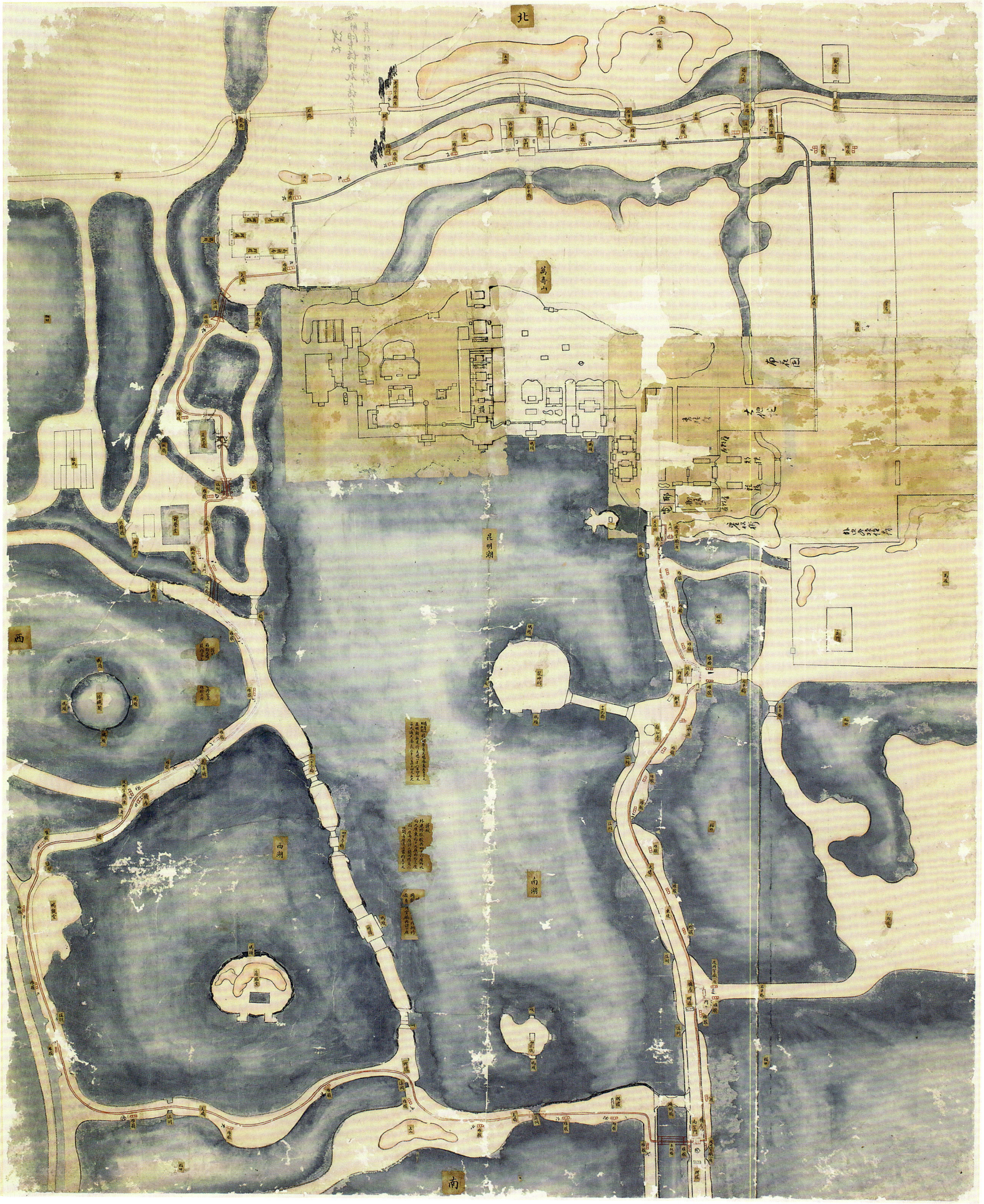
北
萬壽山
昆明湖
西
西湖
南湖
南

53

## 颐和园地盘图样

Site Plan of the Summer Palace

清（1644 ~ 1911年）

纵107.5、横85厘米

颐和园藏

此为样式房绘制彩色颐和园。所绘颐和园建筑格局较为粗略，部分建筑群及湖泊贴有相应的题名图签。万寿山前建筑补贴黄色图纸两块，建筑无名签。绕湖一周绘有红线，旁有方格，写有“堆拨”，推测或为颐和园内巡逻人员的位置示意点。

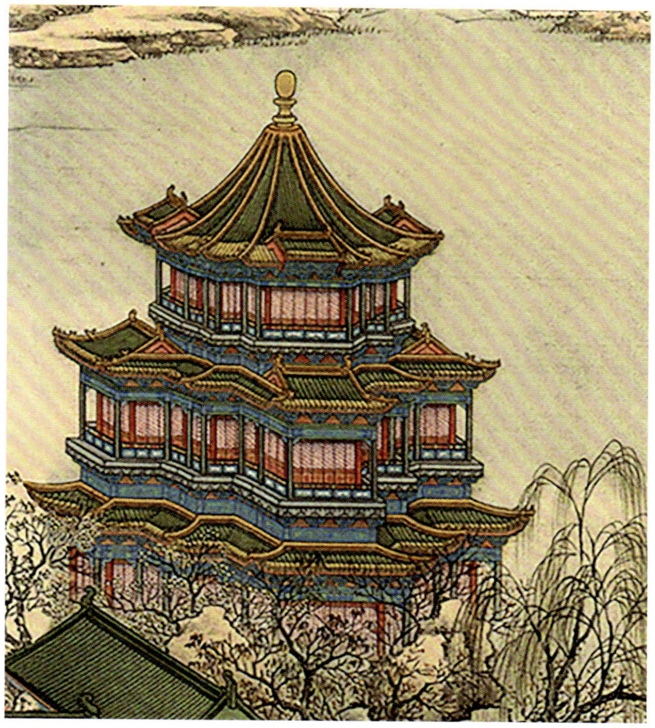

望蟾阁

54

## 黄琉璃『望闸各』建筑构件

Yellow-Glazed Architectural Component with Inscription

清（1644 ~ 1911年）

长18.6、宽17.8、高24.8厘米

颐和园藏

此构件原位于清漪园南湖岛主体建筑望蟾阁之上。构件通体施黄釉，以浮雕技法雕刻云纹，线条简练、流畅。其上阴刻有“望闸各，敞亭黄色”字样款识。

**治镜阁立样**

国家图书馆藏

此图以彩绘方式绘制治镜阁建筑群的亭、牌楼、廊、随廊宫门等建筑。治镜阁圆城有内、外两重城垣，外城设宫门四座，以游廊相连。内城之上有二层歇山十字脊楼阁治镜阁，城上还建有四座牌楼，四角设方亭四座。图中治镜阁楼层较清漪园时期层数降低。依据图中建筑格局及治镜阁重修史料分析，推测其绘制年代为光绪二十一年（1895 年）前后。

55

## 颐和园内藻鉴堂图样

Site Plan of the Zaojian Hall

清（1644～1911年）

全幅：纵79、横107.5厘米

颐和园藏

此图为样式房绘制，图右上角贴黄签墨笔书“颐和园内藻鉴堂图样”。图中整个藻鉴堂岛被湖水四面环绕，各处建筑施以彩色，工整精细。用黄签标注方位、建筑名称及各处房屋的面阔、进深、柱高尺寸等信息。

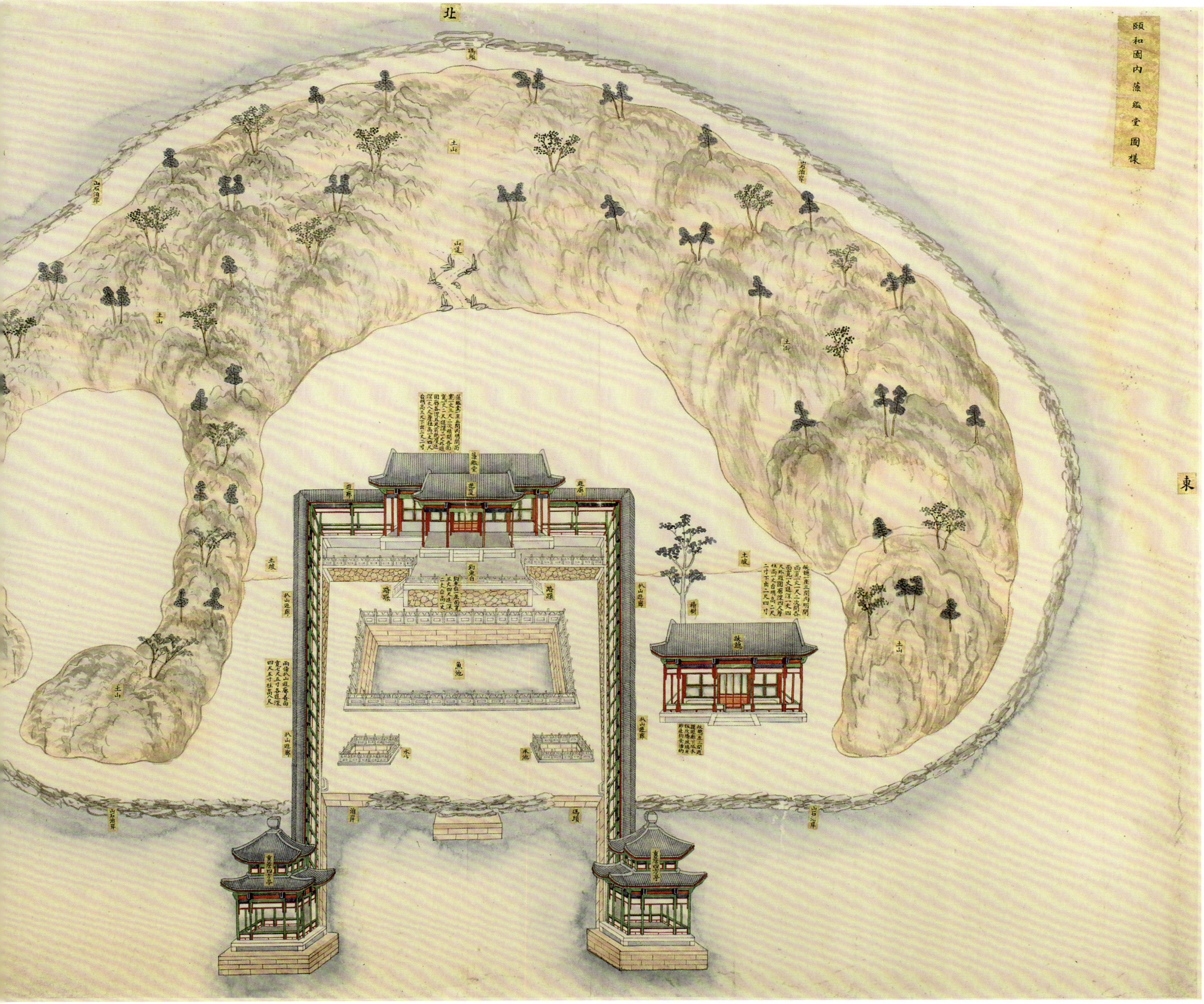

# 2

# 名胜写仿

名胜写仿是中国传统园林的重要特色，也是突出的造园手法之一。写仿，分为“实景写仿”和“会意写仿”两类。“实景写仿”是将景点中的某一标志性形象加以具体仿建而成；“会意写仿”通常取法名景的意境和神韵，以神似而不拘泥于形似取胜，多依据环境特点和园林要求，进行巧妙的再创作，顺其自然，灵动而不失情趣。

56

清高宗《御制诗二集》

Poems Composed by the Qianlong Emperor (Volume II)

清光绪（1875～1908年）

单本：长29.3、宽17.8、厚1.4厘米

颐和园藏

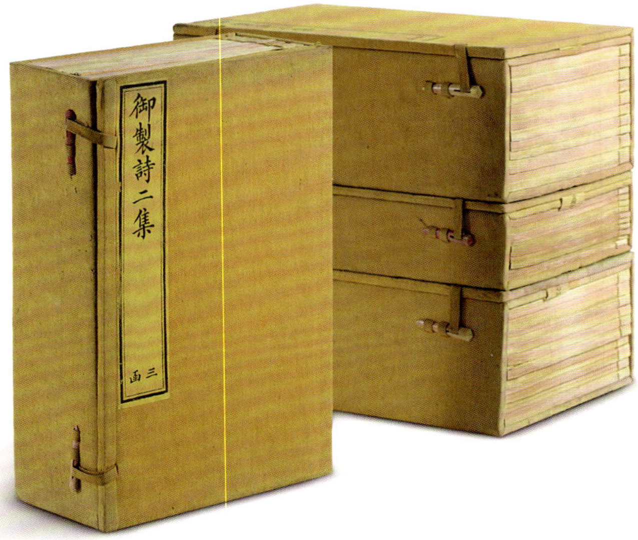


清高宗弘历撰，蒋溥等编，清光绪五年（1879年），总理各国事务衙门铅印版。半页9行，行19字，白口，四周双边，上鱼尾，40册4函。书中收录清高宗弘历于乾隆十三年至二十四年（1748～1759年）所作诗词，按年编次。其中《御制诗二集》卷三十八中《万寿山即事》有诗句云：“面水背山地，明湖仿浙西。”点明昆明湖仿照杭州西湖建造。

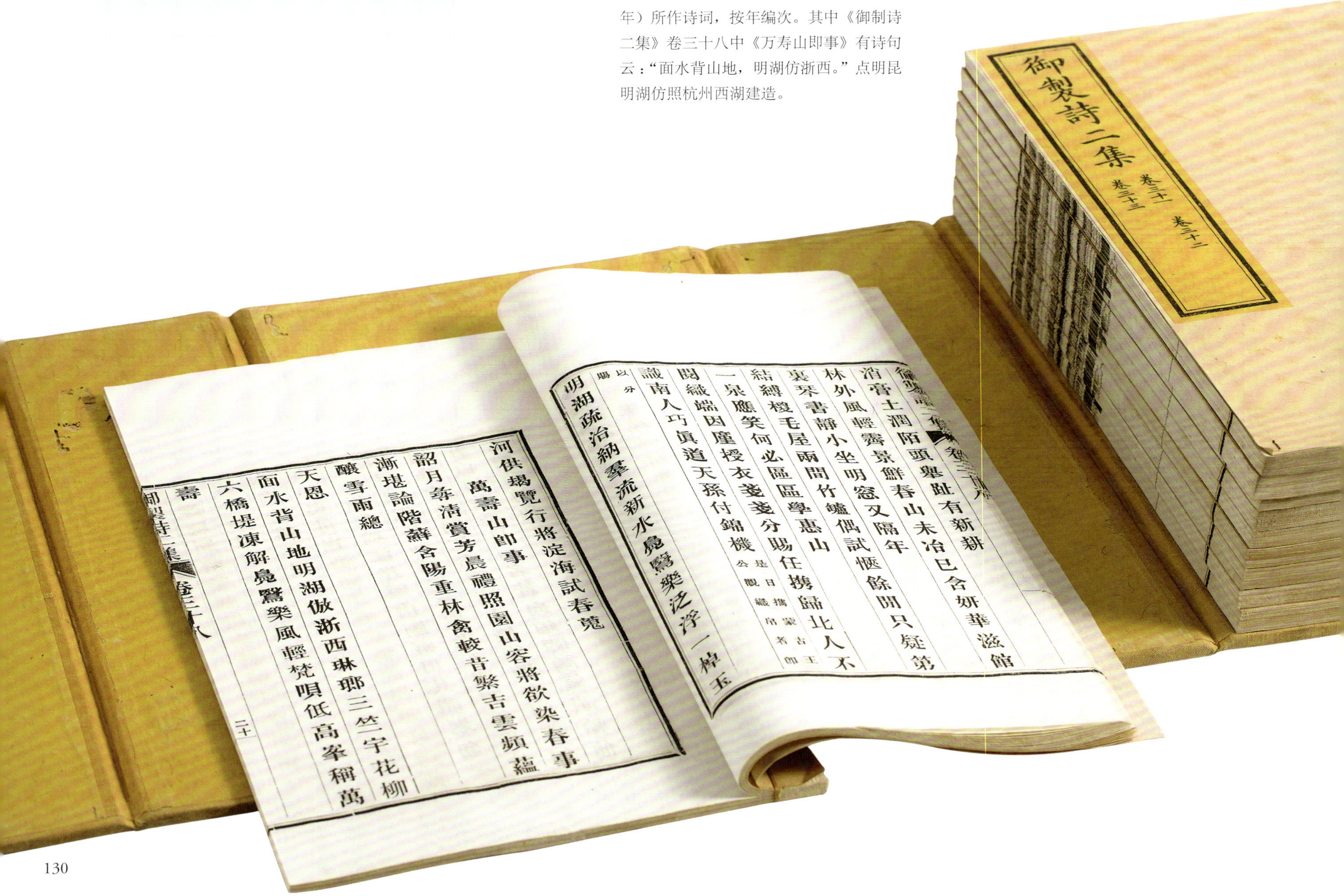

57

## 清仁宗《御制文二集》

Essays Composed by the Jiaqing Emperor (Volume II)

清光绪（1875～1908年）

单本：长28.5、宽16.9、厚1厘米

颐和园藏

御製文二集
一函
御製文二集
二函


此文集共十四卷。清仁宗颙琰撰，董诰等编，清光绪五年（1879年），总理各国事务衙门铅印版。半页7行，行15字，白口，四周双边，上鱼尾，12册2函。

书中收录清仁宗颙琰所作文章，按文章体裁编次。书中卷五载《谐趣园记》，文中说明修葺谐趣园并改名之原委，是研究谐趣园、清漪园历史变迁的佐证资料。

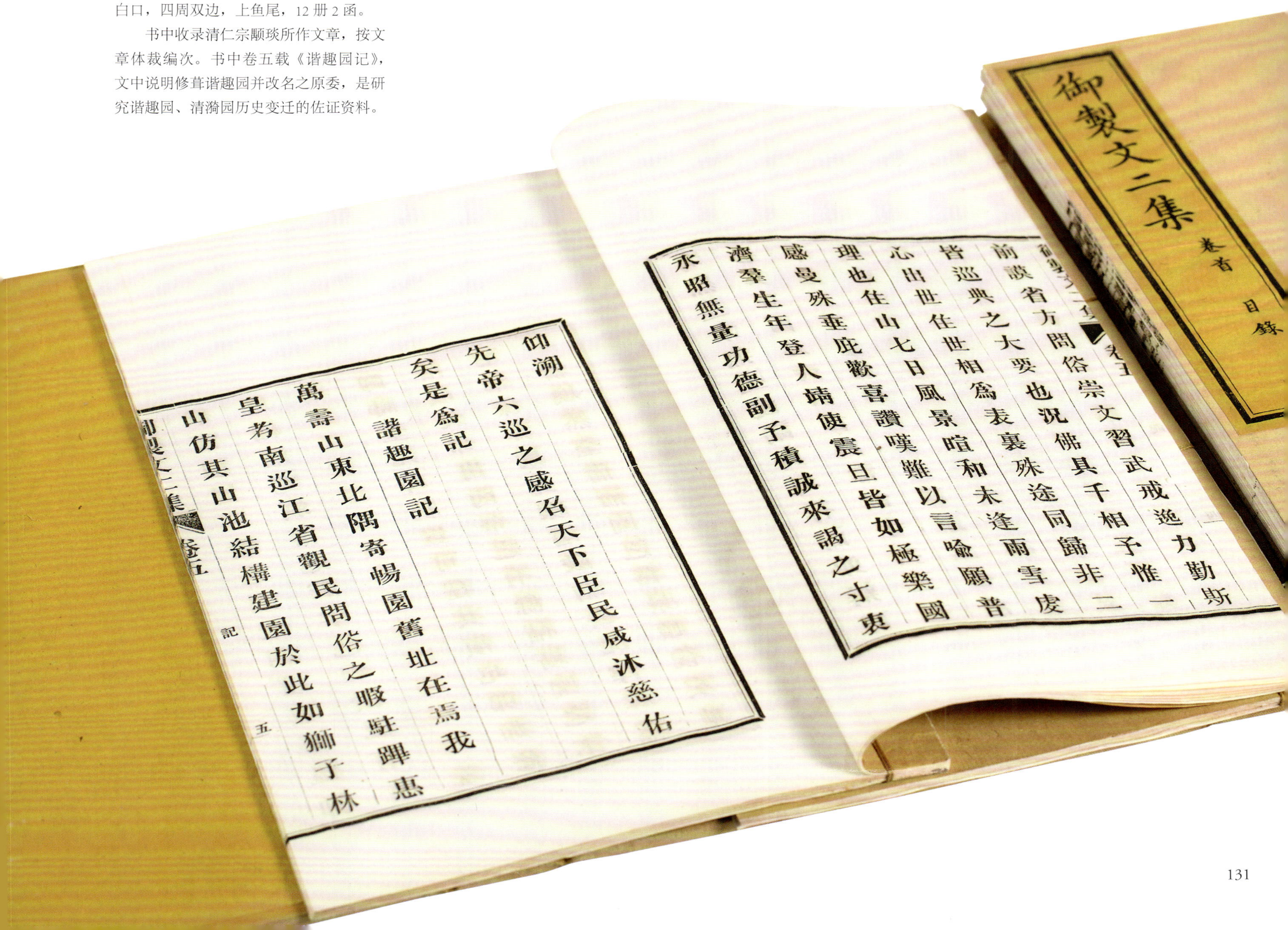

御製文二集
卷首 目錄
前讀者方問俗崇文習武戒逸力勤斯
皆巡典之大要也況佛具千相予惟一
心出世住世相為表裏殊途同歸非二
理也住山七日風景暄和未逢雨雪虔
感曼殊垂庇歡喜讚嘆難以言喻願普
濟羣生年登人壽使震旦皆如極樂國
永昭無量功德副予積誠來謁之寸衷
仰溯
先帝六巡之感召天下臣民咸沐慈佑
矣是為記
諧趣園記
萬壽山東北隅寄暢園舊址在焉我
皇考南巡江省觀民問俗之暇駐蹕惠
山仿其山池結構建園於此如獅子林
御製文二集 卷五 記 五

## 58

# 《钱维城画西湖名胜图》

*Famous Scenery of the West Lake by Qian Weicheng*

清乾隆（1736～1795年）

纸本 设色

长43.5、宽32.8、厚4厘米

颐和园藏

此图册描绘了杭州西湖及周边的十二处风景，分别为：苏堤春晓、双峰插云、柳浪闻莺、花港观鱼、曲院风荷、平湖秋月、南屏晚钟、三潭印月、雷峰夕照、断桥残雪、北高峰、丁家山。每幅书、画对开，一边绘山水风景，一边配以文字介绍，注明位置、由来，以及圣祖康熙御笔题字建碑亭和乾隆皇帝作御制诗情况记录。画面中楼阁、树木等前后景致错落，层次分明。作者以中锋行笔，细笔、淡墨勾勒线条，青绿、赭石设色。画风秀逸，笔墨精工，真实描绘出西湖名胜的秀丽景象。册面上黄签墨笔篆书题“钱维城画西湖名胜图”。

钱维城（1720～1772年），初名辛来，字宗磐，又字幼安，号幼庵、茶山，晚号稼轩，江苏武进人。擅画山水、花鸟。曾先后两次随乾隆南巡，并奉命绘沿途风景名胜。

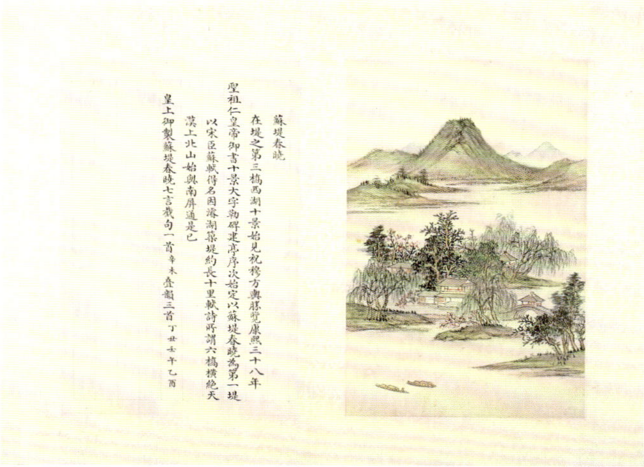

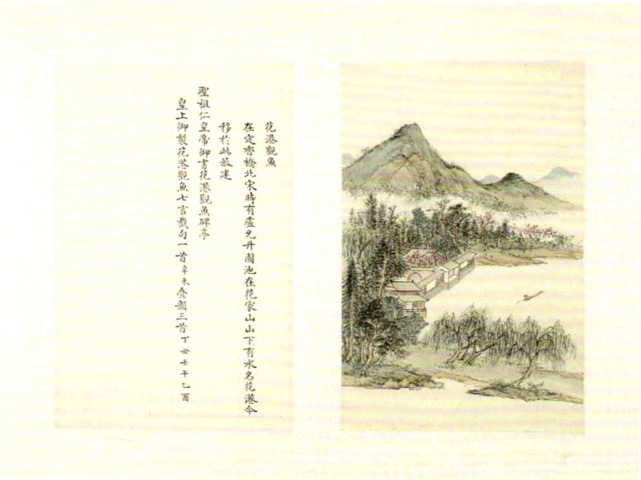

曲院風荷
在跨虹橋西舊名麯院荷風宋時取金澗水造麯以釀官酒故名
在九里松旁今移於此
聖祖仁皇帝特改為曲院風荷恭建
御書碑亭
皇上御製曲院風荷七言截句一首辛未疊韻三首丁丑壬午乙酉

平湖秋月
在孤山路口宋有水仙王廟在蘇堤三橋之南明季始移於此曰
望湖亭後即其地恭建
聖祖仁皇帝御書平湖秋月碑亭
皇上御製平湖秋月七言截句一首辛未疊韻三首丁丑壬午乙酉

南屏晚鐘
在淨慈寺前寺倚南屏山舊名慧日禪院吳越時建康熙閒
賜今額寺前恭建
聖祖仁皇帝御書南屏晚鐘碑亭
皇上御製南屏晚鐘七言截句一首辛未疊韻三首丁丑壬午乙酉

三潭印月
在湖心亭南古有三塔志稱蘇軾濬湖時立塔以清水界一說湖
中有三潭深不可測故建浮屠以鎮之舊蹟已圮明季繞潭作埂
為放生池仍置三塔於池外每月光映潭影分為三故名池上恭
建
聖祖仁皇帝御書三潭印月碑亭
皇上御製三潭印月七言截句一首辛未疊韻三首丁丑壬午乙酉

雷峯西照
在淨慈寺北峯為南屏支脈咸淳志謂郡人雷就居此故名頂有
塔吳越時所建舊名雷峯夕照
聖祖仁皇帝改為雷峯西照恭建
御書碑亭
皇上御製雷峯西照七言截句一首辛未疊韻三首丁丑壬午乙酉

斷橋殘雪
在白沙堤一稱段家橋見周密武林舊事橋前恭建
聖祖仁皇帝御書斷橋殘雪碑亭
皇上御製斷橋殘雪七言截句一首辛未疊韻三首丁丑壬午乙酉

北高峯
在雲林寺後武林山左支之最高者自山麓取徑而上石磴數千
級凡三十六折始達於巔憑高俯瞰峯巒江湖靡遠不矚
皇上御製登北高峯極頂五言古詩一首辛未北高峯七言律詩一首
丁丑

丁家山即蕉石鳴琴
在湖之西南平岡層遞可瞰全湖有奇石高丈許展如蕉葉下度
石牀石几可以撫琴故有蕉石鳴琴之目
皇上御製丁家山七言律詩一首辛未題丁家山七言截句一首壬午

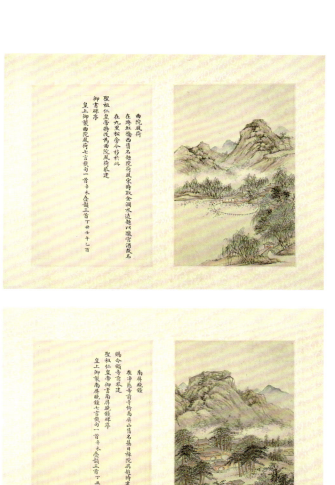

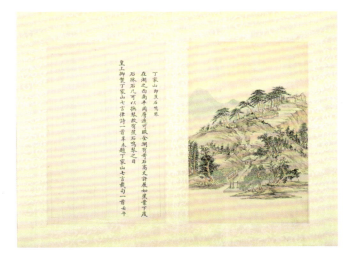

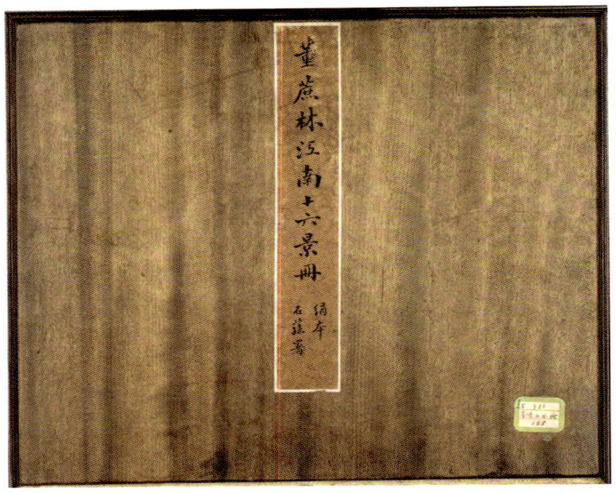

## 59

## 《董蔗林江南十六景册》

*Sixteen Views of Jiangnan* by Dong Gao, Album

清乾隆（1736 ~ 1795 年）

绢本　设色

纵 23.7、横 30.5 厘米

清华大学艺术博物馆藏

此册描绘苏州、无锡、镇江等江南各地十六景，其中《虎丘》与《千尺雪》两图均以建筑的主体为重，尽管没有采用西方的透视法绘制图册，但是各处名胜的位置、布局交代得一目了然。从青山秀石细致的皴点、翠树碧竹阴阳向背的勾画来看，笔法俊秀工致，设色清雅怡人，超然出尘，别具韵味。

题款：臣董诰恭画

钤印：臣诰（朱白文）、恭画（朱文）

董诰（1740 ~ 1818 年），字蔗林，浙江富阳人。擅长山水及行书。

千尺雪

虎邱

靈巖山

香雪海

甘露寺

金山

惠泉山

寄暢園

平山堂

支硎山

錦春園

寒山別墅

## 60

### 谢墉楷书《御制江南名胜诗》

*Qianlong Emperor Composed Poems on Famous Places in Jiangnan* in Regular Script by Xie Yong

清乾隆（1736～1795年）

纸本

纵26.2、横15、厚4.5厘米

颐和园藏

谢墉写本，经折装，墨笔楷书，边框绘有卷草图案。清高宗弘历撰，摘录乾隆皇帝南巡下江南过程中即兴而作，有感而发的诗文。卷末款“臣谢墉敬书”，有“臣墉”“敬书”朱印2方。谢墉（1719～1795年），字昆城，号金圃、东墅，浙江嘉善枫泾人，清乾隆时进士、内阁学士。

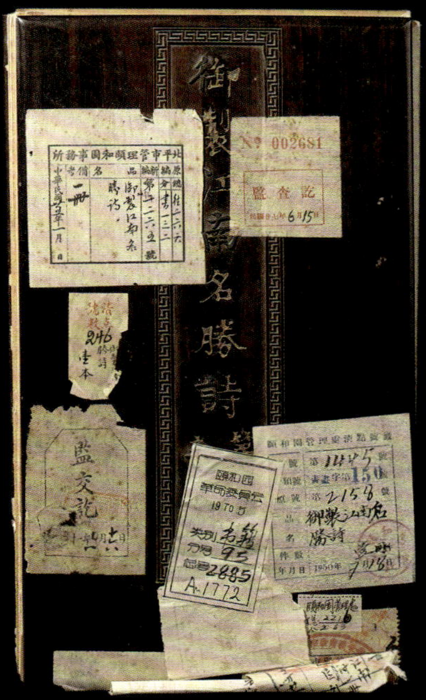

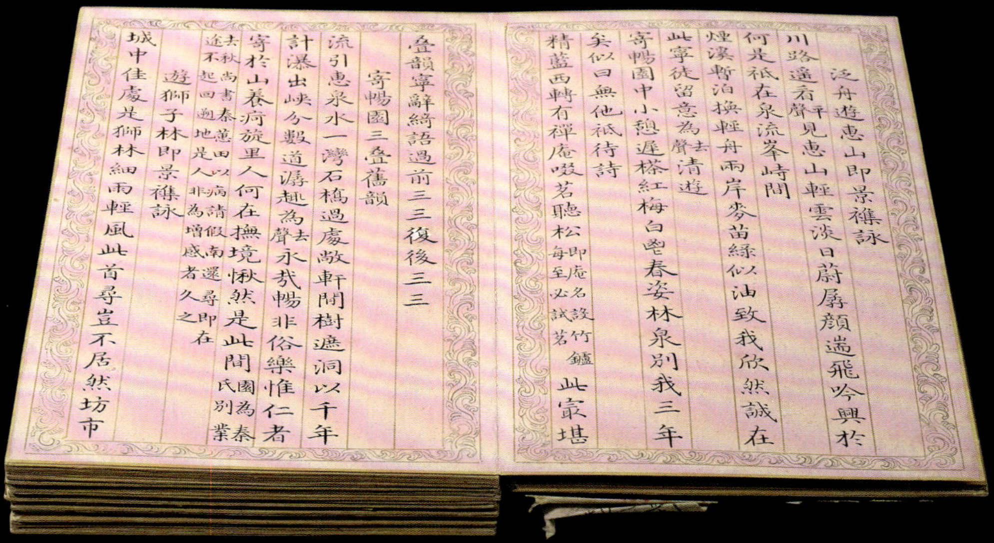

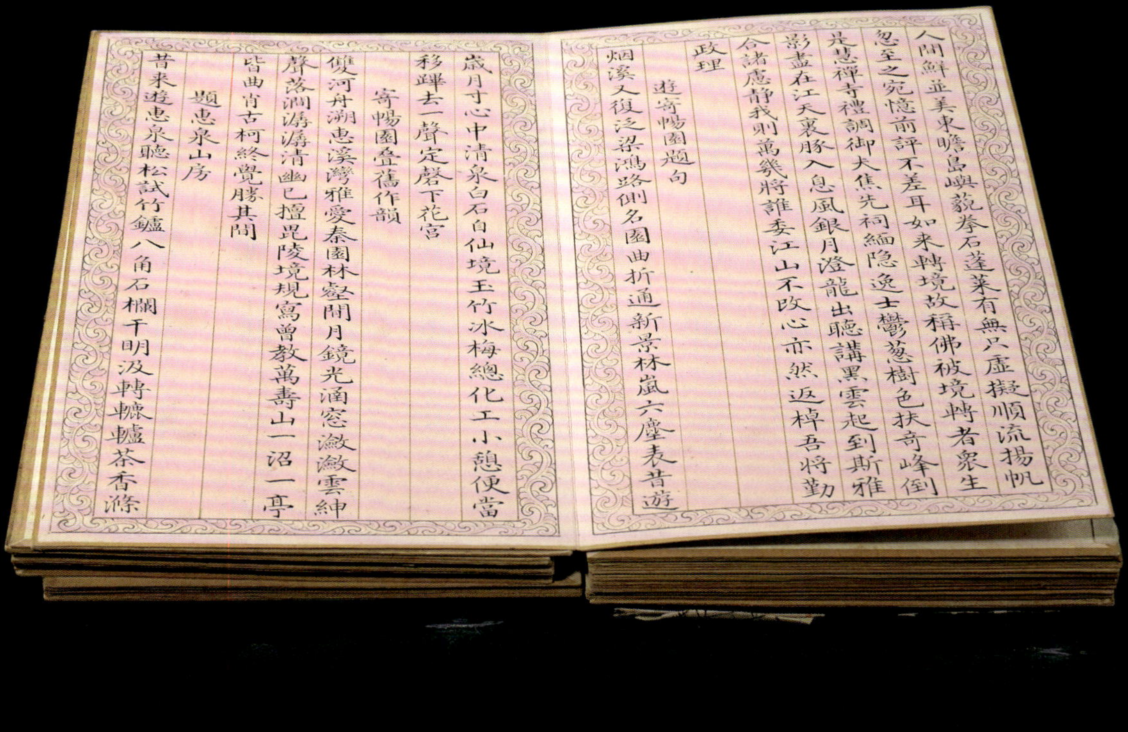

61

## 燕京八景、茜园八景书画合璧册

Eight Views of Yanjing and Eight Views of the Qian Garden

清（1644～1911年）

纸本 设色

通长 27，宽 15.5 厘米

首都博物馆藏

本组文物为上下两册，推蓬式装裱，每开上半开为汪由敦行书录乾隆御制诗，下半开为王炳所绘相应景观。

上册绘“燕京八景”，依次为“蓟门烟树”“太液秋风”“居庸叠翠”“琼岛春阴”“卢沟晓月”“西山晴雪”“玉泉趵突”“金台夕照”，末开钤“乾隆御览之宝”印章。“燕京八景”观念在金代就已出现，初名“燕山八景”，历代八景内容和名称皆有变化，至乾隆十六年（1751 年），乾隆皇帝亲自主持更定八景名目，就是今天通识中的“燕京八景”。“燕京八景”常被之后的景观经营、园林建设引以为鉴，产生了巨大影响。

下册绘茜园八景，扉页钤“五福五代堂古稀天子宝”，内容依次为“菱香沜”“标胜亭”“朗润斋”“青莲朵”“湛景楼”“别有天”“韵天琴”“委宛藏”。茜园建成于乾隆十七年（1752 年），嘉庆十三年（1808 年）进行过改造并添建。该园位于圆明园思永斋正南，仿扬州锦春园而建，占地面积 6600 平方米，整个园子小巧玲珑，匠心独运，是长春园内移植江南园林比较成功的一处。

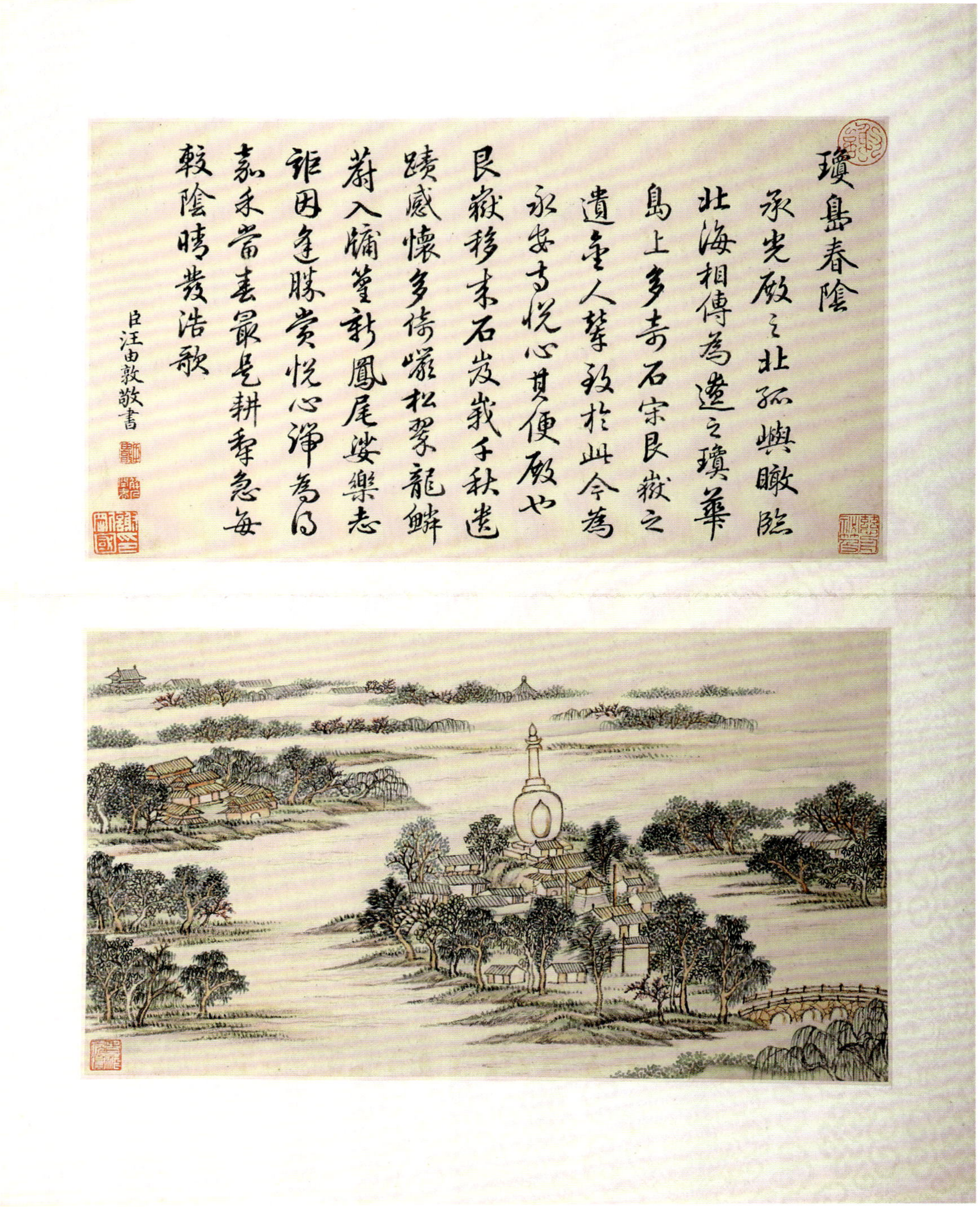

瓊島春陰

承光殿之北孤嶼瞰臨北海相傳為遼之瓊華島上多奇石宋艮嶽之遺金人輦致於此今為永安寺悅心其便殿也

艮嶽移來石岌峩千秋遺蹟感懷多倚巖松翠龍鱗蔚入牖篁新鳳尾娑樂志詎因逢勝賞悅心端為慶牟當春最是耕犁急每較陰晴發浩歌

臣汪由敦敬書

居庸疊翠

居庸為九塞之一見於呂覽淮南子其跡最古酈道元謂崇墉峻壁山岫層深路才容軌為得其實云

防戍頹垣動接連當時設固防逐洗兵玉壘曾無藉守德金湯信不穿泉出石鳴常帶沙日含峯暖欲生烟鳴鞭阿那羊腸道為較前茲獲有田

臣汪由敦敬書

金臺夕照

黃金臺見志乘者有三一在易州郡城有其二輿地名勝志云在府東南十六里又有小金臺相去一里今朝陽門東南歸然土阜好事者即以實之所傳古蹟大率類是

九龍妙筆寫空濛疑以基西或東要在好賢傳以久何妨存古托其中豪辭賦篤誰過客博稱方孟任小童遺蹟明昌重按捻畢抒高望想流風

臣汪由敦敬書

玉泉趵突

西山泉皆伏流至玉泉山勢中豁泉歕躍而出雪湧濤翻濟南趵突不是過也向之題八景者目以垂虹失其實矣爰正其名且表曰天下第一泉而為之記

玉泉昔日此垂虹史筆誰真感慨中不改千秋翻趵突幾番百丈落雲空廓池延月溶溶白倒壁飛花淡淡紅笑我曾嘗傳耳食未能免俗且雷同

臣汪由敦敬書

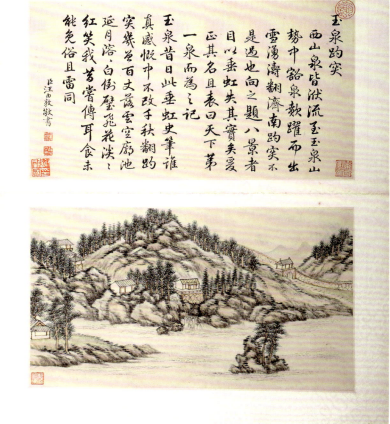

## 太液秋風

太液池在西苑中亘長橋列二華表曰金鼇玉蝀北爲北海南則瀛臺西京賦所稱滄池瀁沆列瀛洲夹蓬萊者方斯蔑矣

潋見商飇蘋末生鏡瀾玉蝀影中横非關细雨頻傳響何事平流忽罷聲爽入金行閶闔表波連瑶渚耀臺瀛高秋文宴傳佳话已覺犁然今昔情

臣汪由敦敬書

## 薊门烟樹

水經注薊城西北隅有薊邱明人長安客話謂在今德勝门外土城關即其遺址旁多林木蓊蔚蒼翠

十里輕楊烟靄浮薊门指點認荒邱青帘貰酒於何少黄土埋人即漸稠牽客未能留遠別聽鸝誰解作清遊梵鐘欲醒紅塵夢斷續長飄雲外樓

臣汪由敦敬書

## 西山晴雪

西山峰嶺層矗不可殫名因居京城右輔故以西山槩焉高寒故易積雪望如削玉今構静宜園於香山輒建標其巔誌之

久曾勝蹟紀春明疊嶂崚峋信莫京劉孝庭时霑快雪便教佳景入新晴寒村烟動依林杪古寺鐘清隔院鳴新傍香山構精舍好收積玉煮三清

臣汪由敦敬書

## 盧溝曉月

盧溝河即桑乾河水黑曰盧故以名之橋建于金明昌初長二百餘步由陸程入京師者必取道於此

茅店寒雞咿喔鳴曙光斜漢欲參横半鉤留照三秋淡一練分波夹鏡明入定衲僧心共印懷程客子影猶驚迩来每蹈溝西道觸景那忘黯尔情

臣汪由敦敬書

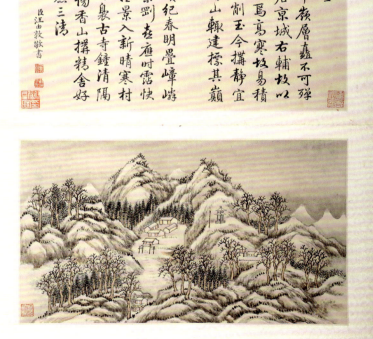

青蓮朵

藍瑛碑側石名之青蓮朵介示無去來默傳忘物我

臣汪由敦敬書

朗潤齋

機織合希夷水木呈明翠銀塘橫半畝萬頃煙波意

臣汪由敦敬書

委宛藏

境以曲折幽中宏延外廣尺宅含寸田至人貴知養

御製蒨園八景詩 臣汪由敦敬書

韻天琴

石激出淙亂儀中宮商音我不解攫醳而愛韻天琴

臣汪由敦敬書

標勝亭
笠亭擬假
山亦足云標
勝後擬宣
城蹟合得
謫仙詠
臣汪由敦敬書

菱香沜
風前度彌
靜雨後香益
清騎歸吳
興岸菱歌
唱晚晴
臣汪由敦敬書

別有天
總此一大內
漫稱別有
天達人詎
坐井陋我
古已然
臣汪由敦敬書

湛景樓
樓臨內外湖
地高望斯
遠湛然虛
且明絜矩
出治本
臣汪由敦敬書

## 圆明园写仿景点统计

| 圆明园点景建筑 | 写仿出处 |
|---|---|
| 小有天园 | 杭州小有天园 |
| 鉴园 | 扬州趣园 |
| 廓然大公 | 无锡寄畅园 |
| 安澜园 | 海宁陈氏园 |
| 狮子林 | 苏州狮子林 |
| 如园 | 江宁瞻园 |
| 三潭印月、断桥残雪、苏堤春晓、平湖秋月 | 杭州西湖十景 |
| 蒨（茜）园 | 扬州锦春园 |
| 坐石临流之兰亭 | 绍兴兰亭 |
| 武陵春色之桃花坞 | 苏州桃花坞 |
| 西峰秀色之小匡庐 | 江西庐山 |
| 别有洞天之片云楼 | 杭州龙井一片云 |
| 茜园之青莲朵与梅石碑 | 杭州“梅石双清” |
| 文源阁 | 浙江宁波天一阁 |
| 烟雨楼 | 浙江嘉兴烟雨楼 |
| 飞睇亭 | 杭州龙泓亭 |
| 洛伽胜境 | 浙江定海普陀山 |
| 汇万总春之庙（花神庙） | 杭州西湖花神庙 |

## 清漪园（颐和园）写仿景点统计

| 清漪园（颐和园）点景建筑 | 写仿出处 |
|---|---|
| 昆明湖 | 杭州西湖 |
| 万寿山 | 杭州孤山 |
| 西堤及西堤六桥 | 苏堤及苏堤六桥 |
| 小西泠 | 孤山西泠桥 |
| 大报恩延寿寺 | 孤山行宫 |
| 佛香阁 | 杭州六和塔 |
| 罗汉堂 | 杭州净慈寺 |
| 凤凰墩 | 无锡黄埠墩 |
| 景明楼 | 湖南岳阳楼 |
| 望蟾阁 | 武昌黄鹤楼 |
| 畅观堂睇佳榭 | 杭州蕉石鸣琴 |
| 惠山园 | 无锡寄畅园 |
| 须弥灵境 | 西藏桑耶寺 |
| 转轮藏 | 杭州法云寺藏经阁 |
| 后溪河 | 孤山里湖 |
| 买卖街 | 苏州水街 |
| 十七孔桥 | 北京卢沟桥 |
| 赅春园 | 江南金陵永济寺 |
| 邵窝 | 河南苏门山安乐窝 |

## 62

# 《圆明园图》

*Forty Scenes of the Yuanmingyuan*

民国（1912～1949年）

每册：长48、宽29厘米

中国园林博物馆藏

纸本线装一函两册，中华书局玻璃版部制版，白纸精印。

圆明园图为清乾隆年间宫廷画师沈源、唐岱等，根据乾隆帝旨意绘制圆明园著名景群四十处，并由汪由敦楷书乾隆帝所作四十景题咏。图画绘工精美，所绘建筑、泉石等景观都为写实风格，题诗意境深远，书法隽永飘逸，诗、书、画达到了完美的统一。

1917年安徽人程演生先生漫游欧陆时，在法国巴黎国家图书馆的藏品中，偶然见到了这套圆明园《四十景图》彩绘书，并用摄影术全部传实而归。后由中华书局用玻璃版印刷于1928年公开向全国发行，保持了原图四十对幅的诗图原貌。

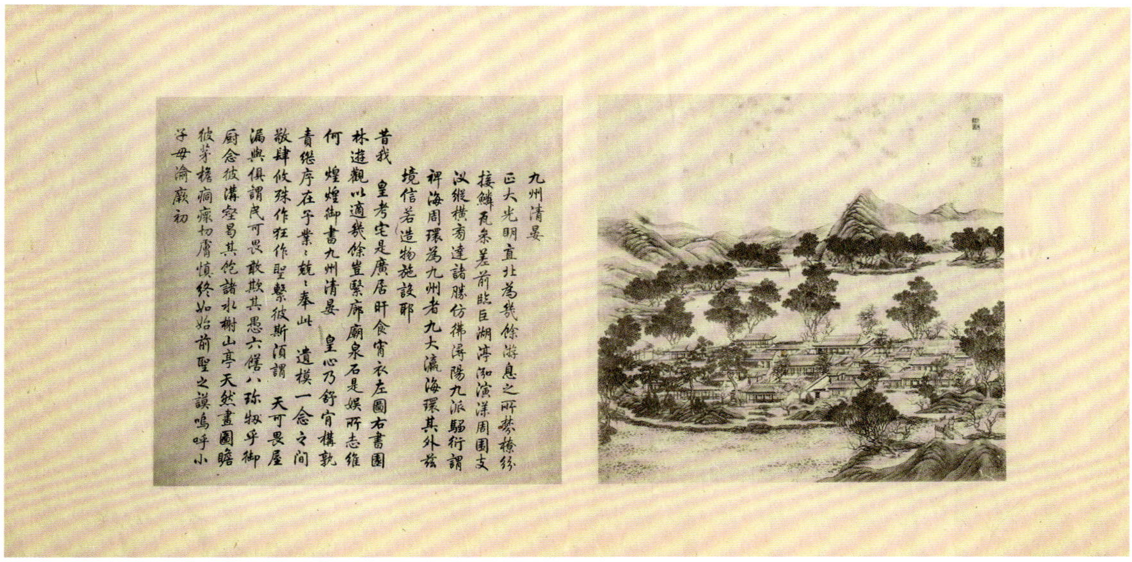

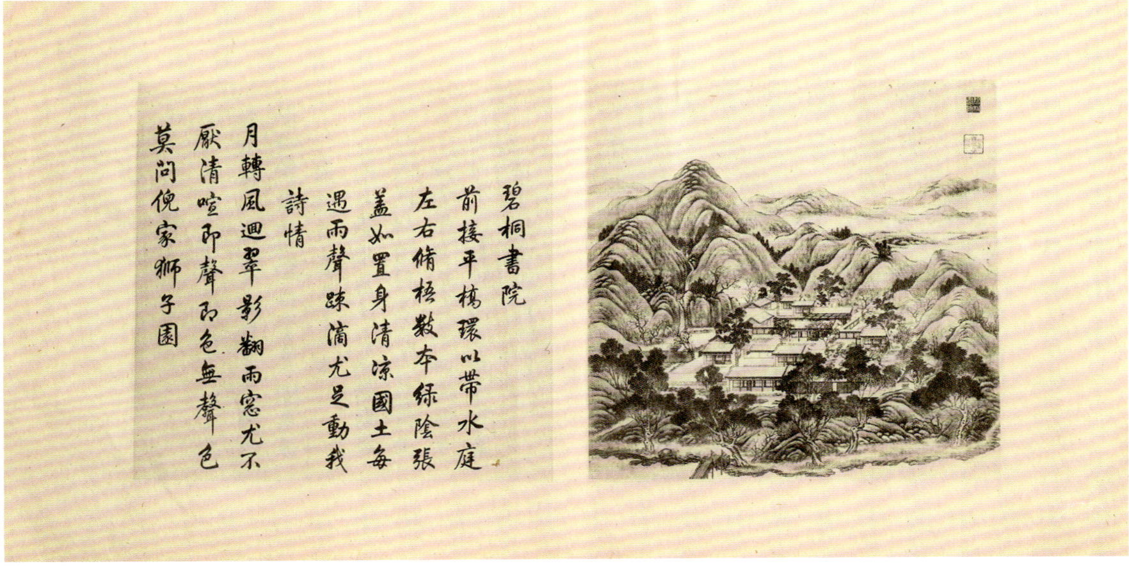

# 3

# 宗教大观

三山五园中存在着各种以宗教崇拜、民间信仰为主要功能的建筑，它们大多体量庞大、气势恢宏。这些建筑蕴含着深刻的宗教含义，同时兼具艺术性与实用性，除侍奉龙王、文昌帝君、关帝、土地神、花神、蚕神等各路神佛外，还承担着帝后礼佛、拈香、祈雨等祭祀活动，反映了古人的精神世界及政治统治的需求。

63

弥勒菩萨像

Maitreya Bodhisattva

明（1368 ~ 1644 年）

长 41、宽 29、高 85 厘米

香山公园藏

明代弥勒菩萨像，原香山碧云寺供奉。

64

## 释迦牟尼佛像

Śākyamuni Buddha

明（1368～1644年）

通高56、通长44、通宽40厘米

香山公园藏

明代释迦牟尼佛像，原香山碧云寺供奉。

65

## 经卷

Sutra Scrolls

明（1368～1644年）

每卷：长8.25厘米

香山公园藏

明代经卷，共计423卷，原在碧云寺佛像内。

萬壽山
頤和園
前山中御路内轉輪藏立樣
北
南
西
東
福壽祿
轉輪藏
遊廊樓
遊廊樓
萬壽山昆明湖
六方亭
六方亭
山
山
山洞
山洞
山石
山石
山石
山石
疊落泊岸
疊落泊岸
疊落泊岸
牌樓
踏跺
角門
順山殿
門口
山坡
山坡
山坡

## 66

### 转轮藏立样图

Elevation Drawing of the Revolving Book Cabinet

清（1644～1911年）

纵55.4、横43.1厘米

颐和园藏

此为颐和园内转轮藏建筑群的彩色立样图。此立样图以设色手法准确绘制出建筑的立体样式，表现出建筑的正面立体形态，对于建筑上面的纹饰细节及建筑结构都有清楚的刻画，翔实准确。转轮藏，是佛香阁东侧的一组佛教建筑群，坐北朝南，由一座正殿和以飞廊连接的两座配亭组成。建筑仿照宋代杭州法云寺藏经阁的样式，殿顶作琉璃瓦三个勾连搭攒尖顶，配亭各上下二层，有木制彩油四层木塔转轮藏经架，转动木架可代替诵经。在正殿和两翼环抱而成的庭院中心，耸立着颐和园中最大的一座石碑——万寿山昆明湖碑。

## 67

### 福禄寿三星琉璃建筑构件

Glazed Architectural Components with the Three Gods of Fortune, Prosperity, and Longevity

清乾隆（1736～1795年）

福、禄：长64、宽64、高135厘米

寿：长64、宽64、高150厘米

颐和园藏

这三座琉璃构件原位于清漪园转轮藏正殿屋脊上，自东向西分别为“福”“寿”“禄”。光绪二十年（1894年）重修时重新进行了安放。

## 三山五园内主要宗教建筑统计表

| | |
|---|---|
| 圆明园 | 月地云居（清净地） |
| | 鸿慈永祜（安佑宫） |
| | 正觉寺 |
| | 宝相寺 |
| | 法慧寺 |
| | 日天琳宇（佛楼） |
| | 慈云普护 |
| | 舍卫城 |
| | 广育宫 |
| | 方外观 |
| | 烟月清真楼 |
| | 洛伽胜境 |
| | 汇万总春之庙（花神庙） |
| | 关帝庙 |
| | 天神坛 |
| | 惠济祠 |
| | 河神庙 |
| 清漪园<br>颐和园 | 大报恩延寿寺 |
| | 四大部洲 |
| | 多宝琉璃塔 |
| | 慈福楼 |
| | 转轮藏 |
| | 罗汉堂 |
| | 宝云阁 |
| | 善现寺 |
| | 云会寺 |
| | 广润灵雨祠 |
| | 文昌阁 |
| | 宿云檐 |
| | 五圣祠 |
| | 昙花阁 |
| | 莲座盘云佛殿 |
| | 蚕神庙 |
| | 妙觉寺 |
| | 花神庙 |
| 香山<br>静宜园 | 碧云寺（金刚宝座塔） |
| | 宗镜大昭之庙 |
| | 香山寺（坛城） |
| | 洪光寺 |
| | 玉华寺 |
| | 龙王庙 |
| 玉泉山<br>静明园 | 妙高寺、妙高塔 |
| | 定光塔（玉峰塔） |
| | 香岩寺 |
| | 华藏海禅寺、华藏海塔、绣壁诗态 |
| | 圣缘寺 |
| | 多宝琉璃塔 |
| | 云外钟声 |
| | 华严寺 |
| | 东岳庙 |
| | 玉宸宝殿 |
| | 清凉禅窟 |
| | 宗教山洞（华严洞、罗汉洞、水月洞、伏魔洞、观音洞、地藏洞、吕祖洞、楞伽洞、安养道场） |
| 畅春园 | 恩佑寺、恩慕寺 |

68

## 铜鎏金香花菩萨像

Gilt Bronze Bodhisattva

明（1368～1644年）

直径63，高171厘米

颐和园藏

菩萨呈立姿，垂眸敛目，头戴花冠，胸饰璎珞，身着衣裙，有飘带环绕，双手捧一托盘，盘中有花。香花菩萨为一对，原坐落在云会寺正殿的大日如来佛像两侧。

## 4

# 玉殿华堂

皇家园林中的殿宇楼阁，讲究规制、造型丰富。不同建筑装饰形式多样、空间变幻灵动，既有北方园林高大宏伟、威严华贵的气势，也有江南园林精巧雅致、舒适宜居的风韵。从园林点景的楹联匾额至室内起居的屏风、隔扇，无不诠释着传统的美学观念和精湛技艺。

福
曙色漸分雙

玉澜堂原状陈列为光绪皇帝寝宫复原场景，本次展览以明间、东次间和西次间三间原状殿堂为示例。

## 殿堂原状陈设示例 · 明间

玉澜堂明间正中设紫檀宝座和脚踏，宝座上设坐垫和迎手一对，宝座两侧设紫檀香几和掌扇各一对，座后为人物山水玻璃画紫檀座屏一座，座屏两侧挂匾联一对。宝座前设紫檀长方桌，两旁分设垂恩香筒一对。明间墙面满铺益寿延年万字不到头纹银印花墙纸，地面铺缠枝花卉地毯。

## 69

### 嵌杏木人物楼阁蕃莲卷草纹紫檀宝座

*Zitan* Throne with Apricot Wood Splat

清（1644～1911年）

长106.5、宽77、高115厘米

颐和园藏

主体由紫檀制成，靠背及扶手内侧攒框装杏木板。上围边框正面雕西洋卷草纹，扶手外侧紫檀板雕祥云福庆纹。内装的杏木靠背及扶手面芯，各自铲地高浮雕装饰人物山水楼阁纹。高束腰以托腮的紫檀卷草花分割，中嵌锦地底蝙蝠夔龙纹杏木饰板。牙板及三弯腿铲地浮雕蕃莲卷草纹，底足外翻卷草马蹄，足下承托泥。此件家具带有明显的西洋风格，但又应用了许多中式纹样，造型新颖、工艺精湛，是颐和园藏清代宫廷家具中的经典之作。

## 70

### 红木脚踏

*Hongmu* Wood Footstool

清（1644～1911年）

长62.5、宽30.7、高15厘米

颐和园藏

红木制。面板攒框装芯，冰盘沿下有束腰，下接直牙板，牙板下沿与直腿边缘起阳线交圈，底足内翻回纹马蹄。此脚踏造型朴实，纹饰自然，是清代宫廷中常用的陈设家具。

71

# 嵌杏木蕃莲卷草纹紫檀长方桌

*Zitan* Rectangular Table with Apricot Wood Top

清（1644～1911年）

长176.5、宽61、高90厘米

颐和园藏

主体由紫檀制成，桌面攒框装杏木芯桌面。冰盘沿下接高束腰，束腰用紫檀铲地起线作框，内外嵌杏木片，分别雕回纹锦地与十字锦地蝙蝠夔龙纹。牙板与腿足均以此工艺，在用紫檀勾勒拐子纹和卷草纹的同时，大面积镶嵌十字锦地雕蕃莲卷草纹的杏木片。构思精巧，工艺繁复而又不失庄重大气，是清代家具中的优秀作品。

72

# 嵌杏木夔龙蕃莲纹紫檀香几（一对）

*Zitan* Armrests with Apricot Wood Insets

清（1644～1911年）

长41，宽37.5，高105厘米

颐和园藏

主体由紫檀制成，几面方形，打槽装杏木板芯。冰盘沿下接高束腰，束腰与腿足用紫檀铲地起线作框，外嵌杏木片，分别雕锦地夔龙纹与十字蕃莲卷草纹。束腰中心开变形的拐子纹不透空开光，中心雕饰缠枝莲纹。束腰下四面腿肩雕兽首衔环纹，牙板满地雕蕃莲纹，间饰以回纹拐子开光，开光内在斜万字锦地上雕回纹拐子。牙头处透雕蕃莲纹。腿上部起云翅纹，底足外翻云头，下承托泥。纹饰繁缛，雕工精致。

## 殿堂原状陈设示例 · 东次间

明间东侧花梨木隔扇后为东次间。东次间正中设红木方桌一张，两侧对称设紫檀扶手椅一对，后设红木翘头案一张。墙面铺益寿延年万字不到头纹银印花墙纸，中间贴刘玉璋画贴落一张、徐郙书对联一对。

## 花梨木隔扇

*Huali* Wood Partition Screen

清光绪（1875～1908年）

高250、宽44.5、厚6厘米

主体由花梨木制成。从上到下共五根横枨，分开隔扇心、裙板和绦环板。隔扇心内以细木条拼成冰裂纹做底，中间两处开光，内夹玻璃与纱。上部开光雕刻五只蝙蝠绕成一圈，取“五福”谐音。裙板和绦环板均贴有木质雕花，绦环板雕竹梅纹，裙板雕花为鹿和梅花，拼成宝瓶形，取“福禄太平”之寓意。

74

# 嵌粉彩瓷面红木方桌

*Hongmu* Wood Square Table with Enameled Porcelain Top

清（1644～1911年）

边长69.5、高83.7厘米

颐和园藏

主体由红木制成，桌面攒框装芯，镶嵌正方形粉彩缠枝花卉福庆纹瓷板，面下有束腰，面沿及牙板做洼堂肚，铲地起线雕拐子纹。腿间装罗锅枨，上下沿铲地起阳线，与牙板和腿足交圈，底足雕回纹马蹄。桌面镶嵌的粉彩瓷板，边缘为白地蓝釉回纹，中心为松石绿地彩绘缠枝花卉纹，中间夹有福庆纹和宝相花纹。色彩鲜艳，瓷质细腻，平整光滑，代表了清代陶瓷烧造工艺的高超水准，反映了皇家力求新颖的审美情趣。

75

## 螭龙纹红木翘头案

*Hongmu* Wood Recessed-Leg Table with Hornless Dragons

清（1644～1911年）

长186、宽35、高93.7厘米

颐和园藏

红木制。案面两侧带翘头，直牙板与内侧角牙一木联作，牙板两侧牙头与角牙雕螭龙纹，两侧腿间有两条横枨，中间镶挡板，壶门式开光，亦雕螭龙纹，枨下挂罗锅牙条，底足向两侧外撇。这件翘头案用料厚实，比例匀称，造型古朴优美，纹饰简洁但不失做工考究。

76

## 拐子蕃莲纹紫檀扶手椅

*Zitan* Armchairs with Passion Flowers

清（1644～1911年）

长56、宽45、高92.5厘米；

长55、宽45.5、高87厘米

颐和园藏

紫檀木制。靠背搭脑向上凸起成书卷形，靠背、扶手用小料拼攒拐子纹，靠背板正中攒框装芯，从上到下装铲地浮雕回纹、拐子蕃莲纹的花板以及卷云纹圈口牙板。座面镶藤编席面，下接矮束腰，牙板做洼膛肚，一饰宝珠纹，另一饰回纹，和腿足圆角相交，边缘起阳线。直腿横枨，枨下底足内翻马蹄。此椅造型庄重大气，雕饰繁而不俗，是清宫家具中的精品。

77

## 徐郙书七言联

Seven-Character Couplet by Xu Fu

清同治（1862～1874年）

绢本 楷书

纵208.4、横40厘米

颐和园藏

徐郙（1836～1907年），字寿蘅，号颂阁，江苏嘉定（今属上海）人。同治元年（1862年）壬戌科状元，授翰林院修撰，掌修国史。同治三年（1864年），奉命入值南书房。历任侍讲学士、内阁学士、兵部右侍郎、吏部尚书。官至礼部尚书、协办大学士。工书法，楷书成就最高，是晚清时期馆阁体代表书家，字颇受慈禧欣赏。其书法圆润紧凑，运笔洒脱，超然绝俗。

对联左下落款“臣徐郙敬书”，钤盖白文印“臣徐郙”、朱文印“翰林供奉”。

内文：玉阶金卮祥光灿，宝瑟瑶琴雅乐和。

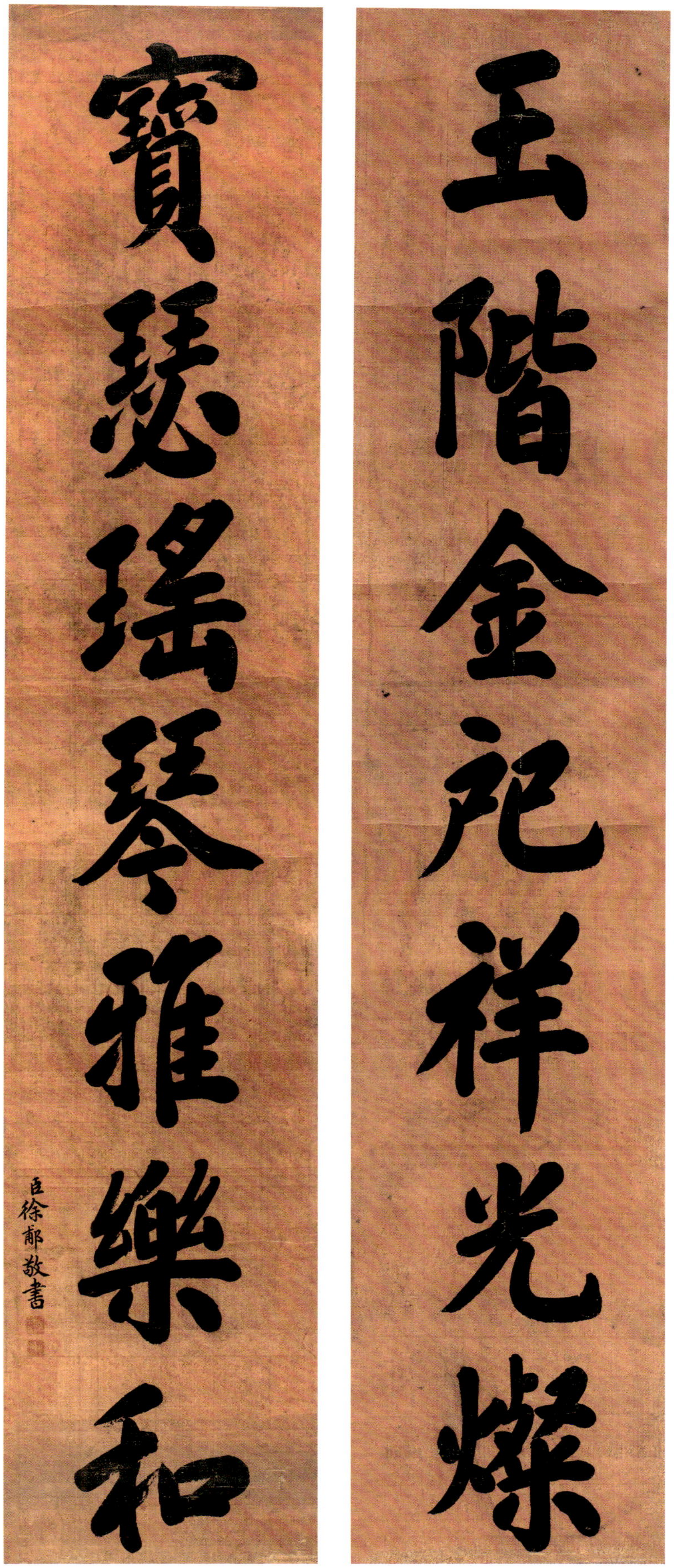

78

## 刘玉璋绘荷塘鸭戏贴落

Ducks and Lotuses by Liu Yuzhang, Affixed Hanging

清光绪（1875～1908年）

绢本 设色

纵182.5、横241厘米

颐和园藏

刘玉璋（生卒年不详），善绘花鸟。光绪朝如意馆画家。

此图描绘了和风吹拂下的荷塘一隅，野鸭结伴嬉水的场景。池水清澈，水草清晰可见，野鸭成群结队，浮游于荷塘中。荷花粉、白相间，荷叶硕大碧绿，花叶勾勒晕染自然。画面整体取法灵动，工写结合，笔墨细腻，构图疏密得当，动静相宜。

左下落款“臣刘玉璋恭绘”，钤盖白文印“臣刘玉璋”、朱文印“恭画”。

## 殿堂原状陈设示例 · 西次间

明间西侧冰梅纹楠木花窗后为西次间。西次间殿内设炕床一张，床上铺龙凤纹炕单、毛毡，炕上中间设锦地莲花事事如意纹坐垫、靠背、迎手三件套，两侧对称设紫檀炕几一对。墙面铺益寿延年万字不到头纹银印纸墙纸，炕上宝座垫后墙正中贴王继明画贴落一张、张亨嘉书对联一对，东西两侧墙上贴陆宝忠书、陈兆凤画贴落各一。

## 79

# 冰梅纹楠木花窗

*Nanmu* Wood Window with Cracked Ice and Prunus Blossoms

清光绪（1875～1908年）

高159、宽163、厚2厘米

颐和园藏

整体由楠木制成。四面攒框，框内以小料拼攒成冰裂纹框芯，在榫卯结合处饰以梅花雕刻的装饰件，使得整扇隔窗更显美观大方。整面隔窗通体光素未曾髹漆，展现了楠木细腻的质感与原始清新的木色。

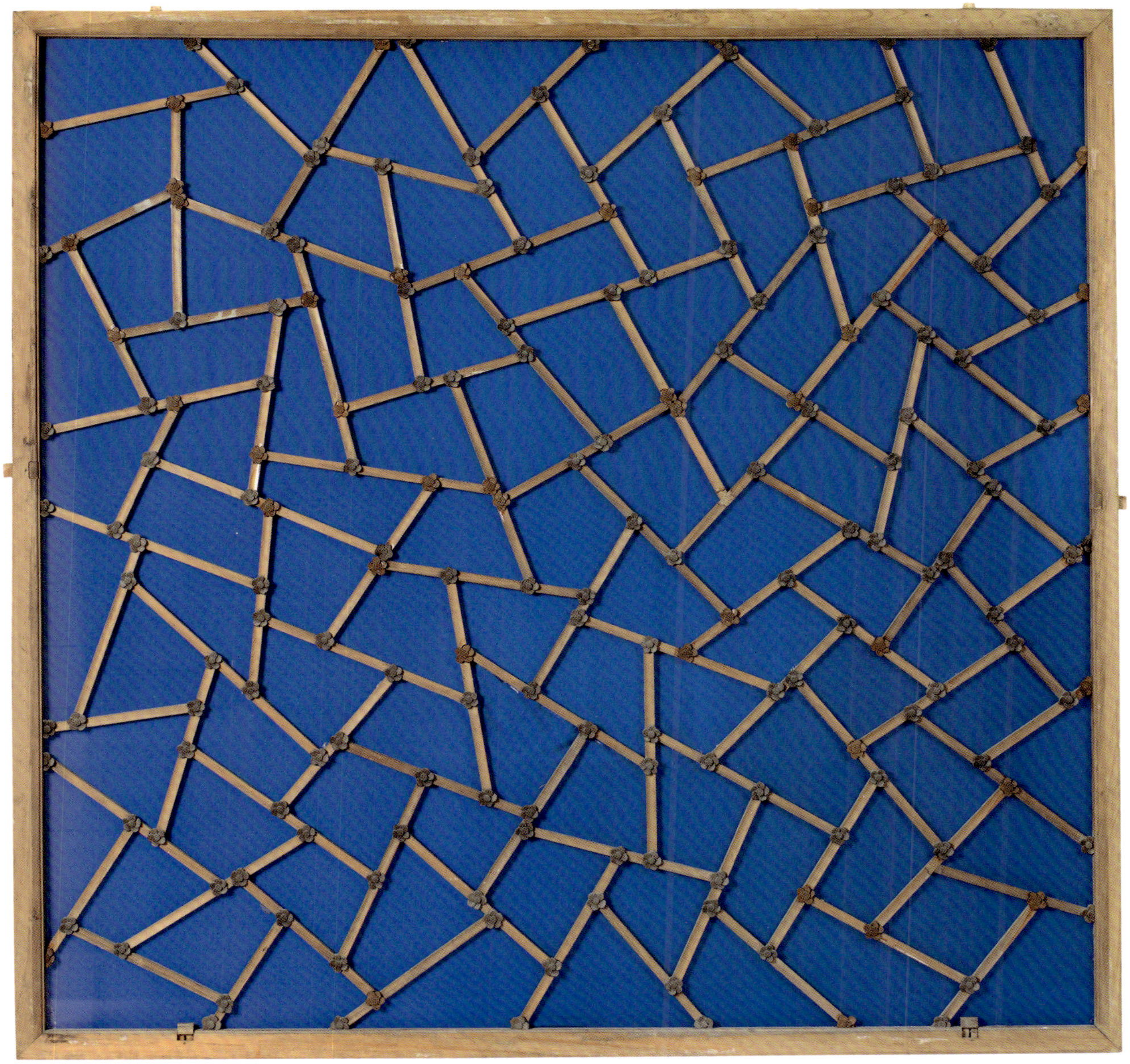

80

# 绳纹罗锅枨紫檀炕几（一对）

*Zitan* Armrests with Curved Stretchers

清（1644～1911年）

长 96.5，宽 38.5，高 33 厘米

颐和园藏

紫檀木制。桌面攒框装芯板，下承穿带，四角面沿用铆钉镶嵌铜包角，其上錾花雕卷草纹。面下接方足，四腿间安裹腿罗锅枨，浮雕绳纹，婉转流畅。底足均装有铜制护套，四面錾花雕刻蕃莲纹。此炕桌面沿的四边与腿足安装铜制錾花饰件，既起到加固作用，又增加了色彩的冷暖对比，令整件家具更显富丽堂皇。

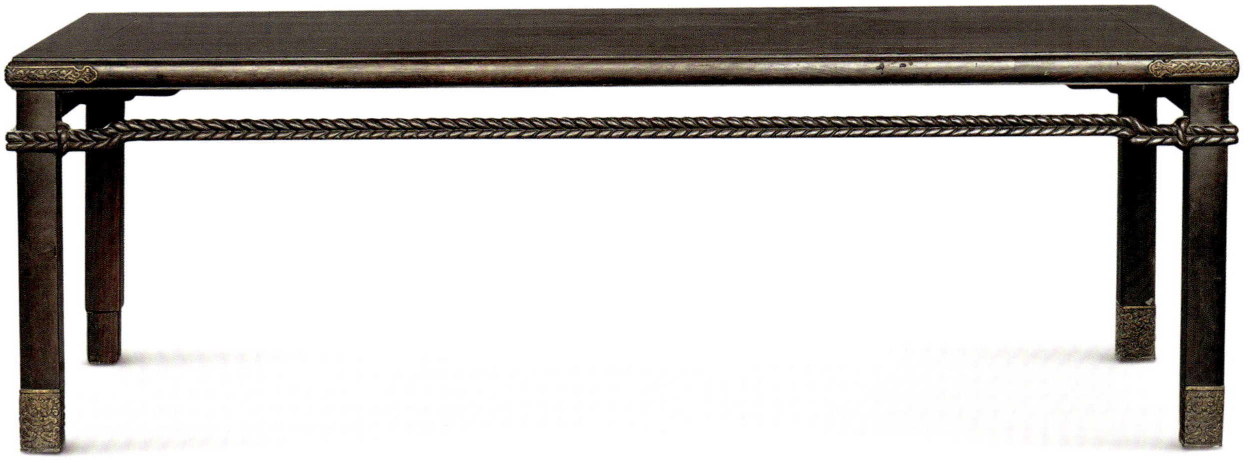

## 81

# 张亨嘉书七言联

Seven-Character Couplet by Zhang Hengjia

清光绪（1875～1908年）

纸本　楷书

纵158、横35厘米

颐和园藏

张亨嘉（1847～1911年），字燮钧，又字铁君，福建侯官人。光绪九年（1883年）癸未科进士，选翰林院庶吉士。光绪十二年（1886年）散馆授编修，光绪十四年（1888年）提督湖南学政。光绪十九年（1893年），充广西乡试正考官。光绪二十三年（1897年），入值南书房。曾任国子监司业、翰林院侍讲、太常寺少卿、京师大学堂总监督，官至礼部左侍郎。卒后，溥仪赐谥号“文厚”。其书法结体饱满，内松外敛，笔笔稳健，点画坚实，章法明朗，法度卓然。

对联左下落款“张亨嘉敬书”，钤盖朱文印“敬书”。

内文：百福殿前麟吐玉，万年枝上雀仪庭。

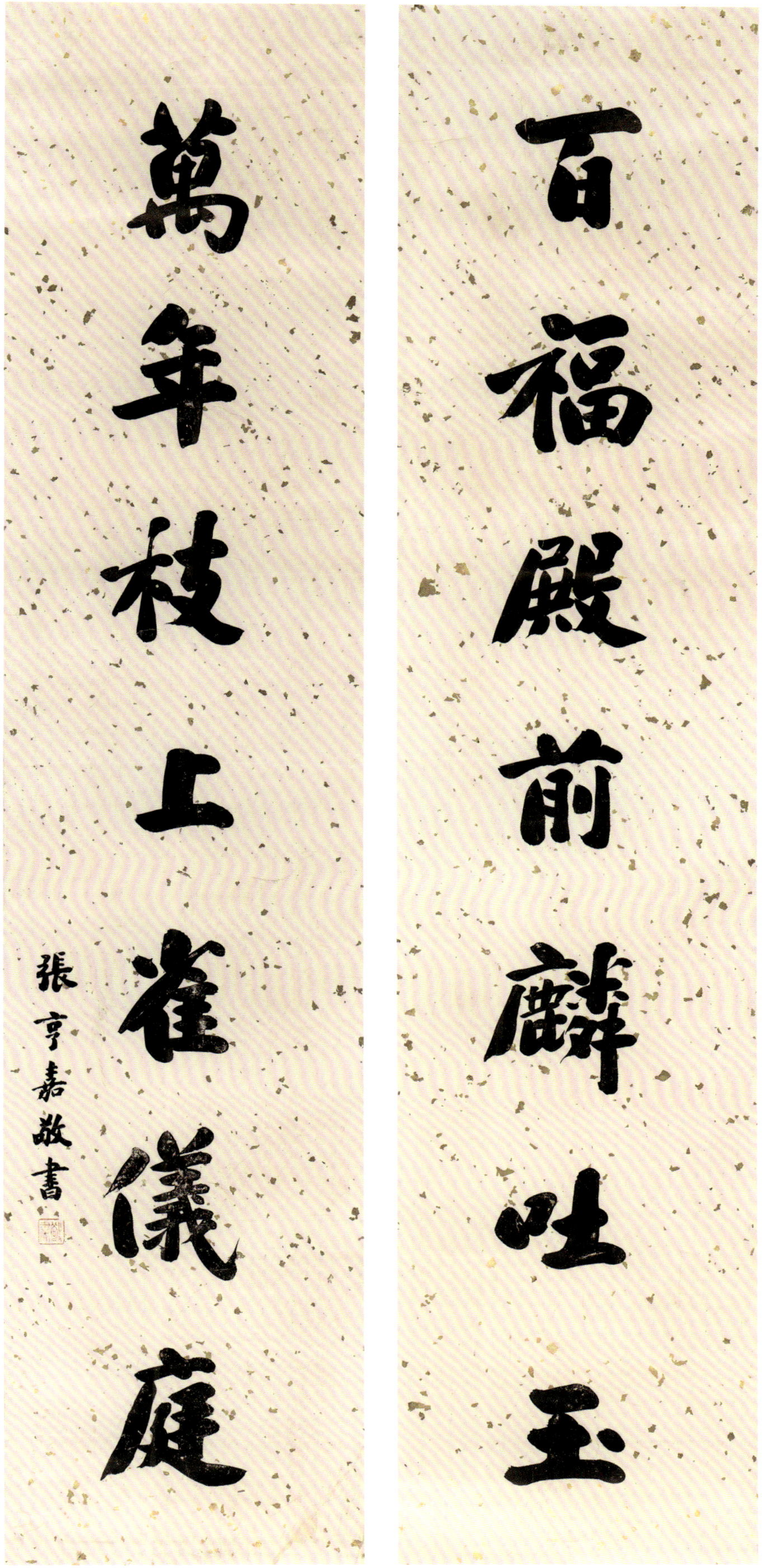

## 82

# 陆宝忠书『依岩还作室』贴落

Calligraphy by Lu Baozhong, Affixed Hanging

清光绪（1875～1908年）

纸本 楷书

纵132、横71厘米

颐和园藏

陆宝忠（1850～1908年），字伯葵，江苏太仓人。光绪二年（1876年）丙子科进士，选翰林院庶吉士。光绪三年（1877年）散馆授编修。光绪八年（1882年）充国史馆纂修。光绪十一年（1885年）任湖南学政。光绪十七年（1891年）奉旨在南书房行走。历任内阁学士兼礼部侍郎、兵部右侍郎等职，官至都察院都御史。病卒，赐谥号“文慎”。其书法功底扎实，以碑帖入手，馆阁体韵味浓厚，用笔沉着稳健，字体秀丽灵动，体势贯通。

此幅书法内容选自清代裘曰修所作《香林室》《琢情之阁》，诗载《裘文达公诗集》卷之五，内容与原文略有改动。

左下落款“臣陆宝忠敬书”，钤盖朱文印“翰林供奉”。

内文：

依岩还作室，胜地落成初。云叶纷无数，花香扑有余。

长廊围薜荔，曲沼发芙蕖。一水清堪掬，林泉画不如。

天然仙境里，杰阁倚山为。听水寒无滓，看云近益奇。

旷怀欣浩荡，健笔仰纷披。此乐苻仁智，凭高一寄之。

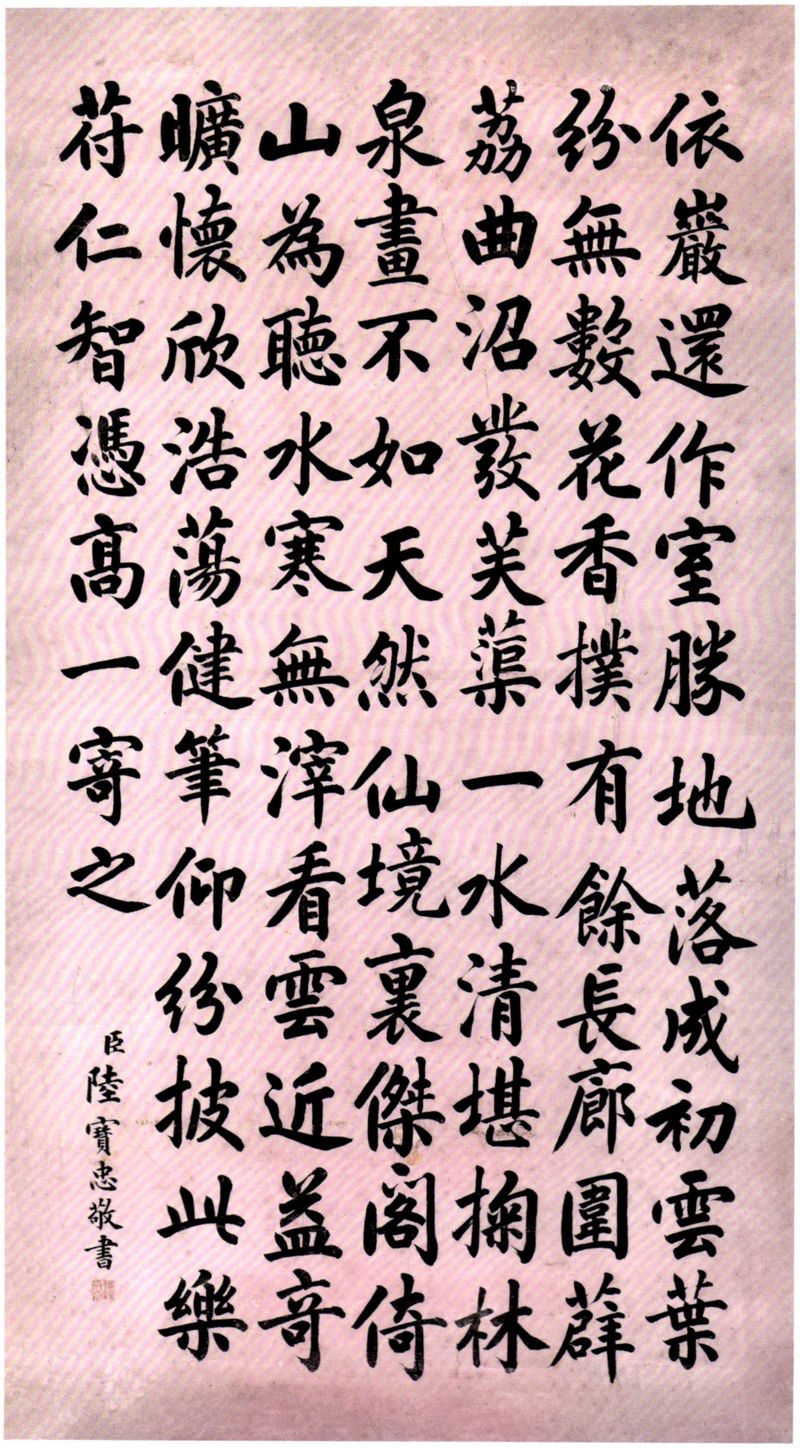

## 83

### 陈兆凤绘花卉贴落

Flowers by Chen Zhaofeng, Affixed Hanging

清光绪（1875～1908年）

绢本 设色

纵142、横67厘米

颐和园藏

陈兆凤（生卒年不详），同治十三年（1874年）至光绪年间在如意馆内供职，善绘花鸟。

图中菊花、桂花、秋海棠三种花卉争相盛开。桂花锦簇，菊瓣状若游丝，海棠娇艳动人，花叶之间明暗向背，刻画得恰如其分，好似秋意迎面扑来。菊花、桂花、海棠意为秋季的象征，具有“贵寿满堂”的吉祥寓意。整体画风清新雅致，工染相兼，妙然得趣。

左下落款“臣陈兆凤恭画”，钤盖朱文印“恭画”。

## 84

### 王继明绘富贵白头贴落

Flowers and Birds by Wang Jiming, Affixed Hanging

清光绪（1875～1908年）

绢本 设色

纵149、横67.5厘米

颐和园藏

王继明（生卒年不详），善绘花鸟。光绪朝如意馆画家。

图中牡丹与洞石相伴，两只白头翁立于牡丹枝上。牡丹色泽艳丽，花叶墨色变化丰富，富有质感，生动自然。作品中白头翁、牡丹、洞石组合在一起，寓意“富贵白头”。

左下落款“臣王继明敬绘”，钤盖朱文印“恭画”。

## 85

### 慈禧御笔『函海养春』蝙蝠形木匾

Bat-Shaped Wooden Plaque with Empress Dowager Cixi's Calligraphy

清光绪（1875～1908年）

纵52、横122、厚9厘米

颐和园藏

木质蝙蝠式横匾，悬挂于长廊东部对鸥舫内檐。匾身呈蝙蝠形，底部雕刻蝙蝠头样，两侧饰团寿及盘肠结。匾心刻描金楷书“函海养春”匾文及朱漆描金篆书“慈禧皇太后御笔之宝”印文额章。

86

## 陆润庠书诗匾

Plaque with Lu Runxiang's Poem

清光绪（1875～1908年）

纸本 楷书

全幅：纵89、横205、厚3厘米

颐和园藏

陆润庠（1841～1915年），字凤石，号云洒、固叟，苏州人，同治十三年（1874年）状元，历任工部尚书，吏部尚书，体仁阁大学士，工书法。

此匾字体方正、墨色鲜亮、章法严谨。匾额左下落款“臣陆润庠敬书”，钤盖白文印“臣陆润庠”，匾心正中上方钤“慈禧皇太后御览之宝”朱文鉴赏印。匾额位于仁寿殿北次间前进门上面西。

内文：

圣节欣逢帝运开，诒谋事业仰娀台。云辉北阙凝慈幄，霞彩南山献寿杯。

呈瑞嘉禾供玉食，延龄甘醴溢金罍。鹿鸣预报登科兆，恩榜应多杰出才。

曈昽圣日蔼晴晖，龙衮从容拜紫闱。舜乐允宜薰曲奏，尧觞欲共彩云飞。

花开长乐迎金仗，树茂恒春映画旗。贵寿咸钦坤祉懋，翊闻恩旨出黄扉。

87

# 汉白玉雕莲纹露陈石座

White Marble Round Pedestal with Lotus Petals

清（1644～1911年）

高110、直径38厘米

颐和园藏

汉白玉质，整体呈莲瓣纹，为清宫造办处根据样式雷图样所制（用于展示青铜器）。露阵石座雕工精湛，主体由莲瓣纹、覆莲纹、连珠纹、仰莲纹，多种莲纹形态组合构成，以如意祥云纹为底，整体风格精巧简约。

《颐和园万寿山内露天陈设添安石座样图》

88

## 莲花纹壶

Bronze Vase with Lotus Petals

隋至唐（581～907年）

口径 18.7′ 直径 39.5′ 高 54 厘米

颐和园藏

青铜质地，侈口，束颈，溜肩，圆腹，圈足。颈部饰数道弦纹，肩部两侧饰兽面衔环耳。腹部圆鼓，底足外撇，饰双层莲瓣纹，形似莲花宝座，典雅大方，充满了隋唐时代独特的古香佛韵。此件为《颐和园万寿山内露天陈设添安石座样图》中“万字”号青铜器，为慈禧太后过万寿庆典时陈设用品。

# 5
# 中西合璧

17 世纪、18 世纪是历史上中西文化交流的一个重要时期。乾隆年间起，西方的传教士参与了皇家园林的设计，西洋点景建筑作为一种较为普遍的形式应用于皇家园林中，圆明园的西洋楼、水法，颐和园的石舫、养云轩及畅观堂的西洋门等都是中西合璧的产物。

《十二月令图·十二月》

89

## 雕西洋花建筑构件

Architectural Component with Western-Style Flowers

清（1644～1911年）

长58、宽45、高70厘米

圆明园藏

此石构件原位于长春园西洋楼遗址内，汉白玉质地，整体呈扇形，前后两面分别雕刻大型贝壳，顶端刻有瓜、莲蓬、柿子、苹果等吉祥寓意的水果，当中穿插荷叶、树叶等图案。虽然在形制上为西洋式建筑构件，但在纹饰上却选择了中西结合的方式，颇具特点。

西洋楼内的建筑装饰兼具中西方文化特色，汉白玉雕花墙体上覆盖着各色琉璃的中式屋顶，体量巨大的喷泉则装饰成了“十二生肖”“群狗逐鹿”等中国文化题材，由西方传教士设计、中国工匠建造完成。这使得西洋楼建筑被誉为中西方结合“最极致的样本”。

90

## 『孔雀牌楼』黄琉璃建筑构件

Yellow-Glazed Architectural Component at the Peacock Raising Site

清（1644～1911年）

长28、宽25、高20厘米

圆明园藏

此琉璃构件出土于长春园西洋楼养雀笼遗址内。通体施黄色釉，一端呈圆形，饰有卷云纹路，应为中式琉璃构件，上有“孔雀牌楼”四字。这件琉璃构件极为珍贵，一方面证明了养雀笼东面是西洋门，西面为中式牌坊，这一中西合璧的建筑特色。另一方面也以实物印证了养雀笼饲养孔雀的事实。

养雀笼遗址考古发掘面积约800平方米，清理出养雀笼建筑本体、库房院、西侧道路、供排水系统等遗址。养雀笼出土了大量文物，分为琉璃构件、汉白玉构件、瓷片、玻璃器等，琉璃构件颜色分为黄、绿、蓝等。在东门两侧基础下供排水沟内分别发现一段供水铜管。

## 养雀笼

圆明园西洋楼十三景之一，位于万花阵东侧，建成于乾隆二十四年（1759 年），实为通向东部花园的一座“西洋门”。养雀笼中间为东西向的穿堂门，西面为中式五楼牌楼，东面为西洋宫门样式，东门和西门外的左右券窗下设有小型喷水塔。南北侧为室内笼，饲养全国各地及外邦进贡的孔雀等珍禽，故称“养雀笼”。

《圆明园铜版画册 · 养雀笼西面》

## 91

### 颜色釉西式琉璃建筑构件

Glazed Western-Style Architectural Component

清（1644～1911年）

边长 23.7、高 20.2 厘米

圆明园藏

此琉璃构件 1993 年出土于长春园西洋楼大水法遗址内。通体施以颜色釉，中空，整体呈喇叭状，表面饰有西式装饰纹样，具有较为明显的西式建筑特色。

圆明园西洋楼内的建筑以白色大理石为主，顶部及墙体饰有色彩丰富的琉璃构件，使得整个区域色彩斑斓，如梦如幻。德国摄影师奥尔末在他的日记中写道："这里的装潢……五彩缤纷……不禁怀疑自己来到了'一千零一夜'的世界里。"

## 92

### 嵌玉蕃莲卷草纹紫檀长条桌

*Zitan* Long Table with Inlaid Jade Passion Flower and Swirling Grass

清（1644～1911年）

长 144、宽 42.5、高 82 厘米

颐和园藏

紫檀木制。桌面攒框装芯，四腿间安裹腿高罗锅枨，每侧有横枨三根，上下间以卷草纹立柱连接。面沿与横枨正中饰双皮条线，两侧饰混面双边线，转角处皮条线与阳线间上下均嵌有卷草纹铜饰件。桌面与罗锅枨间装有饰板，两侧贴有卷草纹雕花，中间则贴有卷草立柱和蕃莲卷草纹青玉饰件进行分隔。四腿上部做成立柱状，雕刻回纹、乳钉纹与卷草纹。下部直腿方材，凹雕长方条纹，底足回纹下承卷草足。此件家具造型新颖夸张，装饰繁复华丽，显示了清代宫廷家具对西方艺术风格的探索与应用。

93

## 铜镀金嵌珐琅佛教八宝座表

Gilt Bronze Clock with Eight Buddhist Emblems and Enameled Porcelain Inset

清（1644～1911年）

长11.5、宽5.5、高23.5厘米

颐和园藏

此座表机芯由英国威廉姆森生产制造，中式外壳由国内制造；上部似令牌，采用罗马数字标注小时，阿拉伯数字标注分钟，机芯背面刻有“J. Willamson”字样，画珐琅外壳绘有花果纹饰；表盘四周以蓝色珐琅彩为底色，装饰镀金佛教八吉祥纹饰，以绶带纹为过渡，底端为莲花座；底座为弧边四方形，围栏下刻回纹，四足间以莲花纹装饰。佛八宝或称八吉祥，包含宝伞、金鱼、宝瓶、莲花、法螺、吉祥结、宝幢、法轮。

## 94

# 颐和园内畅观堂内檐洋式门口立样图

Elevation Drawing of Western-Style Doorway at the Changguan Hall in the Summer Palace

清（1644～1911年）

纵45、横50.6厘米

颐和园藏

此图为样式房绘制墨线畅观堂内檐洋式门画样。图样原为一式三份，每份设计样式不同，图为其中一座四柱洋式门立样，右上贴黄签墨书“谨拟颐和园内畅观堂内檐洋式门口立样”，中间贴红签墨笔书“洋式花样”“板墙”“洋式门口空宽三尺五寸空高五尺七寸”“洋式门”“两（侧板墙）”，两侧连接板墙，墨笔绘制工整精致，通体装饰洋式花纹，应为畅观堂内檐建筑的设计方案之一。

95

## 颐和园内畅观堂内檐洋式门口立样图

Elevation Drawing of Western-Style Doorway at the Changguan Hall in the Summer Palace

清（1644～1911年）

纵44.8、横50.3厘米

颐和园藏

此图为样式房绘制墨线畅观堂内檐洋式门画样。图样原为一式三份，每份设计样式不同，图为其中一座四柱洋式门立样，右上贴黄签墨书“颐和园内畅观堂内檐洋式门口立样”，中间贴黄签墨笔书“洋式花样”“洋式门口空宽三尺五寸空高五尺七寸”“洋式门”“两旁板墙”，墨笔绘制工整精致，通体装饰洋式花纹，应为畅观堂内檐建筑的设计方案之一。

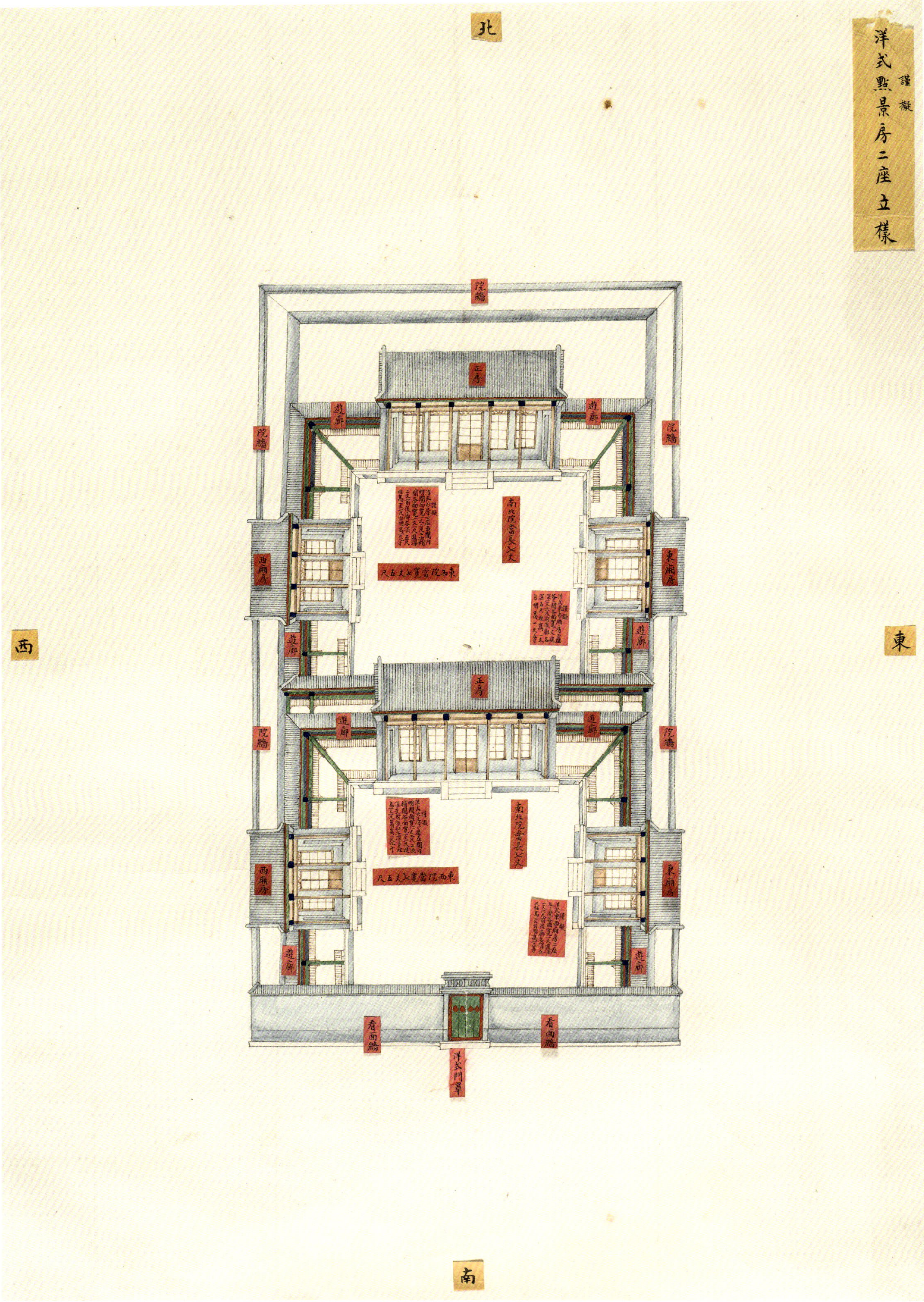
北
洋式熙景房二座立樣
謹擬
院牆
正房
遊廊
遊廊
院牆
院牆
南北院當長七丈
東西院當寬七丈五尺
西廂房
東廂房
西
東
遊廊
遊廊
正房
遊廊
遊廊
院牆
院牆
南北院當長七丈
東西院當寬七丈五尺
西廂房
東廂房
遊廊
遊廊
看面牆
看面牆
洋式門罩
南

## 96

### 静宜园梯云山馆洋式点景画样

Staffage of the Tiyunshan Pavilion at the Jingyi Garden

清（1644～1911年）

纵71，横50.3厘米

颐和园藏

此图为样式房绘制静宜园梯云山馆内点景画样。右上贴黄签墨书“谨拟洋式点景房二座立样”，中间贴红签墨书各项细节信息，绘制工整精致，标识明确，为梯云山馆建筑的设计方案之一。

## 97

### 静宜园梯云山馆洋式玻璃隔扇图

Diagram of Western-Style Glass Partition in the Tiyunshan Pavilion at the Jingyi Garden

清（1644～1911年）

纵46.9，横68.8厘米

颐和园藏

此图为样式房绘制静宜园梯云山馆内洋式玻璃隔扇画样。右上贴红签墨书“前檐”，中间贴红签墨书“前檐”“洋式玻璃槅扇”“洋式开关玻璃窗”“洋式沙屉”等细节，绘制工整精致，通体装饰洋式花纹，图背面墨书“改画不用了”，应为梯云山馆内建筑细节设计过程的方案之一。

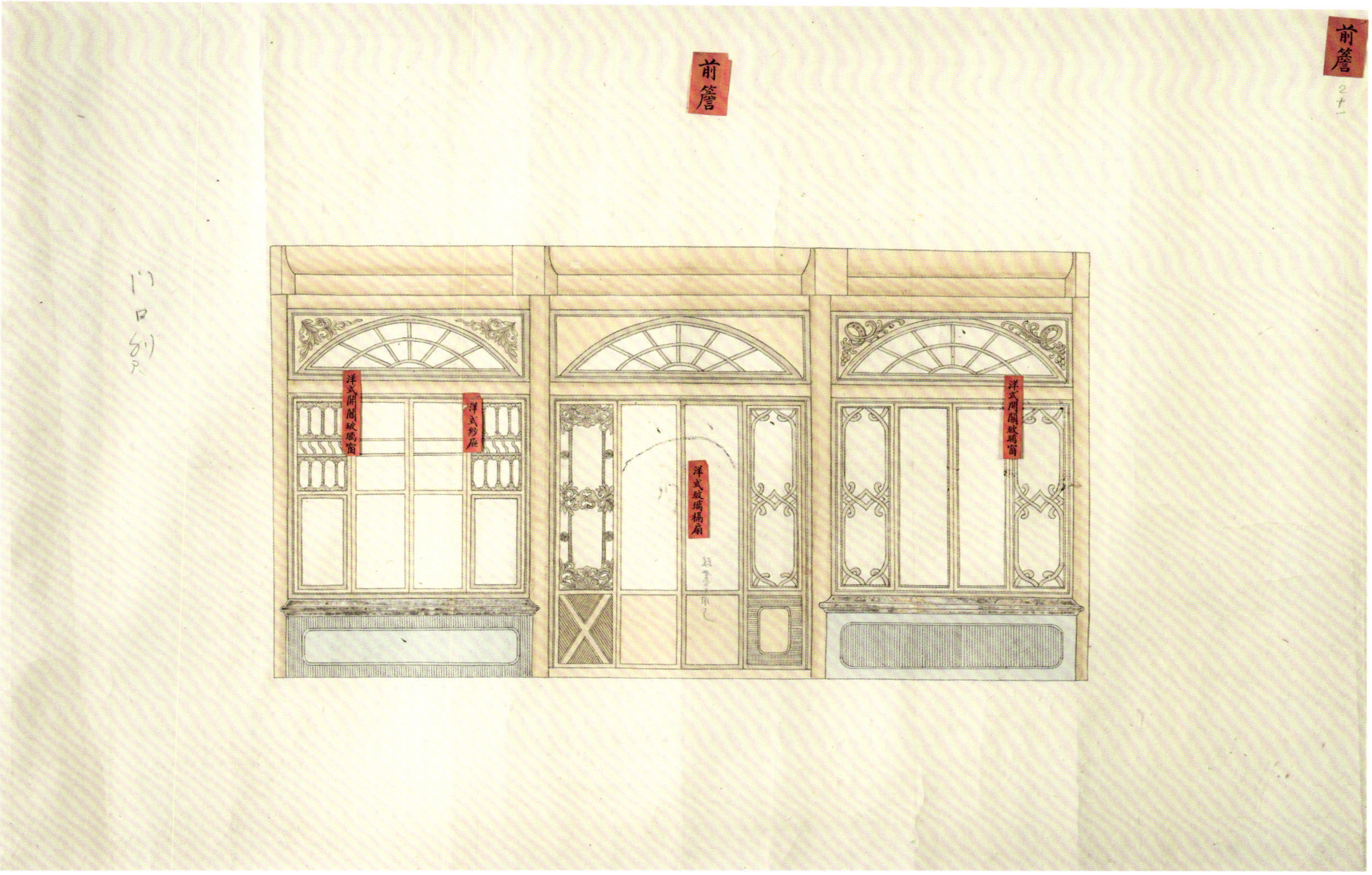

小心玻璃

一池三山
移天缩地
PINNACLE OF
GARDEN DESIGN
以三山五园为核心的皇家园林群作为中国古典园林集大成的代表，模拟海上仙山的大尺度空间架构、写仿天下胜景的集锦式精华呈现、以神话传说和民间信仰为主题的祠庙殿宇建造、华美琳琅的陈设装饰与布置、欧洲园林要素的引入与交融等特色，继承了中国三千多年的造园理念与技艺，具有深厚的哲学底蕴与文化内涵。
The royal garden cluster centring on three hills and five gardens is the representative of Chinese classical gardens, simulating the large-scale spatial structure of the fairy mountains on the sea, presenting the highlights of the world's beautiful scenery, building temples and halls with the theme of legends and folk beliefs, colorful furnishings, decoration and layout, and introducing and blending European garden elements. It inherits the gardening ideas and skills of China for more than 3,000 years, and has profound philosophical and cultural connotations.

展厅实景照

寶瑟瑤琴雅樂和
玉階金戺祥光燦

展厅实景照

# 第四单元 SECTION FOUR

# 园居理政 GOVERNMENT AFFAIRS OF GARDEN RESIDENCE

清代的三山五园地区，承担着政治、军事、民族、外交、水利、文化等多元历史功能，这里是帝后日常生活的主要居所，还是处理政务、举行各种重要礼仪活动、塑造社会文化空间的场所，是与紫禁城内外相维的政治中心，堪称“园林紫禁城”。

Three Hills and Five Gardens in Qing Dynasty bore multiple historical functions such as politics, military affairs, nationality, diplomacy, water conservancy and culture. It was the main residence of the emperors and empresses for their daily life, the place for handling government affairs, holding various important etiquette activities and shaping social and cultural space, and the political center that is compatible with the inside and outside of the Forbidden City. It can be safely called “Garden Forbidden City”.

# 1

# 捭阖内外

清代，三山五园内设有“勤政殿”或“勤政亲贤殿”，作为帝王避喧理政的重要场所。帝王常在御苑内进行引见臣僚、任命官员、赐宴王公大臣、阅试武举骑射、指挥内外战争、举办庆典等日常政务，同时，还在三山五园内多次接见外国使臣和来华传教士，赐宴游赏。晚清时期，这里更成为中国近代外交活动的见证地。

98

**勤政亲贤殿地盘图**

Site Plan of Qinzheng Qinxian Hall

清（1644～1911年）

纵78、横79厘米

国家图书馆藏

此为样式房绘圆明园勤政亲贤殿平面图，用贴黄签的方式标注出此建筑群中主要殿堂的名称，用简笔线条绘制出建筑平面图样及周围环境示意。勤政亲贤殿为圆明园四十景之一，位于正大光明殿东面，为盛暑时皇帝办公之处，有殿堂5间。北墙上悬挂着雍正皇帝题写的匾额：“为君难。”窗外抱厦内围有木屏。现已为废墟。

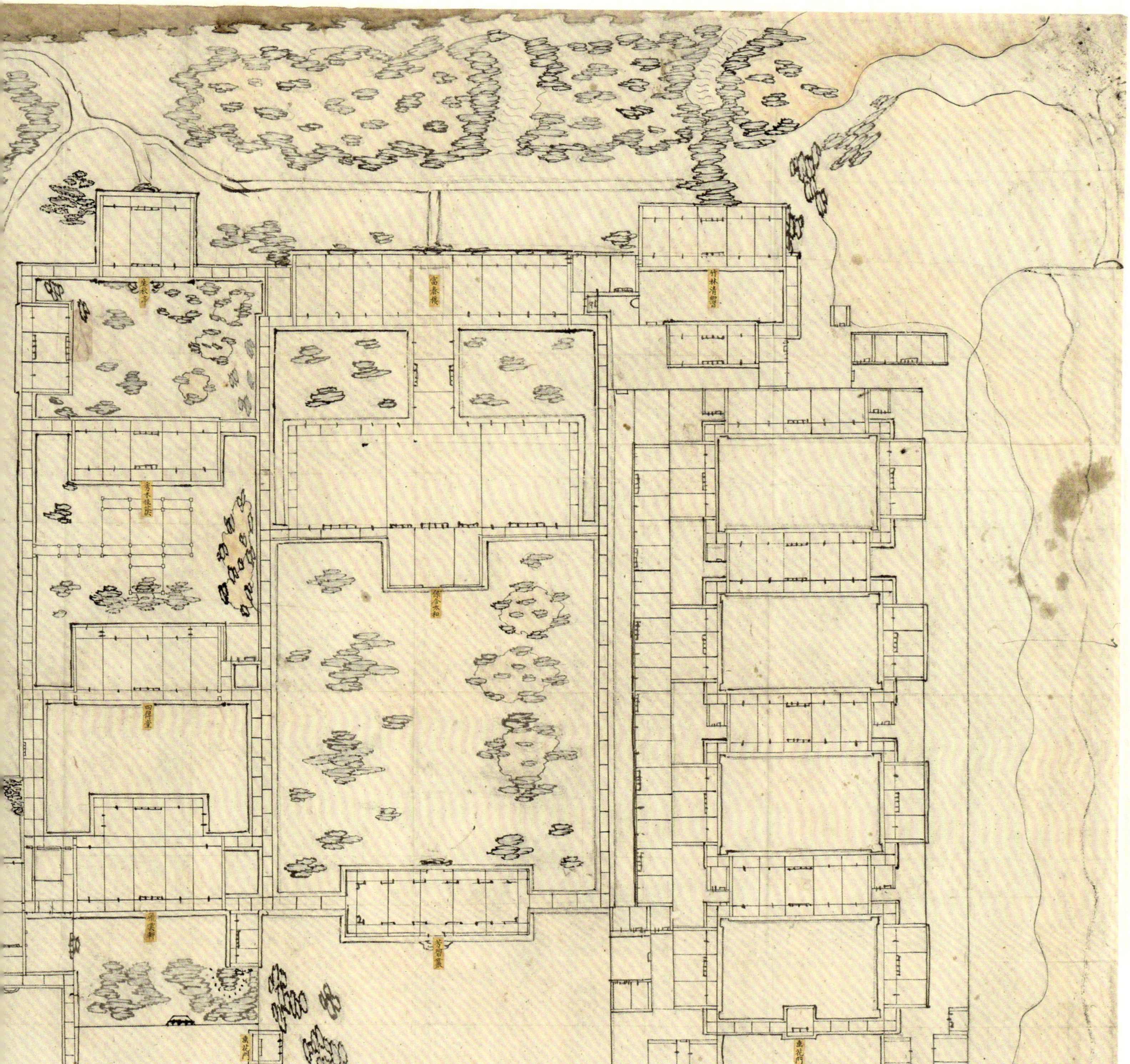


002

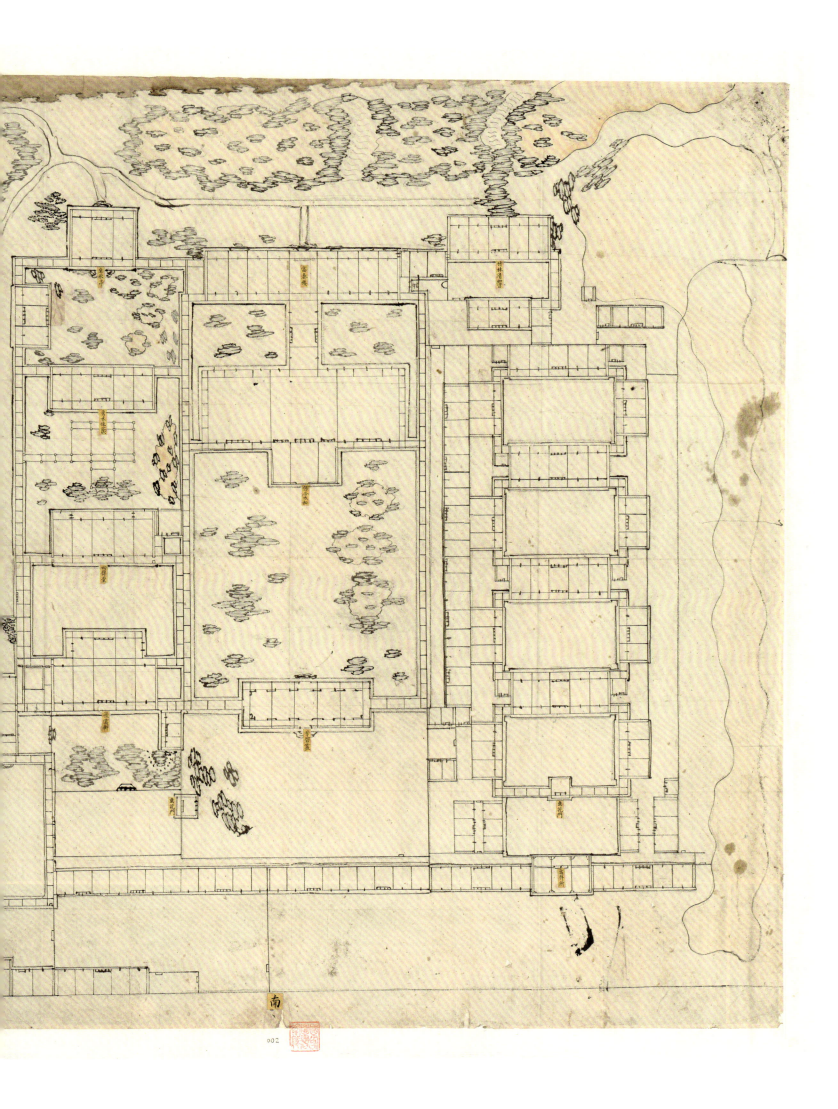

99

## 雕云龙纽碧玉『勤政殿』玺

Spinach Jade Seal with Inscription "Qinzheng Hall" and Knob with Dragon among Clouds

清（1644～1911年）

长6.5、宽3.6、高7厘米

故宫博物院藏

碧玉质，雕云龙纽，玺模长方形，体光素，自上而下刻阳文篆体“勤政殿”三字。此玺与“自强不息”玺、“八徵耄念”玺三件合为一组套玺，盛装于长方紫檀木匣中。

勤政殿在三山五园区域内有多处分布，其中万寿山清漪园勤政殿与香山静宜园勤政殿是乾隆帝在驻跸期间，处理朝政和接见王公大臣之所。

雍正《硃批谕旨》

…perially Annotated Edicts of the Yongzheng …mperor

…（1644～1911年）

…本：长29.5、宽18.5c、高1.5厘米（厚度不一）；

…函：长29.5、宽18.5、高9.5厘米（厚度不一）

…和园藏

清雍正十年（1732年）至乾隆三年（1738年），武英殿刻朱墨套印本。是雍正检选自己即位以来亲笔批阅群臣的奏章，汇集而成。其中奏折为墨色，批语为朱色。是雍正皇朝政务活动的重要记录。

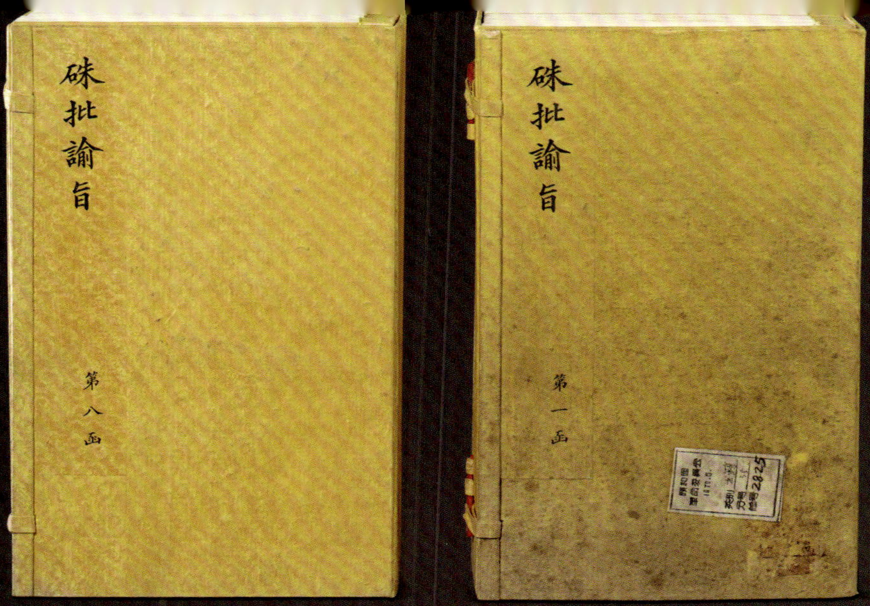

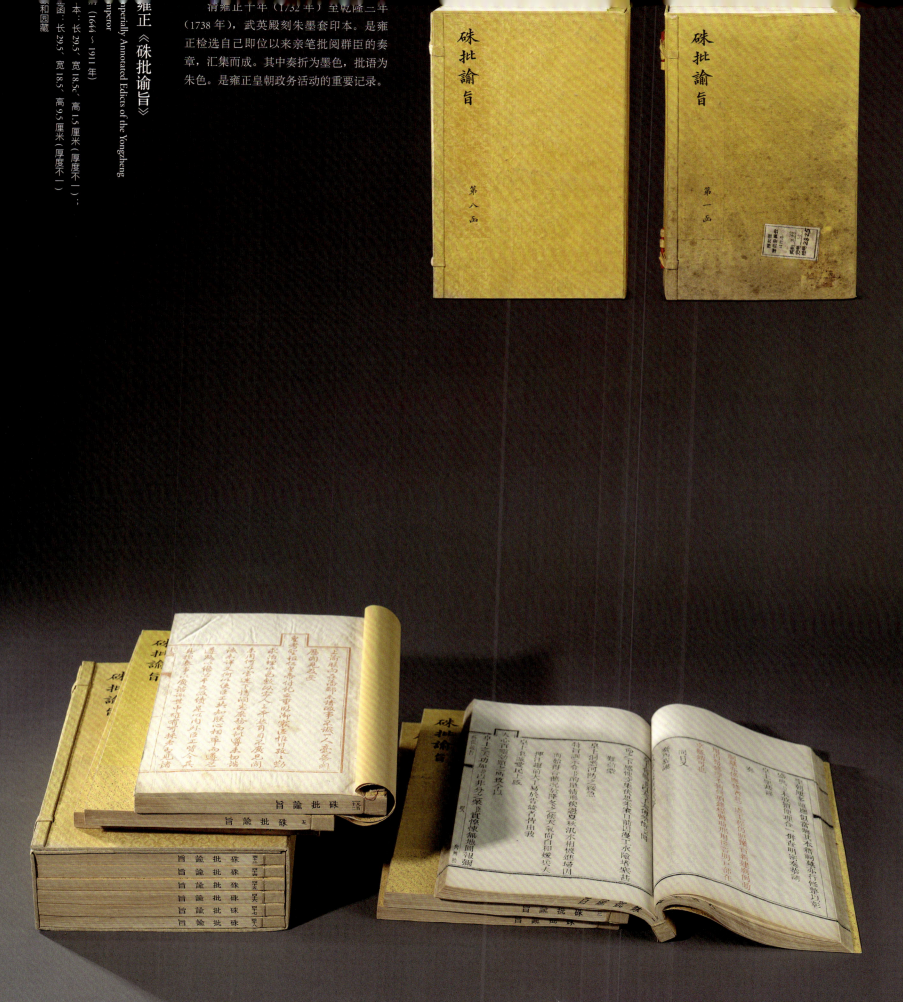

## 101

## 『圆明园八旗枪营』木合符

Wood Tally of the Eight-Banner Troops in the Yuanmingyuan

清同治（1862～1874年）

阴符：长14、宽9.4、厚0.6厘米；

阳符：长14、宽9.4、厚0.6、字文高0.3厘米

故宫博物院藏

木质，椭圆形，分为阴符、阳符两扇。两扇合符表面皆阴刻楷体“圆明园八旗枪营合符　同治元年　月　日制”字样，其一里镌阳文“圣旨”，另一则刻阴文“圣旨”，皆楷体竖向排列。两半字体凸凹相配，可合为一体，严丝合缝。合符为特殊通行凭证，清代合符使用时，由各当差禁门，各执以阴扇合符，而大内则持阳扇合符，各持其半。遇差奉与调遣之急务，则以阳符行于各门，与该门守卫之阴符照验而放行。圆明园八旗枪营，亦称“圆明园内务府三旗护军营”，是清代守卫圆明园及负责皇帝从紫禁城至圆明园等处沿途安全的特设军队。

## 102

# 平定台湾得胜图

Victorious Battle Prints of the Taiwan Campaign

清乾隆（1736～1795年）

纸本

纵51、横87.5厘米

天一阁博物院藏

平定台湾得胜图完成于乾隆末年，所绘为清军出兵平定台湾天地会领袖林爽文起义的战争场面。凡图十二幅，此图先由宫廷画家姚文瀚、杨大章、贾全、谢遂、庄豫德、黎明等分别绘图，后由清宫内务府造办处雕铜版印刷，成品仅200份。当时已属稀见，留存至今更为难得，目前所知唯故宫博物院、首都图书馆、台北故宫博物院有藏。天一阁所藏为宫廷原装，上有乾隆皇帝“太上皇帝之宝”“万寿山清漪园”“八征耄念之宝”诸印，极为珍贵。

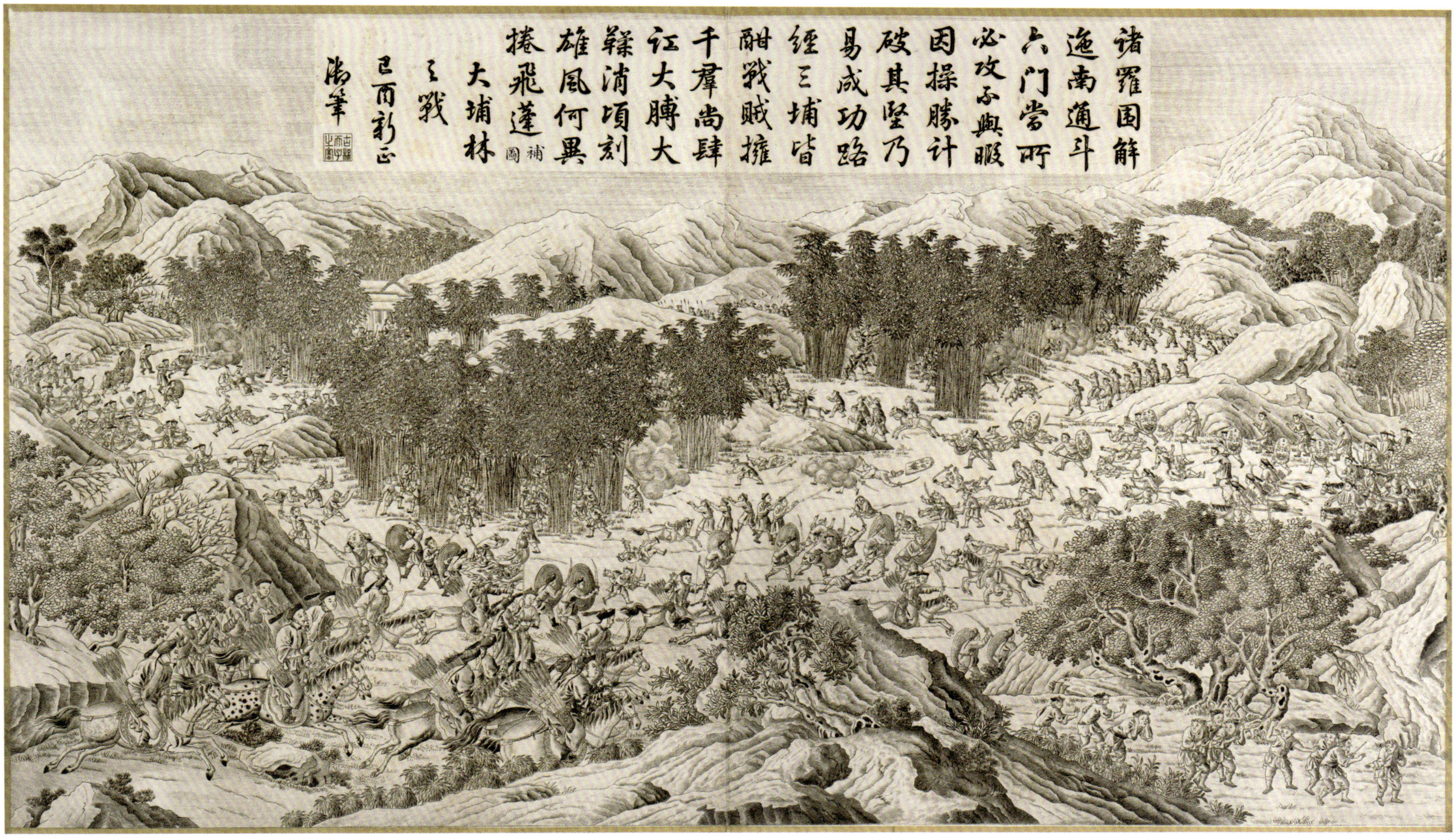

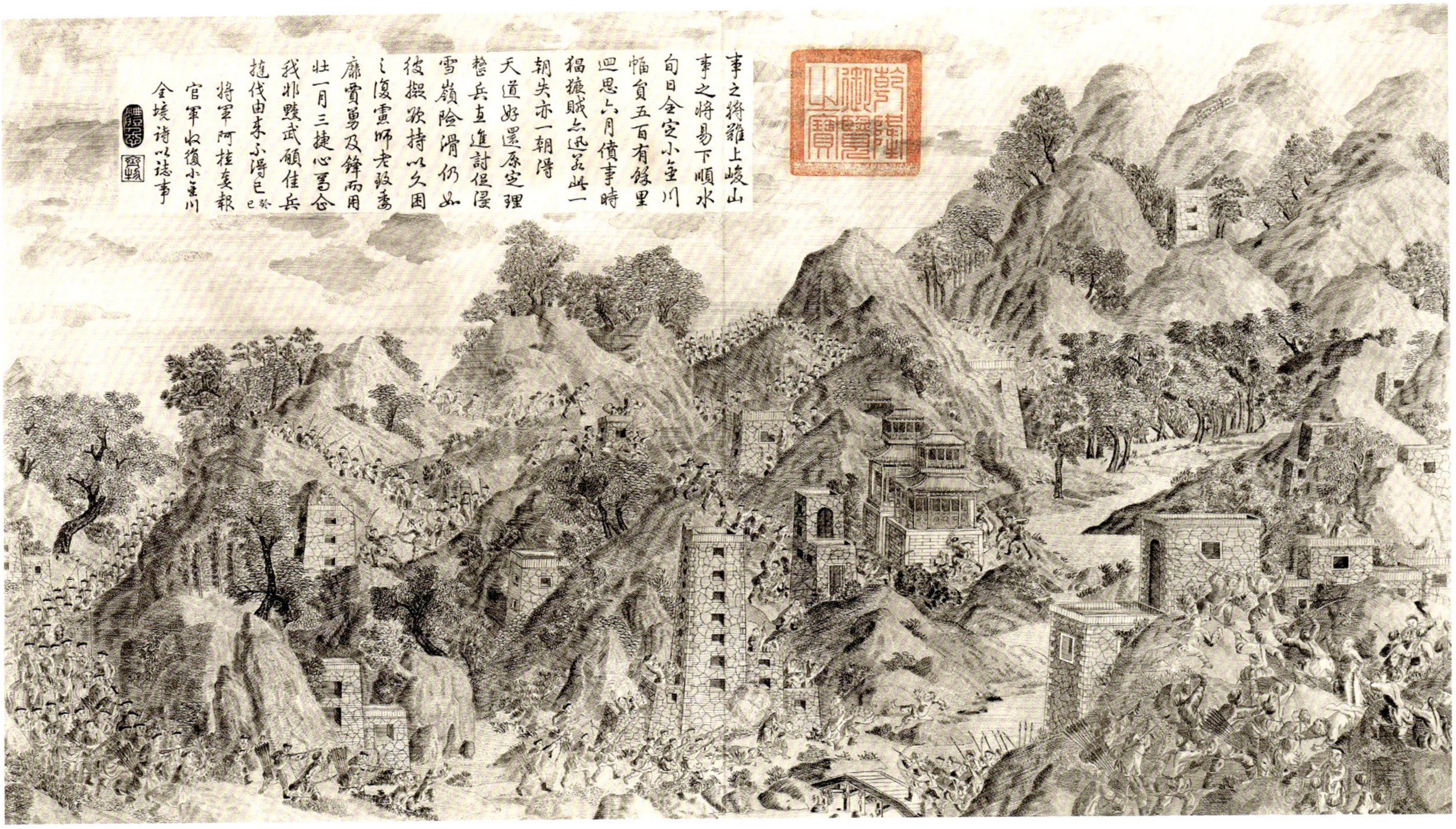

平定两金川得胜图

## 碉楼

乾隆十四年（1749 年），平定大小金川，在香山静宜园外建立八旗健锐营。健锐营平时护卫三山五园，战时则听从调遣，为八旗精锐，总统以王公大臣兼任。为演练军队方便，同时纪念第一次金川之役胜利，工部还在营房附近修建了大量的石碉楼，总计“营房三千五百三十二楹，碉楼六十八所”。这些碉楼既有实际的军事和训练价值，又起到了景观标志物的作用。

《西师诗》碑拓片

## 《西师诗》碑

此碑体量巨大，为长方形卧碑，通高 2.09 米、宽 2.21 米、厚 1 米。碑下束腰，长方形石须弥座高 0.77 米，僧帽顶上刻云雷纹。石碑西侧为乾隆御书《万寿山五百罗汉堂记》，南侧为《平定准噶尔勒铭伊犁之碑》，北侧为《平定准噶尔后勒铭伊犁之碑》，东侧为《西师诗》。《西师诗》为乾隆二十三年（1758 年）御制，此时是乾隆皇帝平定准噶尔叛乱胜利结束和平定南疆叛乱的开始。其主要内容记载清代从康熙至乾隆三朝皇帝出兵征讨准噶尔全过程，时间跨度大约为七十年，是乾隆皇帝对西北战事的总结，是研究清代西北边疆和民族关系极为重要的历史资料。

103

# 铜镀金月相演示仪

Gilt Bronze Moon Phase Demonstrator

18 世纪

通高 49.5 厘米

故宫博物院藏

月相演示仪是演示月球在一个月内周期变化的仪器。该仪器为铜镀金质，主体构造除有地平圈、子午圈外，在子午圈内横向置有五个圆环，自上而下分别代表天球的北天极、北回归线、赤道、南回归线、南天极，另在赤道圈处又设有黄道带，上标有黄道十二宫名称及符号，在五环内还设银圈，上标刻太阴历的 1 日～ 29 日。这件仪器各环最中心处小球为地球，地球一侧空间设有外表黑白参半的小球，代表月球（黑色半球表示背着太阳的一面，白色半球则是朝向太阳的一面）。演示仪下端有摇把和支架。

当用摇把操作月相仪时，由于齿轮系统的作用，地球在自转公转的同时，带动旁边的小月球也转动，并出现朔、望、上弦、下弦等月相。

月相演示仪上端镶有银圆标盘，上刻 1721 ～ 1744 年，说明此仪器适用的年代范围。此仪器制成于法国巴黎，其制作时间应早于康熙六十年（1721 年），疑为康熙时期传教士往返巴黎与北京时携入清宫的。

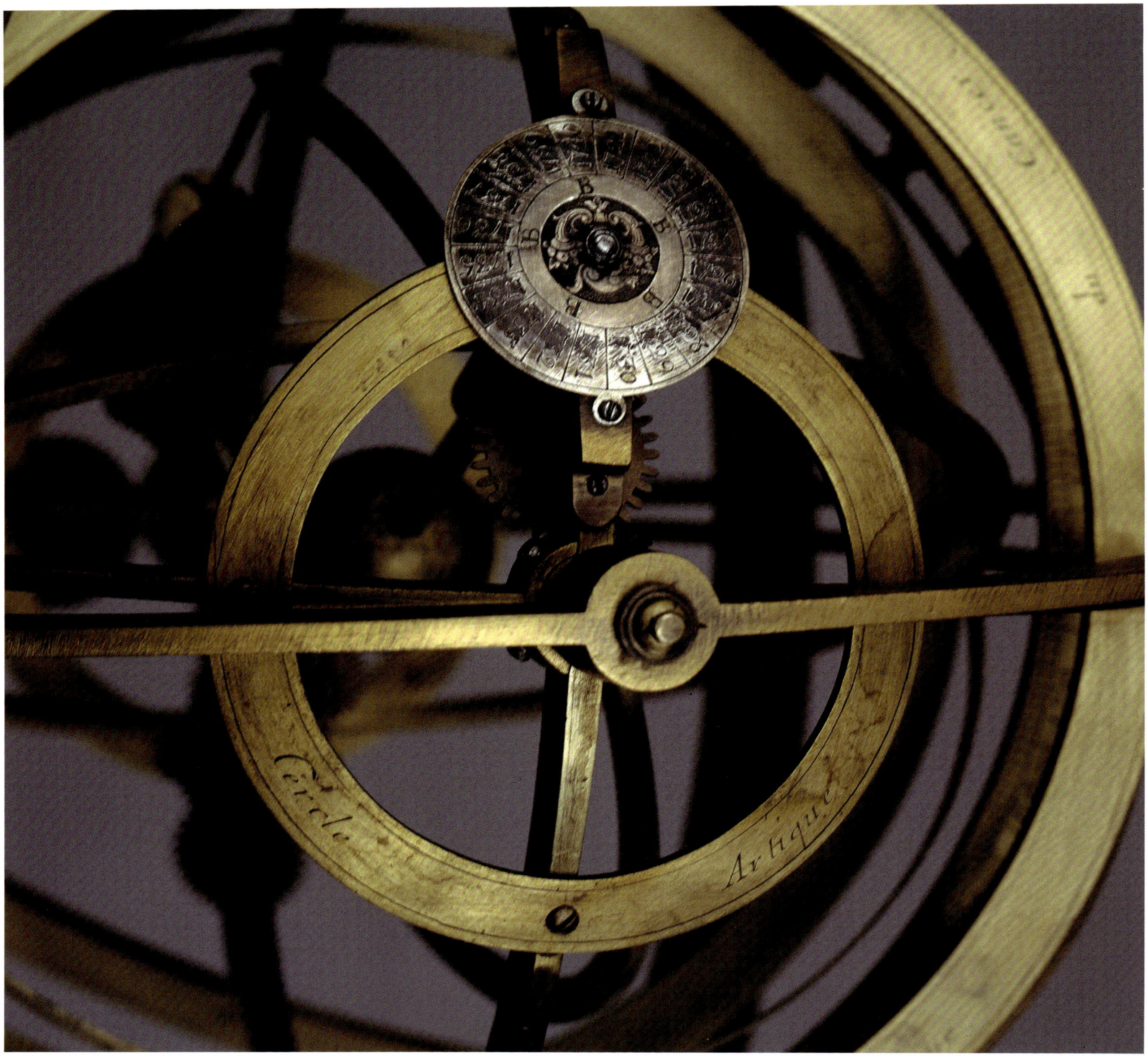

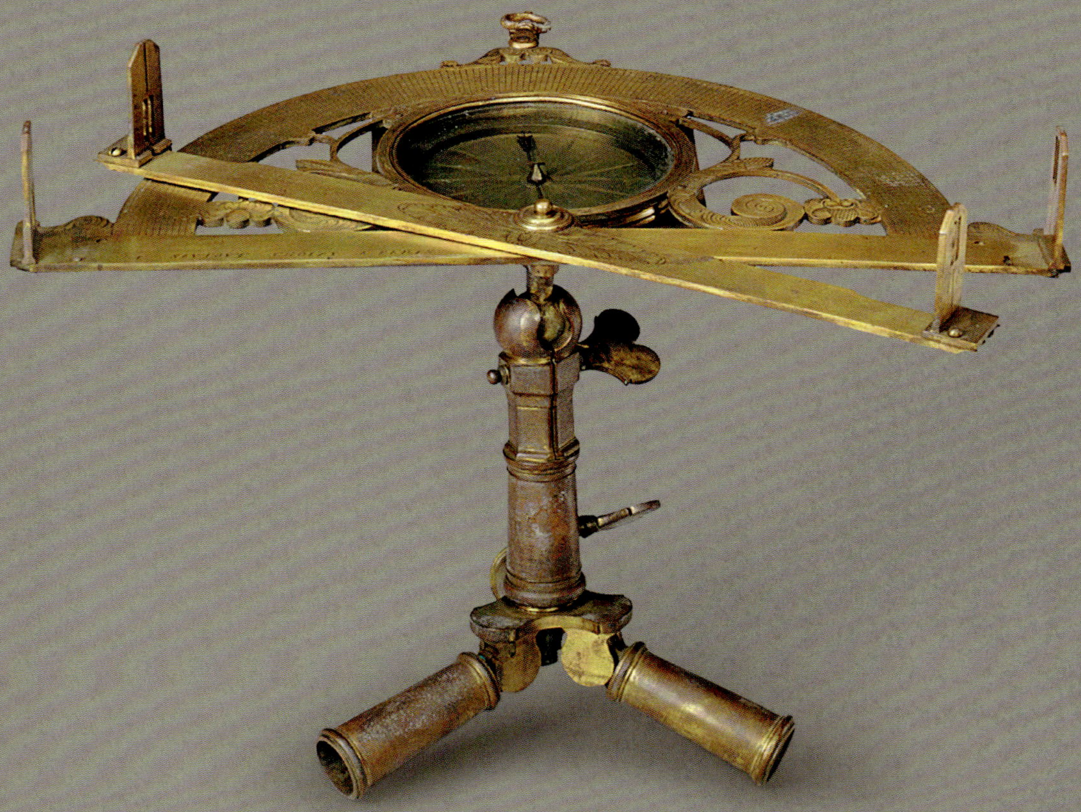

104

## 铜镀金测角器

Gilt Bronze Goniometer

17～18 世纪

盘半径 16 厘米

故宫博物院藏

测角器是通过测量角度而求取距离的仪器。该仪器为铜镀金质，主体为半圆形，边弧标有刻度，底边为两固定立耳，圆心固定一活动游标，中心为指南针。仪器盘上有提环，盘底有可活动的铜镀金支架。测量时，以立耳中心对准物体，滑动游标，通过所得角度求取距离。

该仪器是 17～18 世纪由法国巴黎制造，盘面及游标均装饰花叶纹。盘面有“F SAVTOVT CHOIZY A PARIS”的标识。

105

# 《历象考成》

*Compendium of Astronomy*

清光绪（1875～1908年）

单本：长29.2、宽17.2、高0.8厘米（厚度不一）；

整函：长29.2、宽17.2、高12.5厘米

颐和园藏

清光绪二十一年（1895年），湖北官书局本。上编十六卷，下编十卷。是清代的一部论述历法推算的著作。上编卷名“揆天察纪”，阐明理论；下编名“明时正度”，讲计算方法。

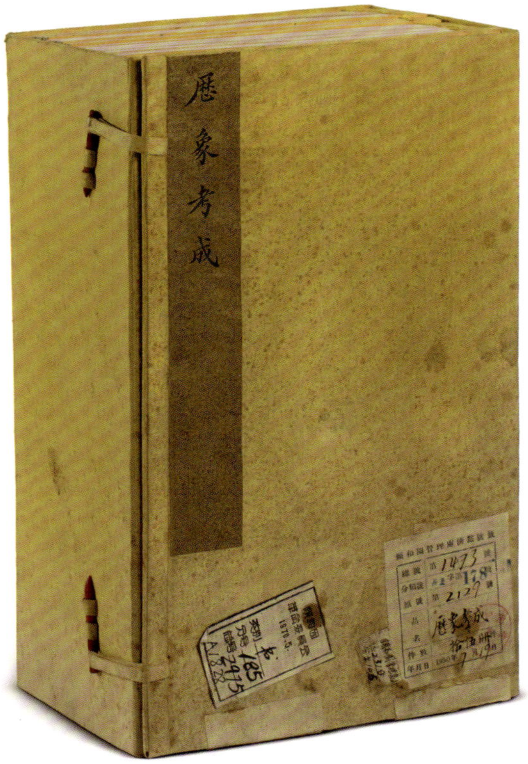


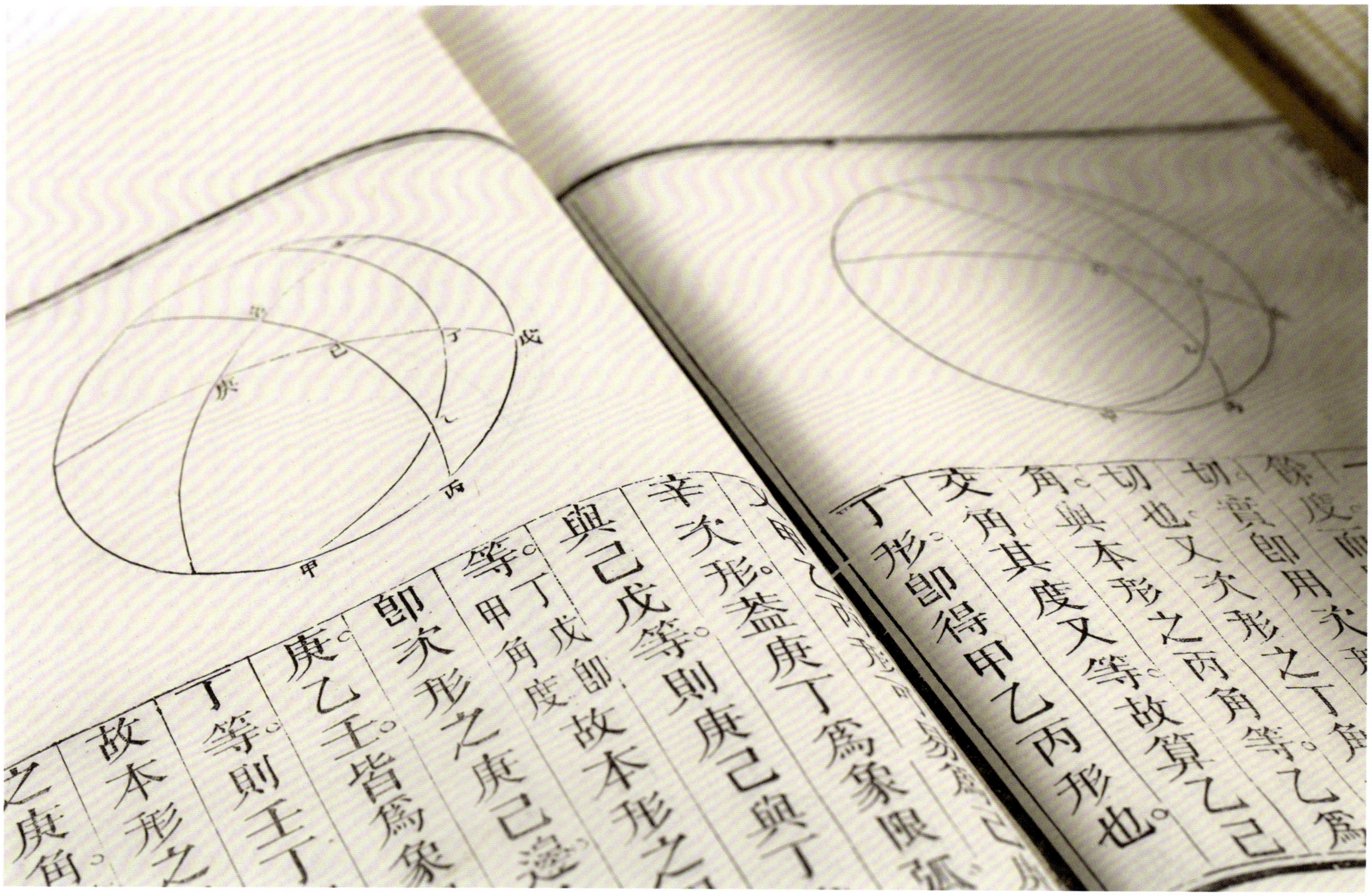

106

『御制英吉利国王遣使臣奉表贡至诗以志事』青玉册

Green Jade Booklet with Qianlong Emperor's Poem on British Envoy

清乾隆（1736～1795年）

长19.3、宽12.3、厚4.3厘米

故宫博物院藏

青玉质，长方体，册页装，共六片。其面正中镌字漆金“御制英吉利国王遣使臣奉表贡至诗以志事”字样，周缘饰金海水江崖云龙纹，册背为漆金云蝠纹。乾隆五十八年（1793年），英国乔治三世派特使马戛尔尼率团访华，为乾隆帝庆八十三岁寿诞。乾隆帝在承德避暑山庄接见了英使团正副使臣主要人等，接收了英吉利国表文及礼品清单，也回赠了丰厚的礼物，但拒绝了英王派员驻京及英使提出的海岸通商设行等要求。乾隆帝为此写下了御制诗文以志其事，并制成玉册以存之。从此诗并志事之作中，可以看出乾隆于英国远方强悍来使及面对此一重大国际外交事件时的复杂心情。

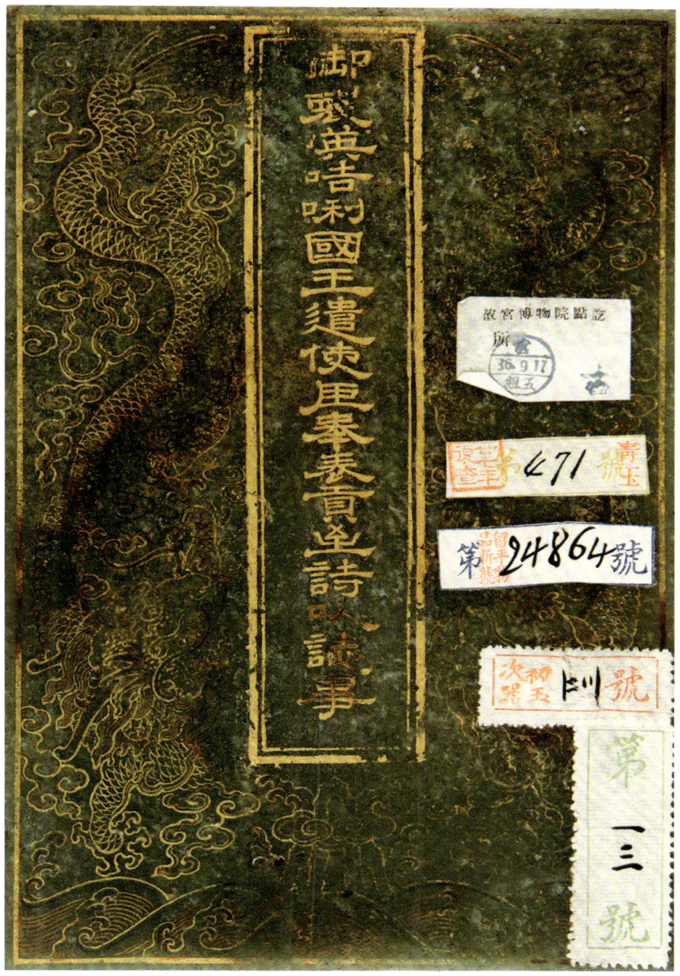


## 马戛尔尼

康熙五十九年（1720年），在畅春园九经三事殿，康熙接见葡萄牙使臣斐拉理、罗马教王使臣嘉乐等；乾隆五十八年（1793年），英国马戛尔尼（George Macartney）使团访华，成为中西方跨文化传播历史上的重要事件。

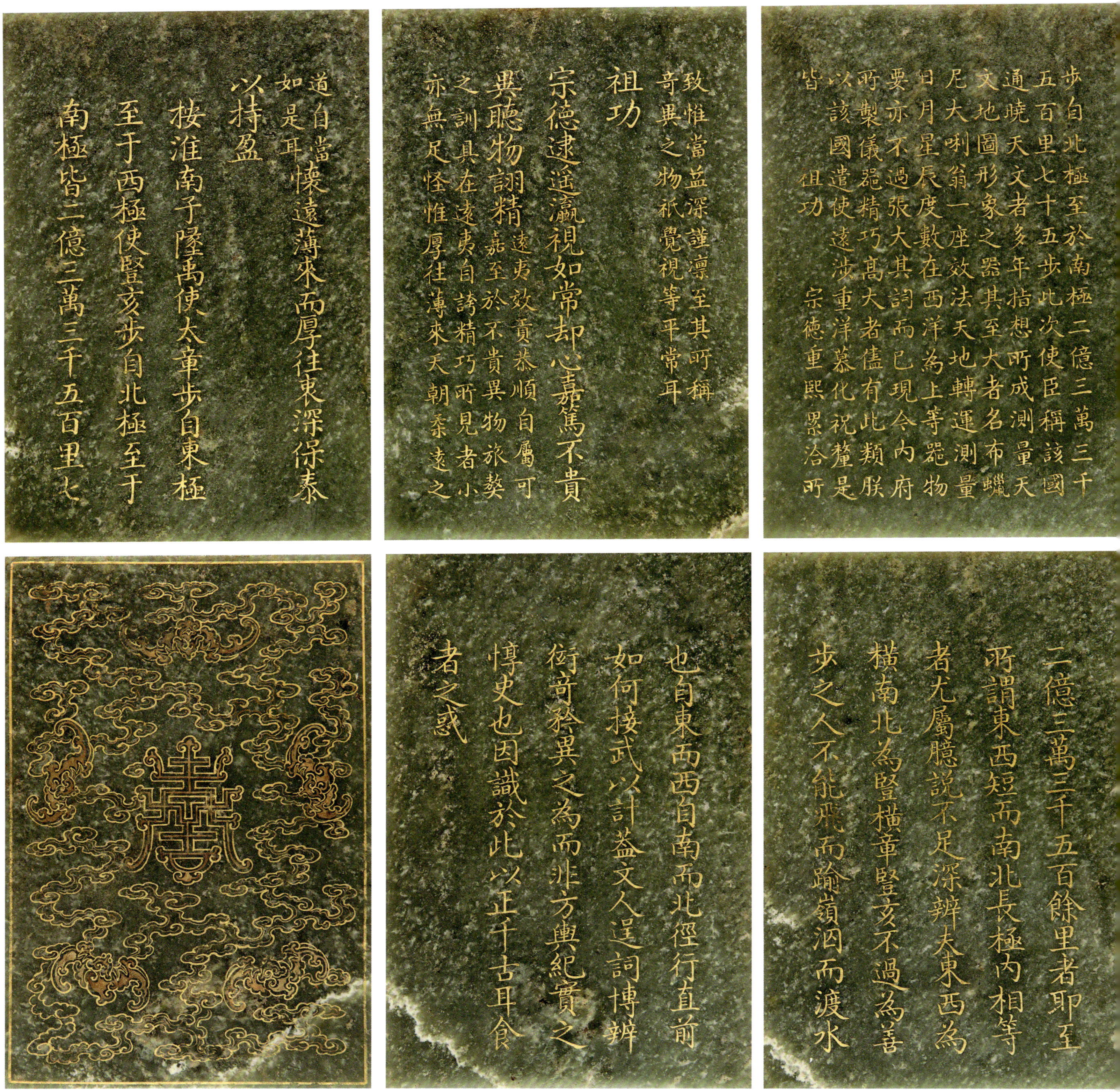
步自北極至於南極二億三萬三千五百里七十五步此次使臣稱該國通曉天文者多年揣想所成測量天文地圖形象之器其至大者名布蠟尼大唎翁一座效法天地轉運測量日月星辰度數在西洋為上等器物要亦不過張大其詞而已現今內府所製儀器精巧高大者儘有此類朕以該國遣使遠涉重洋慕化祝釐是皆
祖功
宗德重熙累洽所
致惟當益深謹凜至其所稱奇異之物祇覺視等平常耳
祖功
宗德逮遠瀛視如常却心嘉篤不貴異聽物詡精
遠夷效貢恭順自屬可嘉至於不貴異物旅獒之訓具在遠夷自詡精巧所見者小亦無足怪惟厚往薄來大朝柔遠之
道自當如是耳
懷遠薄來而厚往柬深保泰以持盈
按淮南子墬形使太章步自東極至于西極使豎亥步自北極至于南極皆二億三萬三千五百里七
二億三萬三千五百餘里者耶至所謂東西短而南北長極內相等者尤屬臆說不足深辨夫東西為橫南北為豎橫章豎亥不過為善步之人不能飛而踰嶺泅而渡水
也自東而西自南而北徑行直前如何接武以計益文人逞詞博辨衒奇務異之為而非方輿紀實之惇史也因識於此以正千古耳食者之惑

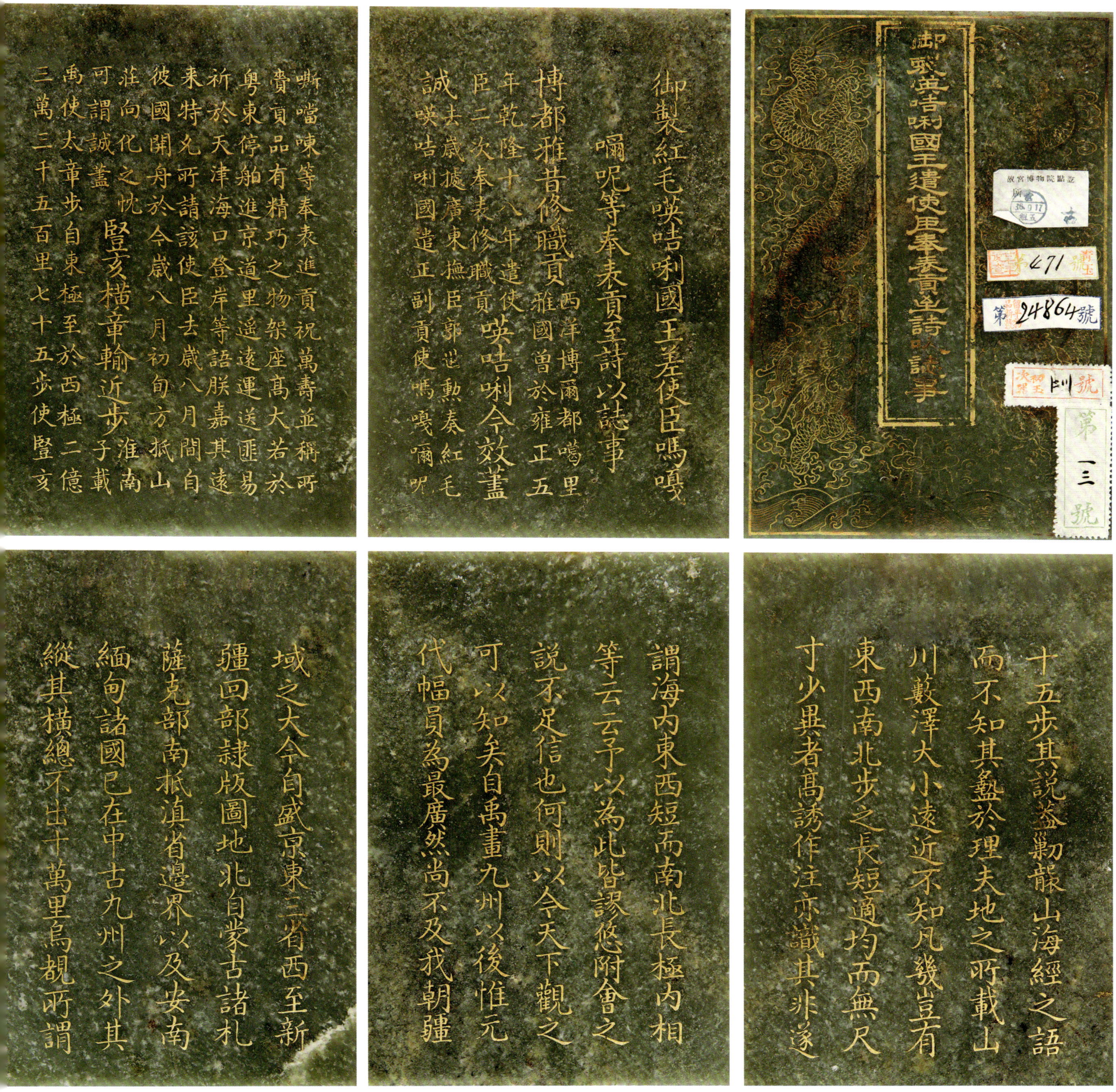

御製嘆咭唎國王遣使臣奉表貢至詩以誌事



御製紅毛嘆咭唎國王差使臣嗎嘎
爾呢等奉表貢至詩以誌事

博都雅昔修職貢西洋博爾都噶里雅國曾於雍正五年乾隆十八年遣使臣二次奉表修職貢

嘆咭唎今效藎誠去歲據廣東撫臣郭世勳奏紅毛嘆咭唎國遣正副貢使嗎嘎爾呢嘶噹陳等奉表進貢祝萬壽並稱所賫貢品有精巧之物架座髙大若於粤東停船進京道里遥遠運送匪易祈於天津海口登岸等語朕嘉其遠来特允所請該使臣去歲八月間自彼國開舟於今歲八月初旬方抵山莊向化之忱可謂誠藎

竪亥横章輸近步淮南子載禹使太章步自東極至於西極二億三萬三千五百里七十五步使竪亥

十五步其說蓋勦襲山海經之語
而不知其盭於理夫地之所載山
川藪澤大小遠近不知凡幾豈有
東西南北步之長短適均而無尺
寸少異者髙誘作注亦識其非遂
謂海内東西短而南北長極内相
等云云予以為此皆謬悠附會之
說不足信也何則以今天下觀之
可以知矣自禹畫九州以後惟元
代幅員為最廣然尚不及我朝疆
域之大今自盛京東三省西至新
疆回部隸版圖地北自蒙古諸札
薩克部南抵滇省邊界以及安南
緬甸諸國已在中古九州之外其
縱其横總不出十萬里烏覩所謂

## 107

# 《英使谒见乾隆纪实》

*Records of the British Ambassador's Visit to the Qianlong Emperor*

18～19世纪

长30、宽24.5、高4.3/5.5厘米

颐和园藏

《英使谒见乾隆纪实》为英国使团副使乔治·斯当东所著，记载了1792～1794年英国使团在马戛尔尼率领下，航海到中国谒见乾隆皇帝的经过。

（乾隆）五十八年，英国王雅治遣使臣马戛尔尼等来朝贡，表请派人驻京，及通市浙江宁波、珠山、天津、广东等地，并求减关税，不许。

——赵尔巽·《清史稿》卷一五四·志·一百二十九·邦交二

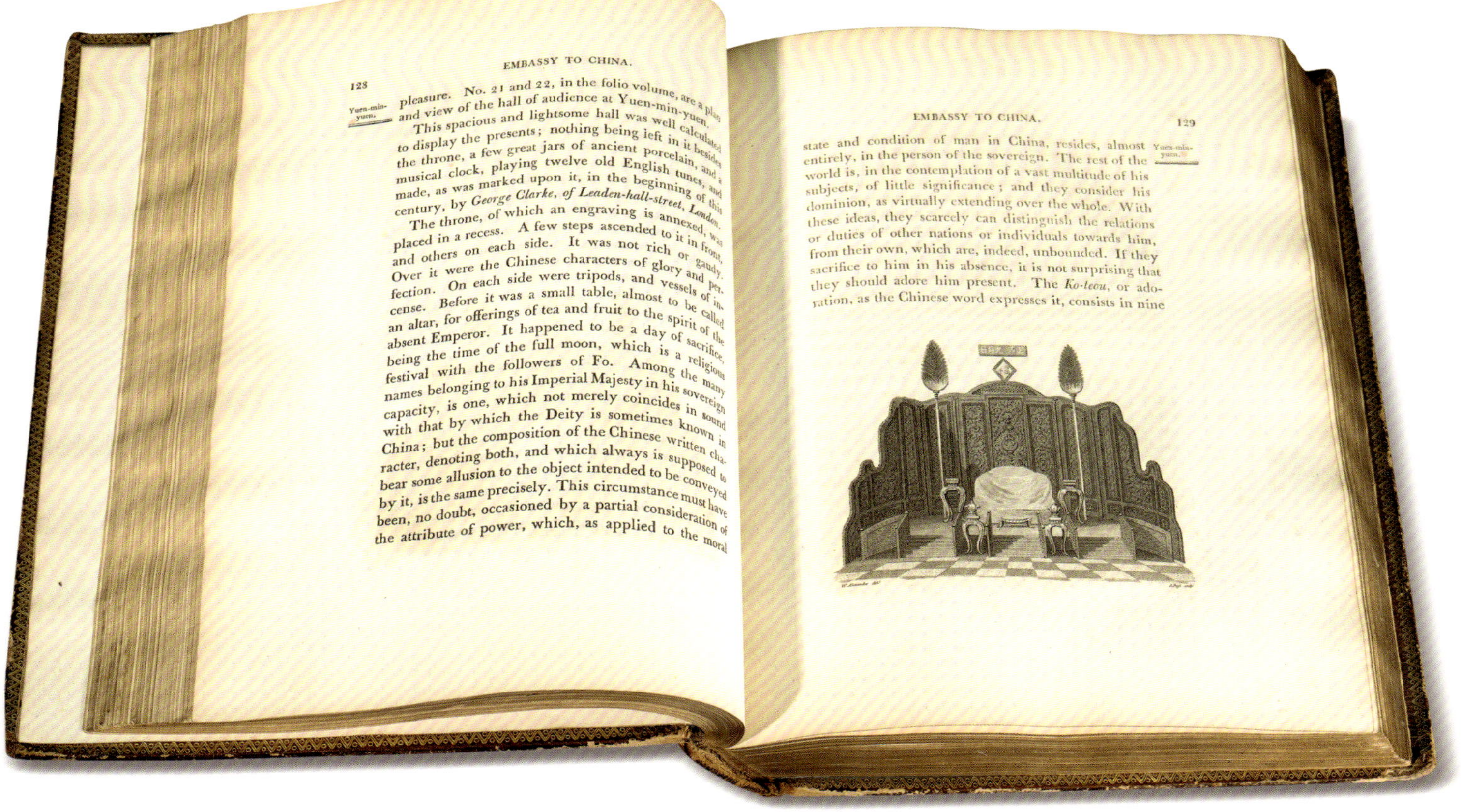

EMBASSY TO CHINA.

128

Yuen-min-yuen.

pleasure. No. 21 and 22, in the folio volume, are a plan and view of the hall of audience at Yuen-min-yuen.

This spacious and lightsome hall was well calculated to display the presents; nothing being left in it besides the throne, a few great jars of ancient porcelain, and a musical clock, playing twelve old English tunes, and made, as was marked upon it, in the beginning of this century, by *George Clarke, of Leaden-hall-street, London.*

The throne, of which an engraving is annexed, was placed in a recess. A few steps ascended to it in front, and others on each side. It was not rich or gaudy. Over it were the Chinese characters of glory and perfection. On each side were tripods, and vessels of incense. Before it was a small table, almost to be called an altar, for offerings of tea and fruit to the spirit of the absent Emperor. It happened to be a day of sacrifice, being the time of the full moon, which is a religious festival with the followers of Fo. Among the many names belonging to his Imperial Majesty in his sovereign capacity, is one, which not merely coincides in sound with that by which the Deity is sometimes known in China; but the composition of the Chinese written character, denoting both, and which always is supposed to bear some allusion to the object intended to be conveyed by it, is the same precisely. This circumstance must have been, no doubt, occasioned by a partial consideration of the attribute of power, which, as applied to the moral

EMBASSY TO CHINA.

129

Yuen-min-yuen.

state and condition of man in China, resides, almost entirely, in the person of the sovereign. The rest of the world is, in the contemplation of a vast multitude of his subjects, of little significance; and they consider his dominion, as virtually extending over the whole. With these ideas, they scarcely can distinguish the relations or duties of other nations or individuals towards him, from their own, which are, indeed, unbounded. If they sacrifice to him in his absence, it is not surprising that they should adore him present. The *Ko-teou*, or adoration, as the Chinese word expresses it, consists in nine

AN AUTHENTIC ACCOUNT OF AN EMBASSY FROM THE KING OF GREAT BRITAIN TO THE EMPEROR OF CHINA;
TCHIEN LUNG TA WHANG TEE
TCHIEN LUNG, THE GREAT EMPEROR.
By SIR GEORGE STAUNTON, BARONET,
VOL. I.
LONDON:
MDCCXCVII.

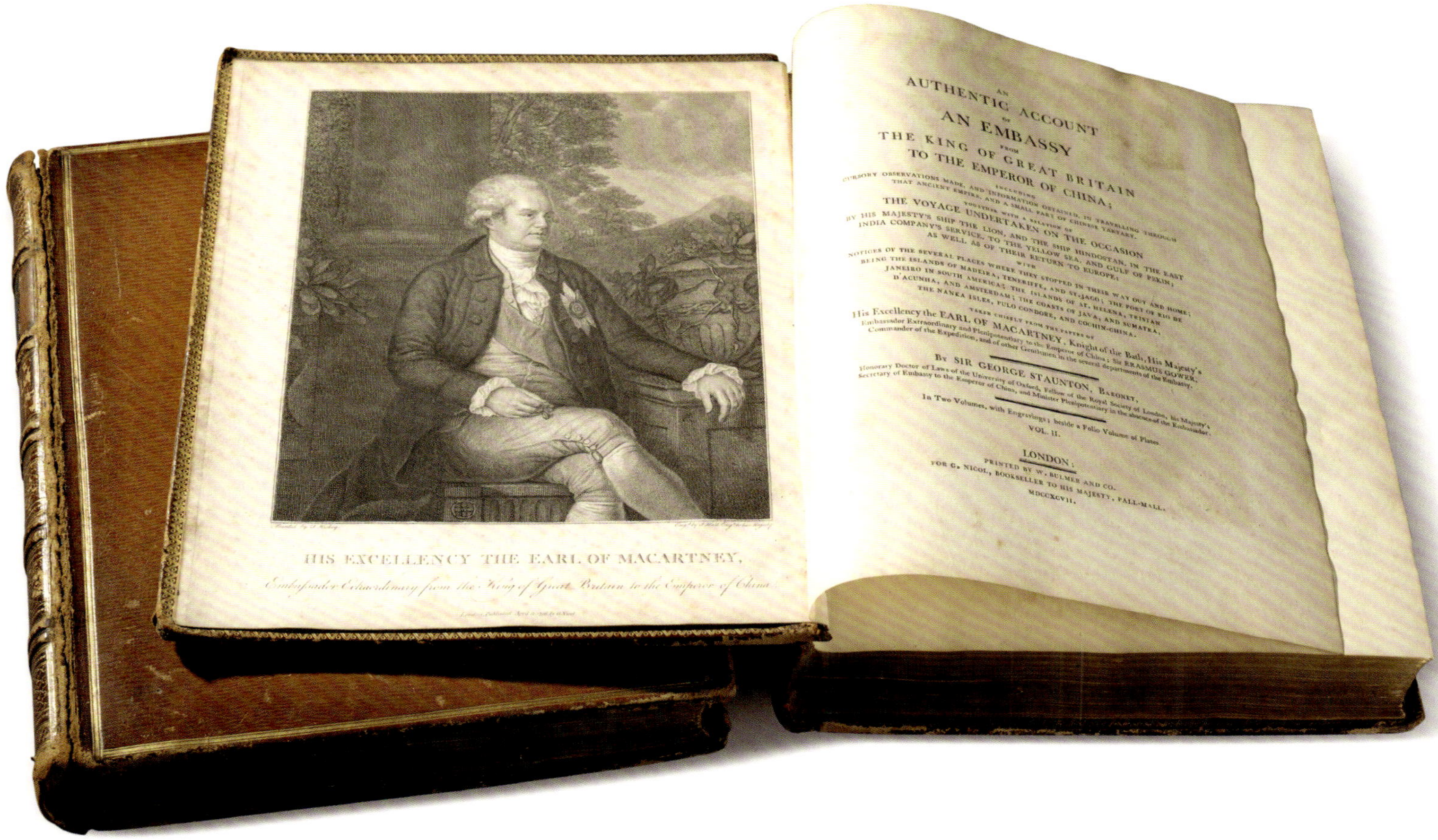
AN AUTHENTIC ACCOUNT OF AN EMBASSY FROM THE KING OF GREAT BRITAIN TO THE EMPEROR OF CHINA;
HIS EXCELLENCY THE EARL OF MACARTNEY,
By SIR GEORGE STAUNTON, BARONET,
VOL. II.
LONDON:
MDCCXCVII.

## 108

# 魔术师人形玩偶

Magician's Doll

19 世纪末～20 世纪初

长 34.5、宽 24、高 70 厘米

颐和园藏

此玩偶魔术师头部及双臂可以活动；上弦后，魔术棒每敲三下，圆锥形尖顶帽落下一次，再次抬起后桌面会出现戒指、硬币、骰子等小物品。整体的机关藏在魔术师脚下方匣内，匣后有孔用于上弦。

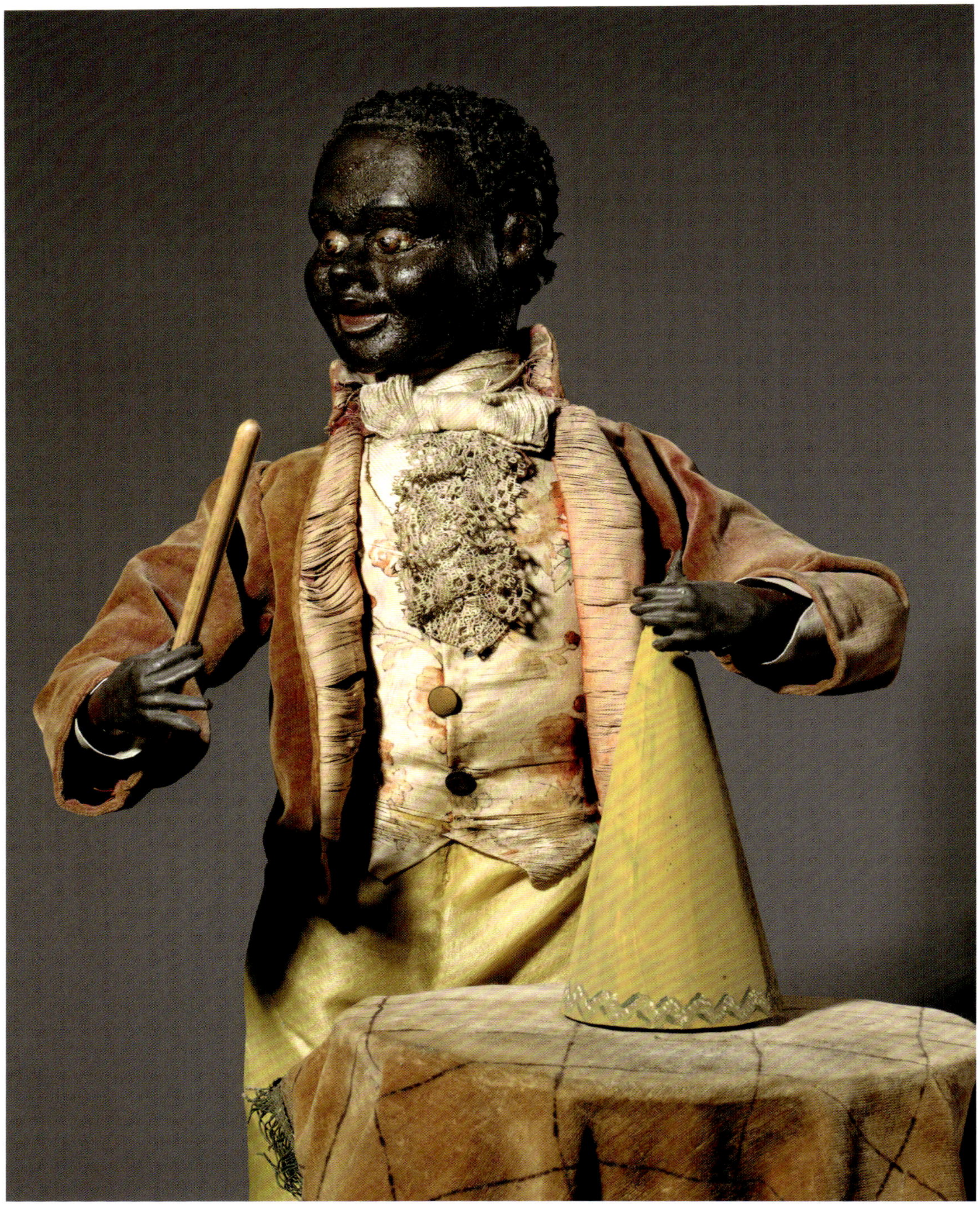

109

# 《德国接待考察大臣所历各处全图》

*Complete Map of Qing Ministers' Visit to Germany*

清（1644～1911年）

单页长50、宽31.5厘米

颐和园藏

此相册所收录的照片为晚清时期德国接待清政府考察大臣考察德国各处的照片。与《清大臣考察德国各学务处所像册》的不同在于，这本相册中使用的是德文，除记录建筑风景之外，也有荫昌、端方、戴鸿慈等人与德、日军政官员合影，以及德皇威廉二世与妻子奥古斯塔皇后的相片。

## 110

# 《清大臣考察日本川崎造船所相册》

*Photo Album of Qing Ministers' Visit to Kawasaki Shipbuilding Corporation in Japan*

清（1644～1911年）

长37、宽29、厚6厘米

颐和园藏

此相册由日本川崎造船所赠，作为在当时日本造船行业中首屈一指的造船厂，晚清政府决定向其定制炮舰。这本相册中包含了如“楚泰号”“江元号”“楚谦号”“江亨号”等几艘炮舰在制造及试水时的照片，是中国近代海军史的珍贵史料；川崎造船厂厂内设置以及日本风景、画作等。颐和园现存的“永和轮”照片也在其中。

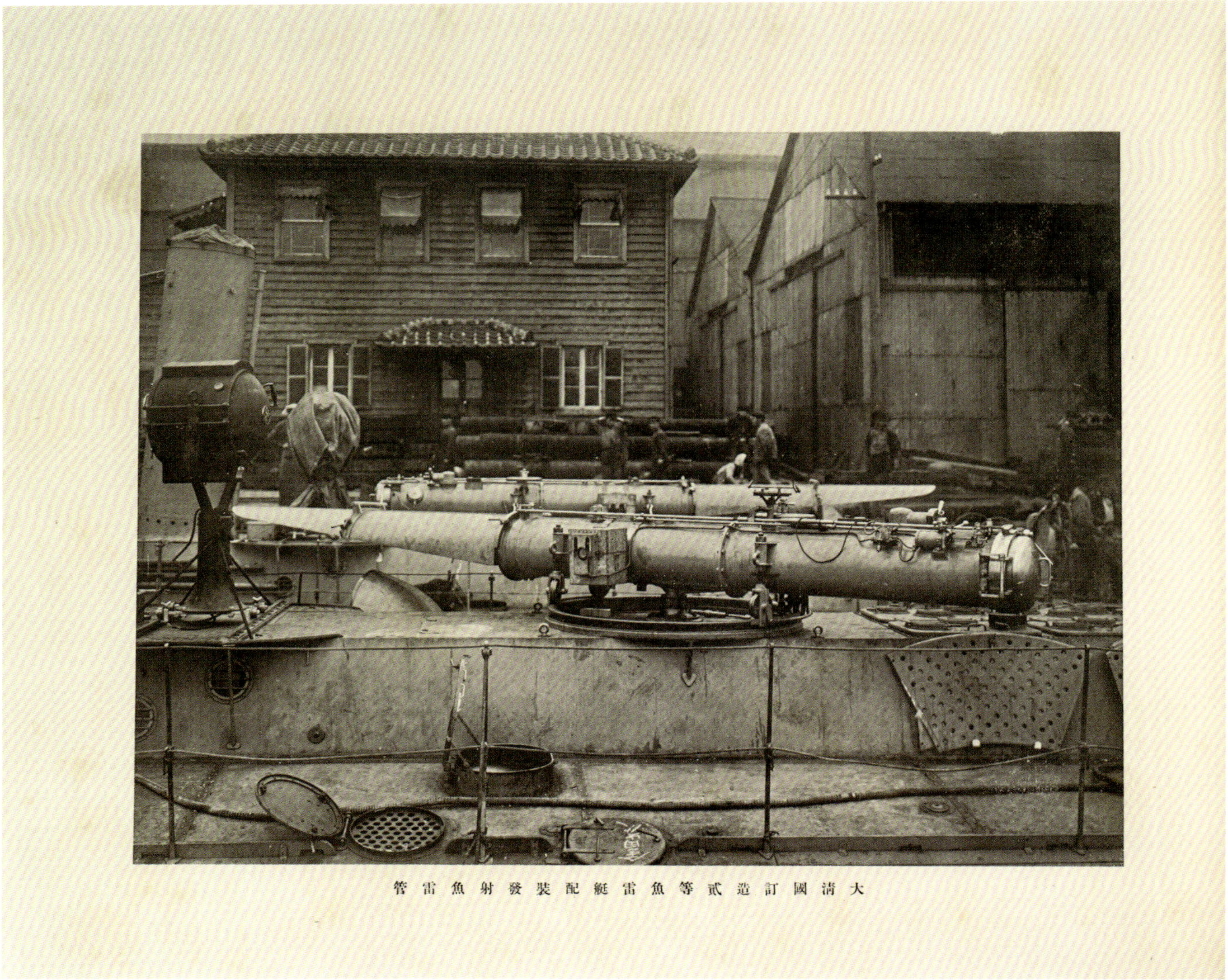

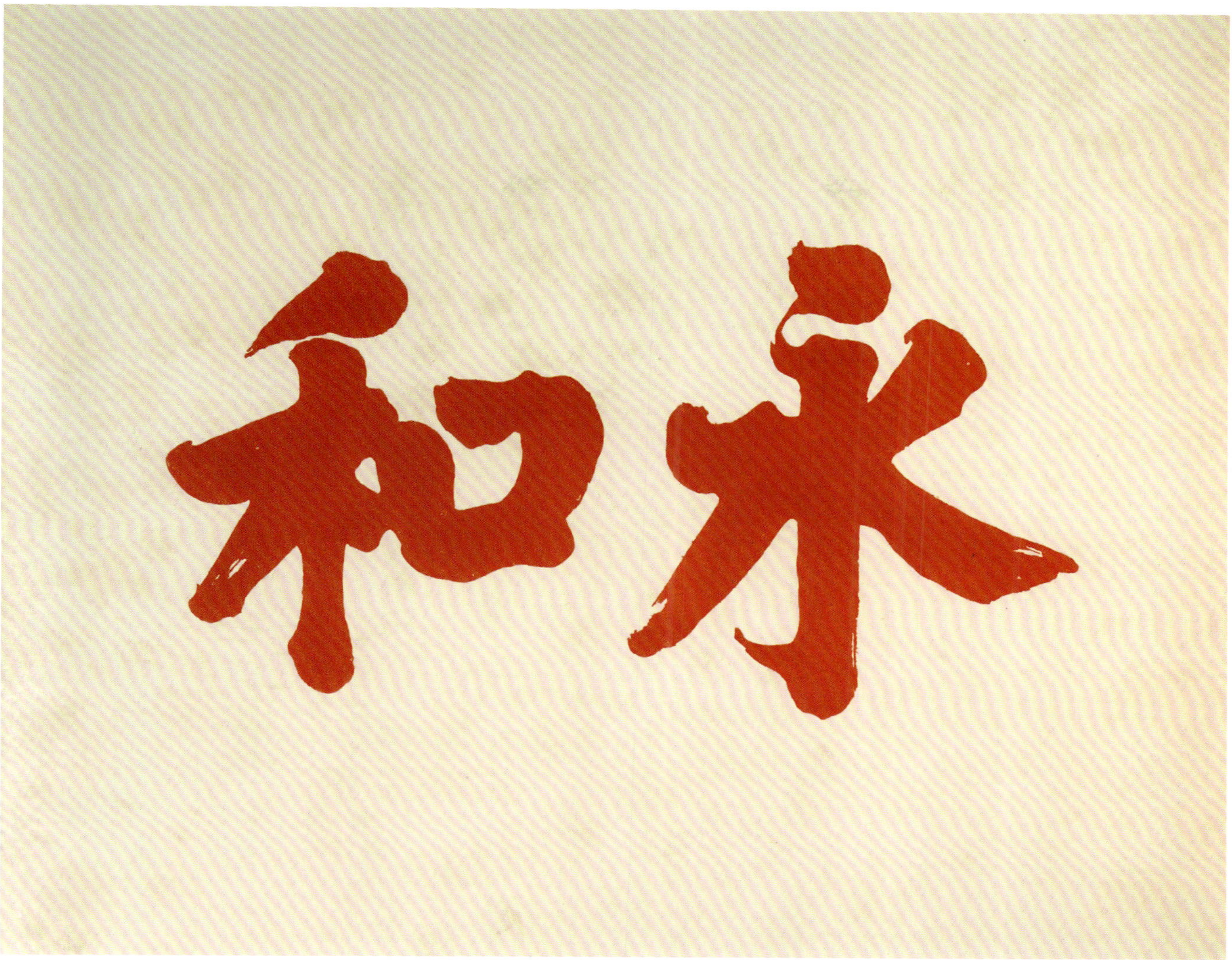


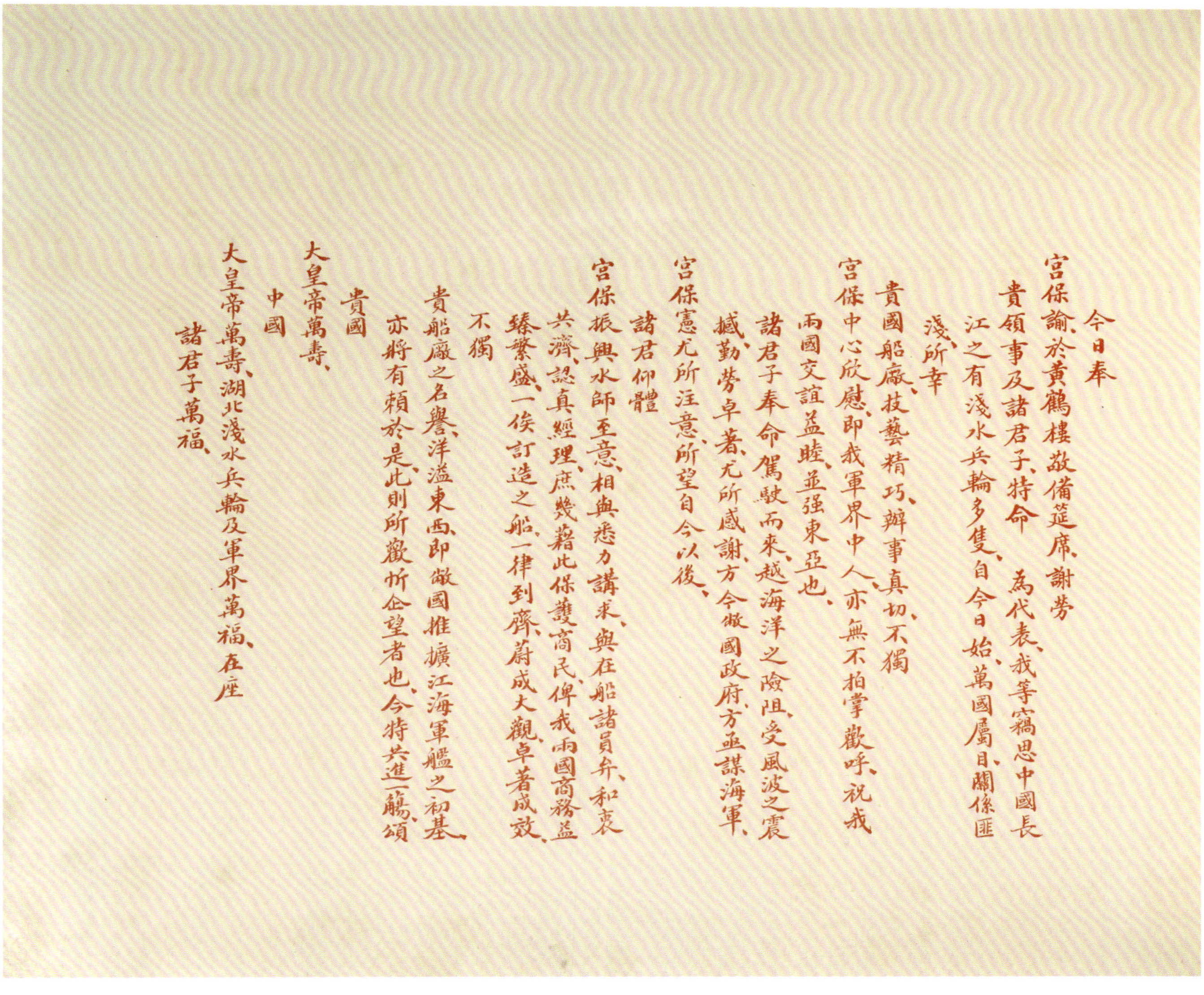

今日奉
宮保諭、於黃鶴樓敬備筵席、謝勞
貴領事及諸君子、特命　為代表、我等竊思中國長
江之有淺水兵輪多隻、自今日始、萬國屬目、關係匪
淺、所幸
貴國船廠、技藝精巧、辦事真切、不獨
宮保中心欣慰、即我軍界中人、亦無不拍掌歡呼、祝我
兩國交誼益睦、並强東亞也、
諸君子奉命駕駛而來、越海洋之險阻、受風波之震
撼、勤勞卓著、尤所感謝、方今敝國政府、方亟謀海軍、
宮保憲尤所注意、所望自今以後、
諸君仰體
宮保振興水師至意、相與悉力講求、與在船諸員弁、和衷
共濟、認真經理、庶幾藉此保護商民、俾我兩國商務益
臻繁盛、一俟訂造之船、一律到齊、蔚成大觀、卓著成效、
不獨
貴船廠之名譽、洋溢東西、即敝國推擴江海軍艦之初基、
亦將有賴於是、此則所徽忻企望者也、今特共進一觴、頌
貴國
大皇帝萬壽、
中國
大皇帝萬壽、湖北淺水兵輪及軍界萬福、在座
諸君子萬福、

大清國訂造砲艦「楚謙」號進水

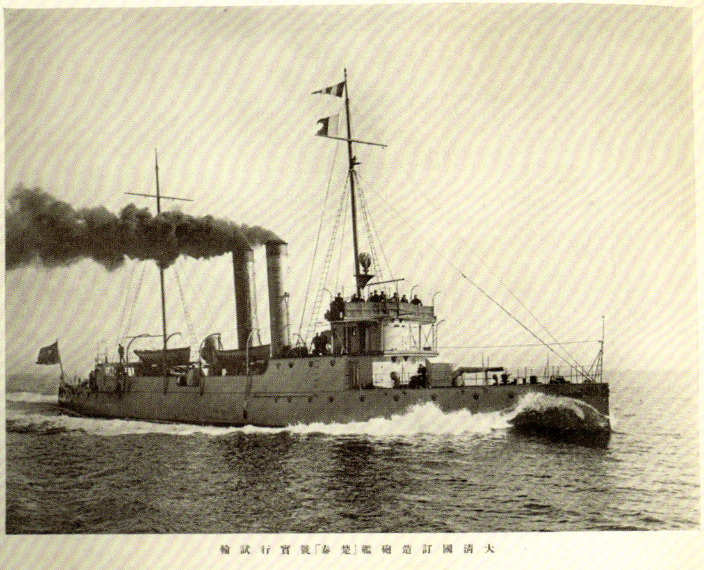

大清國訂造砲艦「楚泰」號實行試輪

大清國訂造貳等魚雷艇「湖鶚」號實行試驗

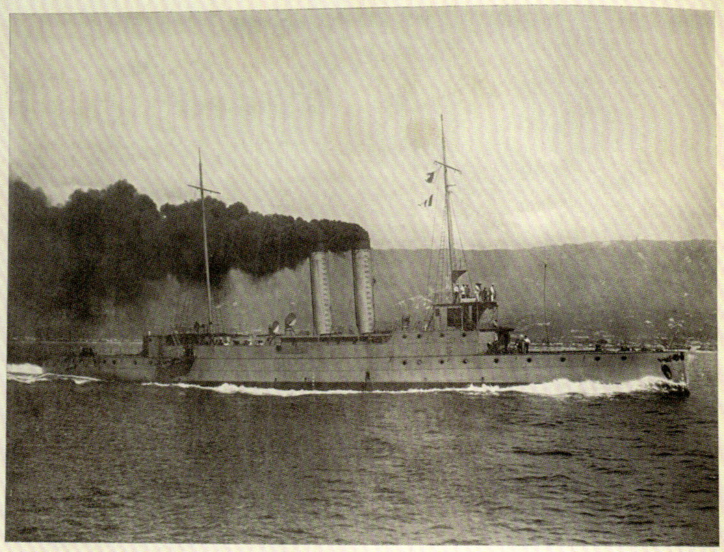

大清國訂造砲船「楚泰」號實行試驗（該船係六姊妹船之內第一者也）

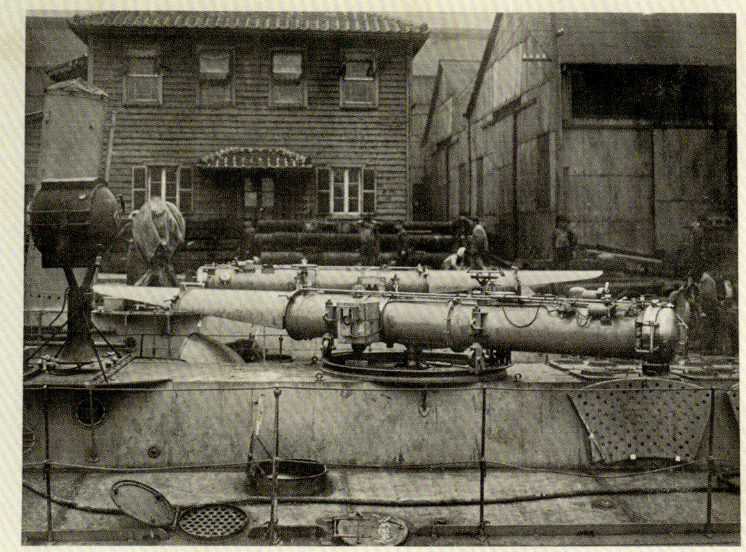

大清國訂造貳等魚雷艇配裝發射魚雷管

大清國訂造貳等魚雷艇「湖鶚」號

## 2

# 民族和睦

为了巩固政治统治，加强与少数民族的联系与交往，清朝实行朝觐制度、围班制度。每逢年节，都要邀请蒙古各王公首领、回部伯克、四川土司、蒙藏喇嘛等轮流入京朝觐，除供给路费、廪饩及赏赉外，还在畅春园、圆明园、清漪园（颐和园）等处赐宴典礼，仪式极为隆重，是中华各民族团结和睦、多元文化交流融合的体现。

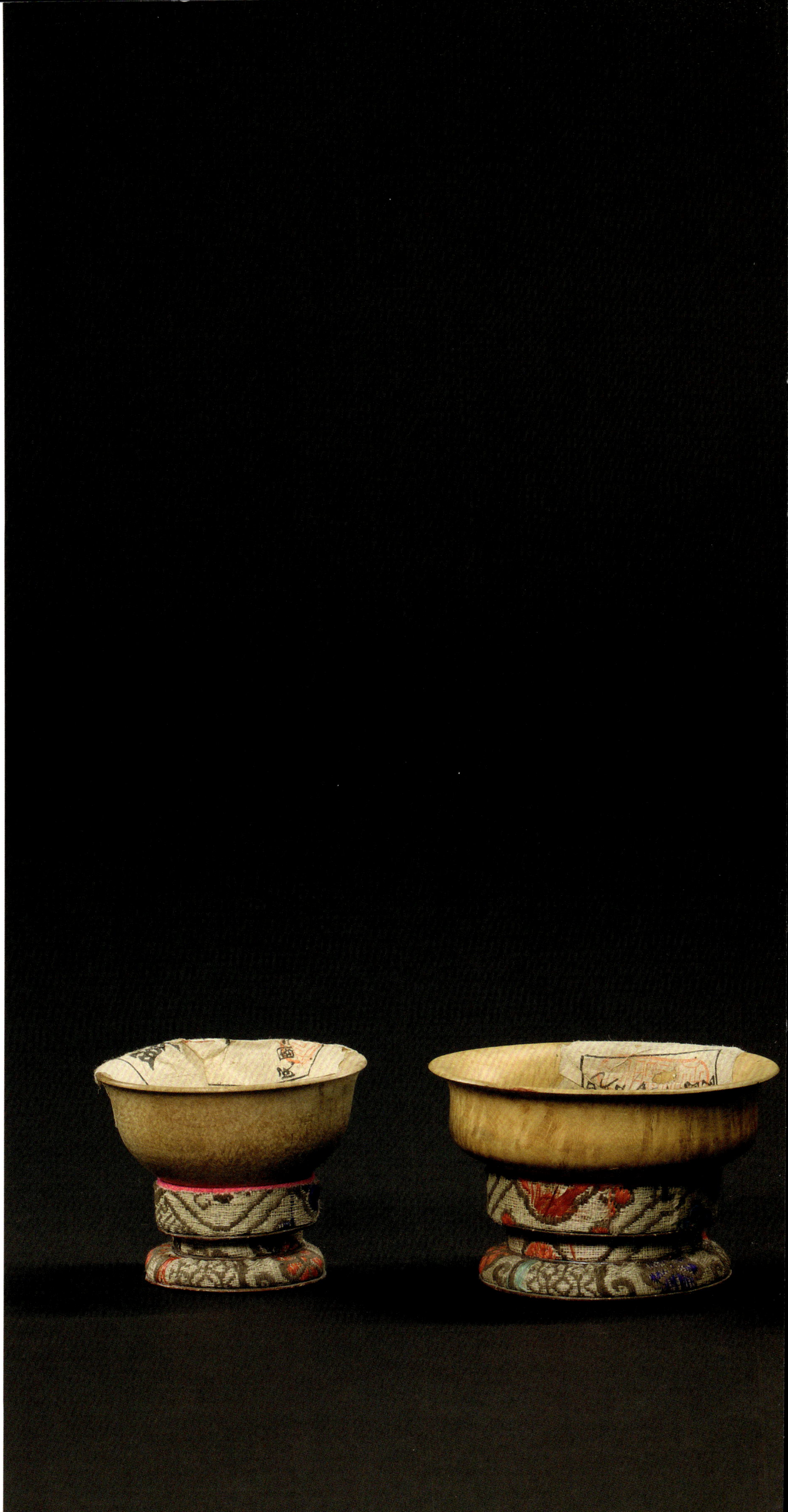

111

## 扎古扎雅木碗（一组）

Tibetan Wooden Bowls

清（1644～1911年）

口径11、底径6.5、高3.8厘米；

口径9.4、底径5.2、高3.5厘米；

口径7、底径4.3、高2.4厘米；

口径5.3、底径2.8、高3厘米

颐和园藏

此组木碗侈口、体型较矮、圈足。清代自康熙时起，西藏均向中央进献此种木碗。“扎古扎雅”是藏语桃木的音译。

112

## 银鎏金嵌松石珊瑚白度母像

Gilt Silver White Tārā with Turquoise and Coral Inlays

清（1644～1911年）

长17.5、宽11.5、高26厘米

颐和园藏

此造像银胎鎏金，头戴五叶宝冠，面容丰满慈祥，额头有一眼，缀圆形花冠大耳，项挂繁复华丽的佛珠，腰缀精细的璎珞。其身体姿势十分优美，头略右倾，袒胸，细腰稍扭，右手膝前施与愿印，左手当胸以三宝印，两臂外侧各有莲枝沿臂而上，左右肩膀伏以乌巴拉花，臂、腕、踝各饰钏、镯，双跣足结跏趺坐于双层莲台之上，多处嵌绿松石装饰。造型匀称，纹饰精细。

## 113

# 铜鎏金嵌松石金刚持像

Gilt Bronze Vajradhāra with Turquoise Inlays

明末清初

长 18、宽 14.5、高 28.5 厘米

颐和园藏

此造像头戴五叶冠，顶结发髻，面庞圆润，五官端正，通身配饰华丽的璎珞、钏环，并镶嵌松石。金刚持跏趺坐于莲花座上，双手结金刚迦罗印，分别持金刚铃和金刚杵。金刚持，也称“大持金刚”“秘密主”。在藏传佛教中，金刚持被认为是释迦牟尼讲说密法时所呈现的形象，是释尊的秘密化身。

## 114

# 模印泥塑彩绘尊胜佛母像

Clay Sculpture of Uṣṇīṣavijayā

清乾隆（1736～1795年）

长8、宽1、高10厘米

颐和园藏

此尊胜母佛像，三面八臂，佛母威严慈祥，葫芦形发髻象征无限智慧；项戴珍宝缨络，身着秀丽天衣，八臂各施法印，跏趺坐于莲花宝座中央，整体造型精美华丽；尊胜母佛三面八臂，每面三目。手中法器，主臂双手置于胸前，一托十字金刚杵，一持绳索，右三手分别托小化佛、持箭、结与愿印；左三手分别是上扬、持弓、托宝瓶。面容慈祥，身形优雅，项圈、璎珞、手镯、臂钏、腰带等饰物一应俱全。下裳紧裹腿部，衣缘錾刻花纹。全跏趺坐于束腰莲台上。线条纹饰清晰，装饰色彩鲜艳，造型精美，为清代宫苑泥质模印佛的精品。

## 115

## 《皇朝藩部要略》

*History of the Border Peoples and Polities of the Imperial Qing Dynasty*

清光绪（1875～1908年）

单本：长29.1、宽17.7、厚0.8厘米（厚度不一）；

整函：长29.1、宽17.7、厚6.9厘米

颐和园藏

清光绪十年（1884年），浙江书局刊本，十八卷附表四卷，清人祁韵士纂，是一部有关清朝外藩诸部的编年史著作。全书分为内蒙古要略、外蒙古喀尔喀要略、厄鲁特要略、回部要略、西藏要略五部分。记载了清代自太祖至乾嘉年间诸部的建置、封袭、世系以及汉、蒙、回民族交往中众多重大历史事件等。

116

# 昭庙大红台琉璃石狮

Glazed Lion Head at the Zhao Temple

清（1644～1911年）

通长40、通宽30、通高30厘米

香山公园藏

宗镜大昭之庙建筑残件。宗镜大昭之庙（简称昭庙）建于清乾隆四十五年（1780年），咸丰十年（1860年）被英法联军焚毁。

六世班禅像

故宫博物院提供

## 六世班禅

乾隆四十五年（1780年），正逢乾隆帝七十大寿。七月二十一日，六世班禅在避暑山庄朝觐乾隆帝；九月初二日，六世班禅抵京，驻锡黄寺，初四、五、六日，在皇子永瑢的陪同下前往香山等处拜佛事。九月十六日，六世班禅从高梁桥门乘船，沿长河而行，瞻拜万寿寺等寺庙，从昆明湖改乘昆明双龙船至万寿山，瞻拜山南所有庙宇，遵旨住世福楼。九月十九日，乾隆帝回京驻跸香山静宜园，当天班禅前来主持昭庙开光典礼。

**十三世达赖进京觐见**

布达拉宫提供

此图为布达拉宫十三世达赖喇嘛灵塔殿上层回廊西侧壁画局部。描绘了光绪三十四年（1908 年），十三世达赖喇嘛在颐和园觐见慈禧太后、光绪皇帝的场景。

# 3

# 水利农桑

乾隆年间兴修水利，完成对北京西郊水系的整治，解决了漕运、农田灌溉、园林及京城用水等问题。同时，皇家御苑中还特地营建“宫廷式田园风光”及观稼建筑，开辟稻田、菜圃，种植桑树，以表达“垦田务农，为政之本”的思想。

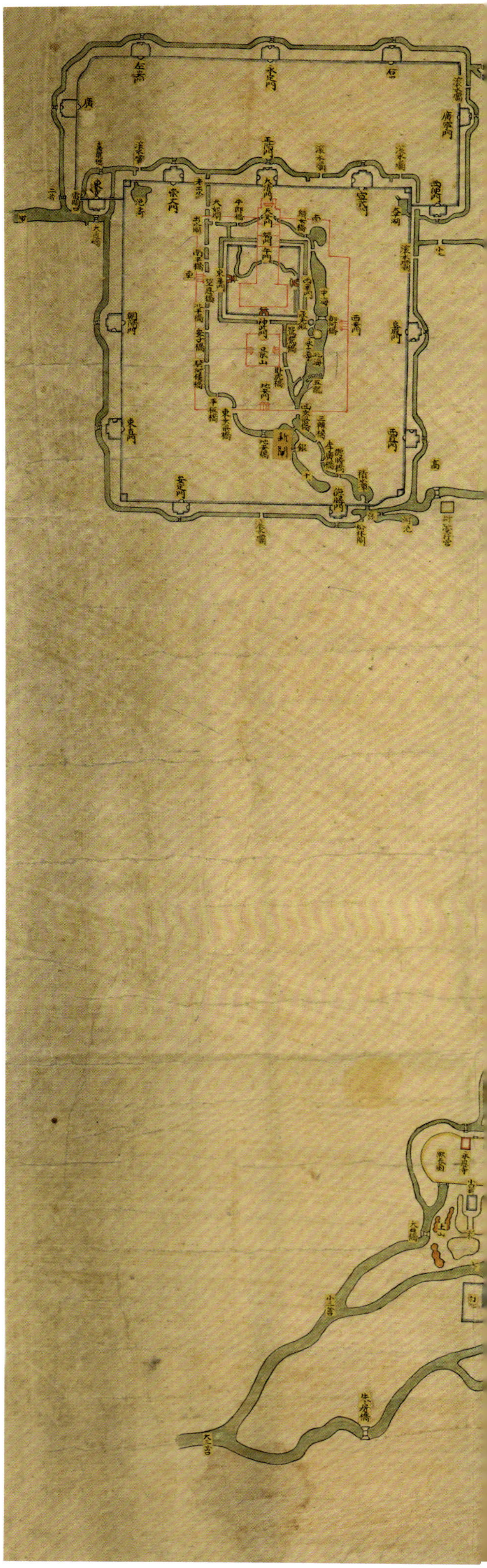

117

京城内外河道全图

Map with Watercourses in and around the Capital

清（1644～1911年）

纵75、横85厘米

国家图书馆藏

乾隆因地制宜建成清漪园，并引西山诸泉的泉水至玉泉山，再汇入昆明湖，形成该区域最广大的水面。帝后御舟以颐和园昆明湖为中心，西北从玉带桥可达玉泉山静明园，东南从绣漪桥直通西直门倚虹堂。长河—昆明湖—玉河一线，成为连接北京城与西郊诸名胜的皇家水上航线，将长河两岸的倚虹堂、五塔寺、豳风堂、畅观楼、紫竹院行宫、广源闸、万寿寺行宫、麦庄桥、长春桥、广仁宫，以及颐和园、玉泉山等京西历史人文名胜串连起来。

南
北

## 圆明园来水河道全图

Watercourses of the Yuanmingyuan

清（1644～1911年）

纵112.5、横70厘米

国家图书馆藏

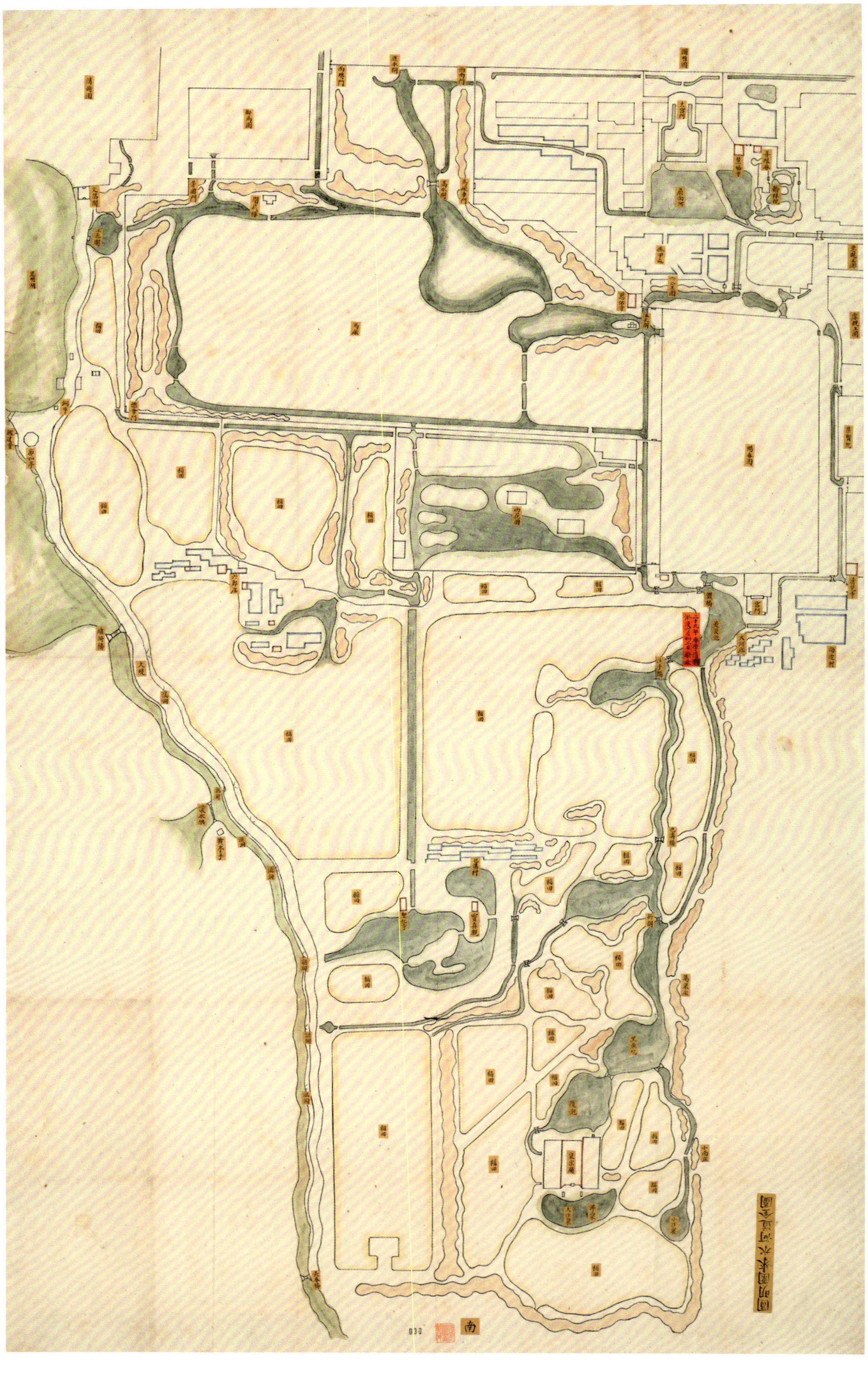


此图为样式房绘圆明园水系平面图，用贴黄签的方式标注出圆明园、颐和园、畅春园、西花园、六郎庄、巴沟、万泉庄、小南庄以及水道名称、稻田等地理名称，主要绘制出这些区域的水系流向及分布位置、形态，其中特别标注了圆明园内的各处建筑群名称，绿色部分代表水域。除此之外，图上有一张红签位于圆明园南部，上写“二十九年春季清挖淤浅六月初三日 验收”，应是清理河道淤泥后验收完毕所贴。

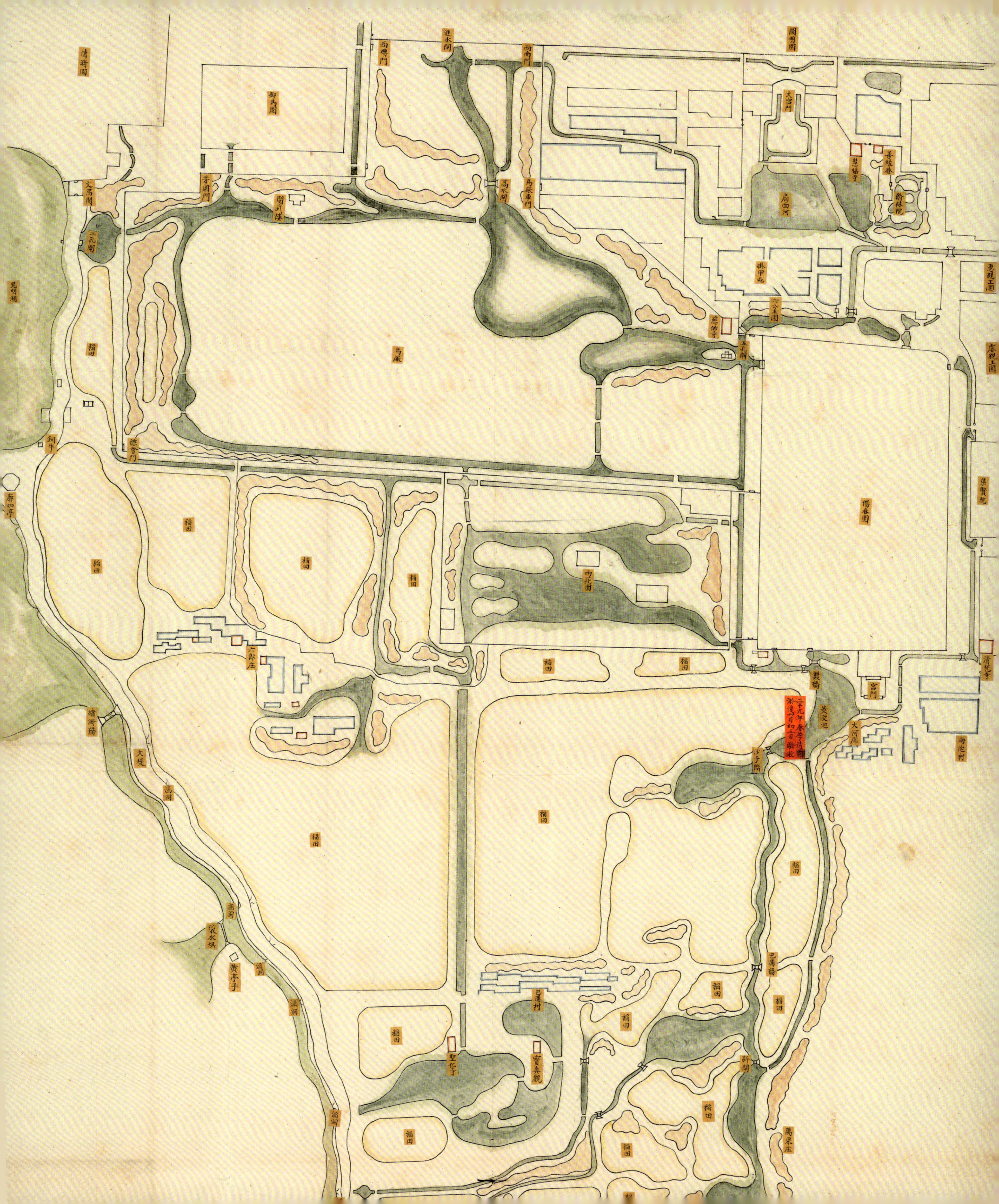

清漪園
御馬圈
西磚門
進水閘
西南門
圓明園
大宮門
慧福寺
善緣菴
翰林院
扇面河
文昌閣
芳園門
閱武樓
高水閘
馬廠車門
二孔閘
昆明湖
馬廠
掛甲屯
六公主園
慈佑寺
五孔閘
惠親王園
康親王園
稻田
銅牛
德會門
集賢院
廓如亭
稻田
稻田
稻田
稻田
西花園
暢春園
六郎庄
稻田
稻田
清梵寺
雙橋
宮門
菱芰泡
二十九年春季清浚六月初三日驗收
大河庄
海淀村
沙子橋
繡漪橋
大堤
涵洞
稻田
稻田
稻田
涵洞
滾水垻
黃亭子
涵洞
巴溝橋
稻田
稻田
巴溝村
稻田
涵洞
稻田
聖化寺
寶真觀
新閘
稻田
涵洞
稻田
稻田
萬泉庄

## 119

### 弘旿《都畿水利图》（局部）

*Water Conservancy of the Capital* by Hongwu (Detail)

清乾隆（1736～1795年）

中国国家博物馆藏

此图以玉泉山开始，绘其水流源自西山，聚于昆明湖，流经长河，贯绕京城，于城东南入通惠河、潞河；反映了乾隆年间（1736～1795年）北京地区水系分布与水利设施、风景地貌、苑囿城郭等有关状况情况。此局部为清漪园昆明湖部分。原图钤有“石渠宝笈”“宝笈重编”“三希堂精鉴玺”等印记。卷末有作者自题款识23行，下钤“臣”“旿”两印。

弘旿（1743～1811年），宗室，字卓亭，号恕斋，康熙帝二十四子胤祕第二子，擅书画。

## 120

# 静明园溪田课耕图样

Site Plan of the Xitian Kegeng Pavilion at the Jingming Garden

清（1644～1911年）

纵49.5、横65厘米

国家图书馆藏

此图为样式房所绘玉泉山静明园中十六景之一溪田课耕的平面图。全图采用不同设色绘制河流、小径、山石的轮廓，用贴红黄两色签标注出每处名称以及尺寸示意。图样居中为本图主题溪田课耕，四周环绕花砖宇墙。图样风格简洁、明快，比例真实、准确。溪田课耕位于玉泉山南麓西部，属西山景区，于乾隆年间修建，是三山五园内观稼建筑之一。

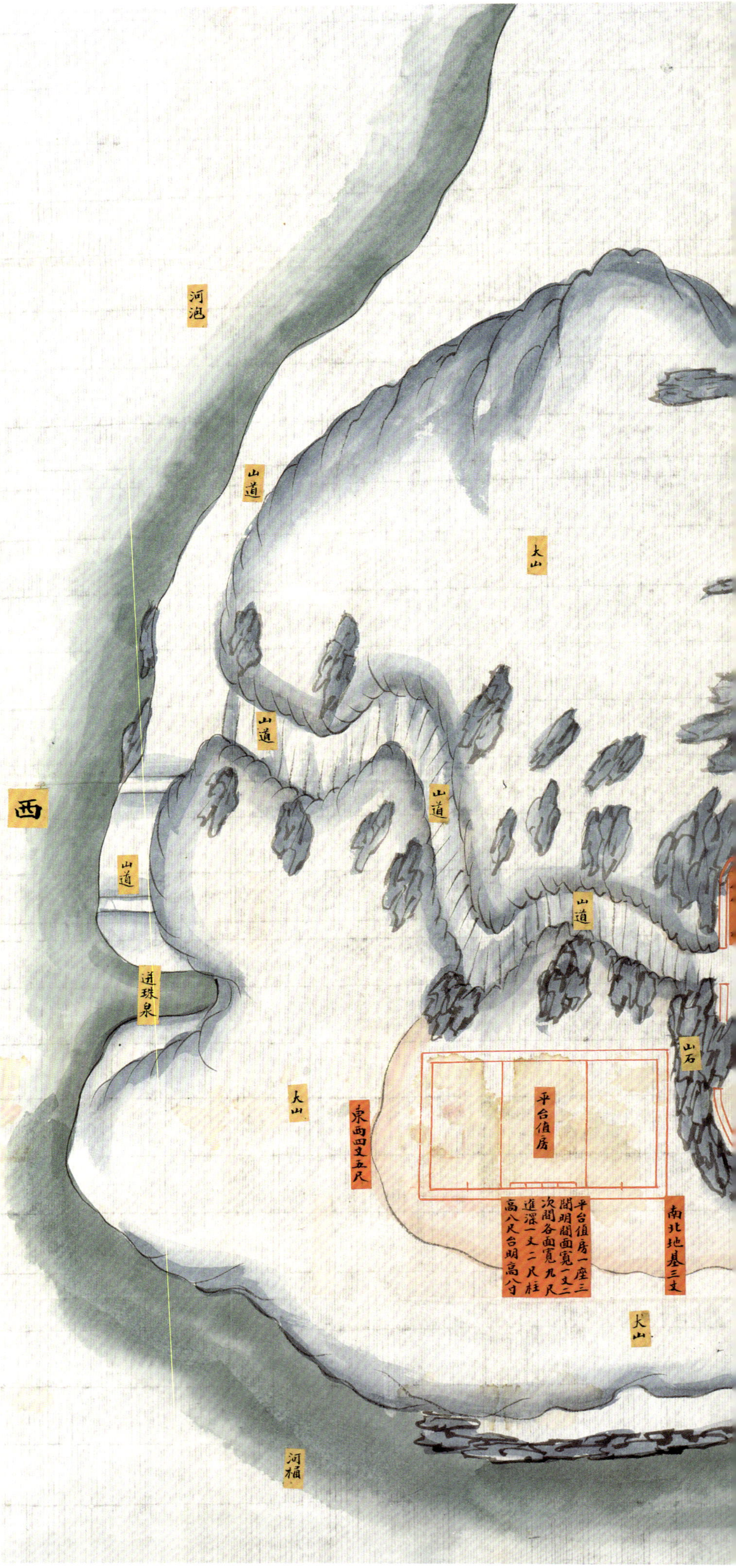


## 三山五园内观稼建筑统计表

| | |
|---|---|
| 圆明园 | 杏花春馆 |
| | 澹泊宁静（田字殿） |
| | 映水兰香（丰乐轩、知耕织、多稼轩、观稼轩、稻香亭） |
| | 多稼如云 |
| | 北远山村 |
| | 水木明瑟 |
| | 鱼跃鸢飞 |
| | 紫碧山房 |
| | 武陵春色 |
| 清漪园<br>颐和园 | 畅观堂 |
| | 乐农轩 |
| | 耕织图 |
| | 清可轩 |
| 静明园 | 溪田课耕 |

北
值房
值房一座三間各面寬一丈進深一丈二尺柱高八尺台明高一尺二寸
山石
點景山石
山石
東
溪田課耕
大山
溪田課耕殿一座三間各面寬一丈進深一丈四尺前後廊深各四尺小簷柱高一丈台明高一尺二寸
南北院當一丈六尺
花磚宇牆
花磚宇牆
山石
花磚宇牆
南
392

引泉溯溪町不藉
水車鳴略具江南
意每觀春月耕熟
生穲秔稻農節
較陰晴四海吾方
寸悠哉望歲情
溪田課耕

《静明园图屏 · 溪田课耕》

沈阳故宫博物院藏

121

## 焦秉贞款《耕织图》

*Drawing of Tilling and Weaving by Jiao Bingzhen, Album*

清（1644～1911年）

绢本 设色

画心：纵19.5、横26.3厘米；

全幅：纵29、横38、厚3厘米

颐和园藏

此为清代焦秉贞款耕织图册页。卷首题有“耕织图”墨笔篆书三字，落款为“臣张之洞跪进”字样，应为张之洞进呈贺礼。册页上题写有“康熙丙寅春三月既望内廷画史焦秉贞写”，钤盖白文印“秉”、朱文印“贞”。共十二开，其中耕图6幅，分别为浸种、耙耨、一耘、登场、持穗、筛。织图6幅，分别为练丝、择茧、纬、络丝、大起、织。作品设色淡雅，人物生动传神，场景自然细腻。作者以历代耕织图为模板，每页皆为一个独立的生产过程，绘制出我国古代社会农桑并举、男耕女织的生产劳动场景。

康熙丙寅春
三月既望
内廷畫史
焦秉貞寫

## 122

《农书》

*Book on Agriculture*

清乾隆（1736～1795年）

单本：长27、宽16.8、厚0.8厘米（厚度不一）

颐和园藏

清乾隆四十一年（1776年），武英殿聚珍版本，二十二卷。元代王祯撰，内分农桑通诀、百谷谱、农器图谱三大部分，另有杂录二目，是集当时中国农学之大成的重要著作。

盖农者所以食也，桑者所以衣也。农事伤则饥之原，女红废则寒之原。……故曰，农桑，王政之本也。

——清·玄烨·《圣祖仁皇帝御制文集》初集·卷十八·农桑论

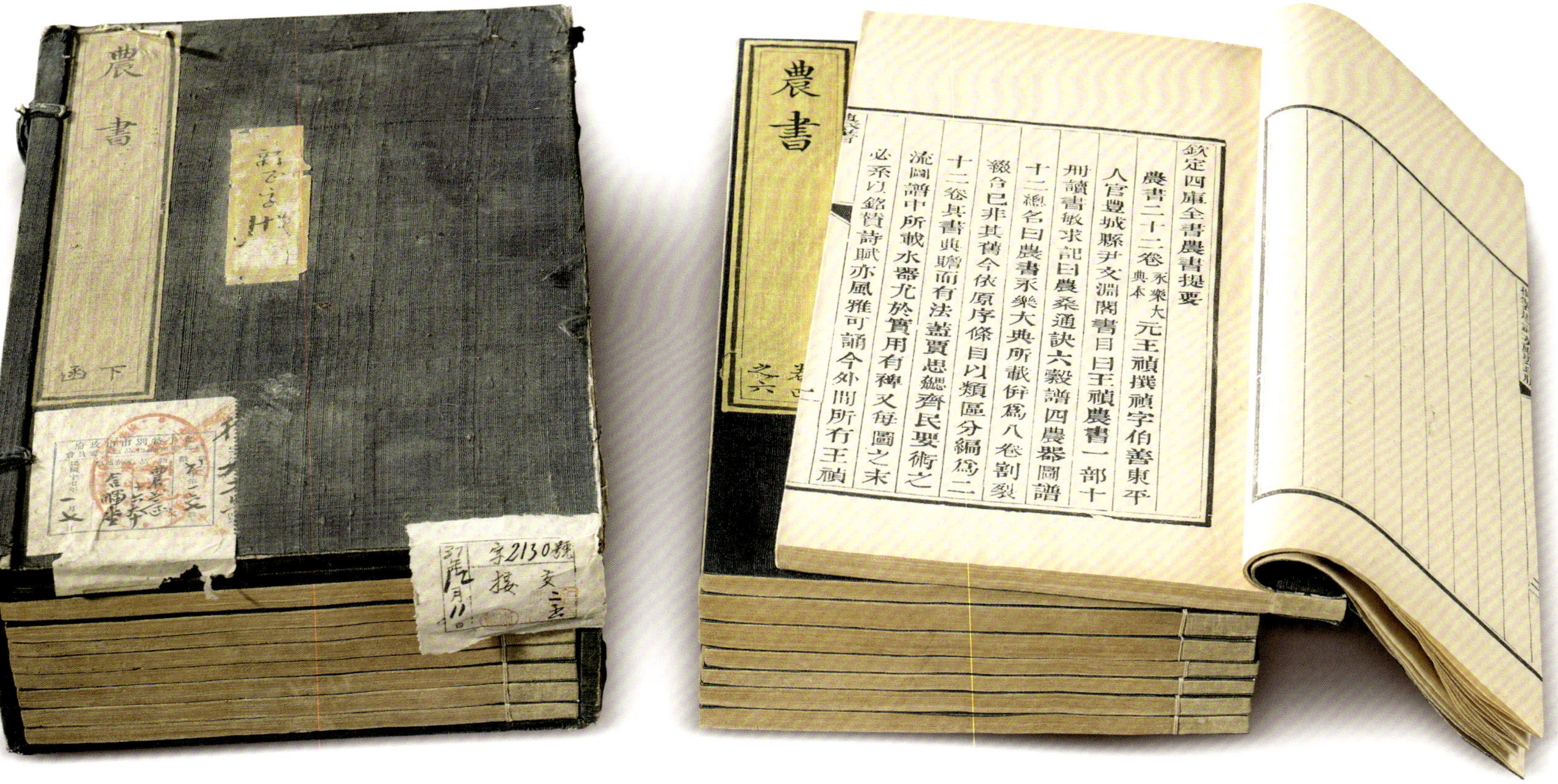

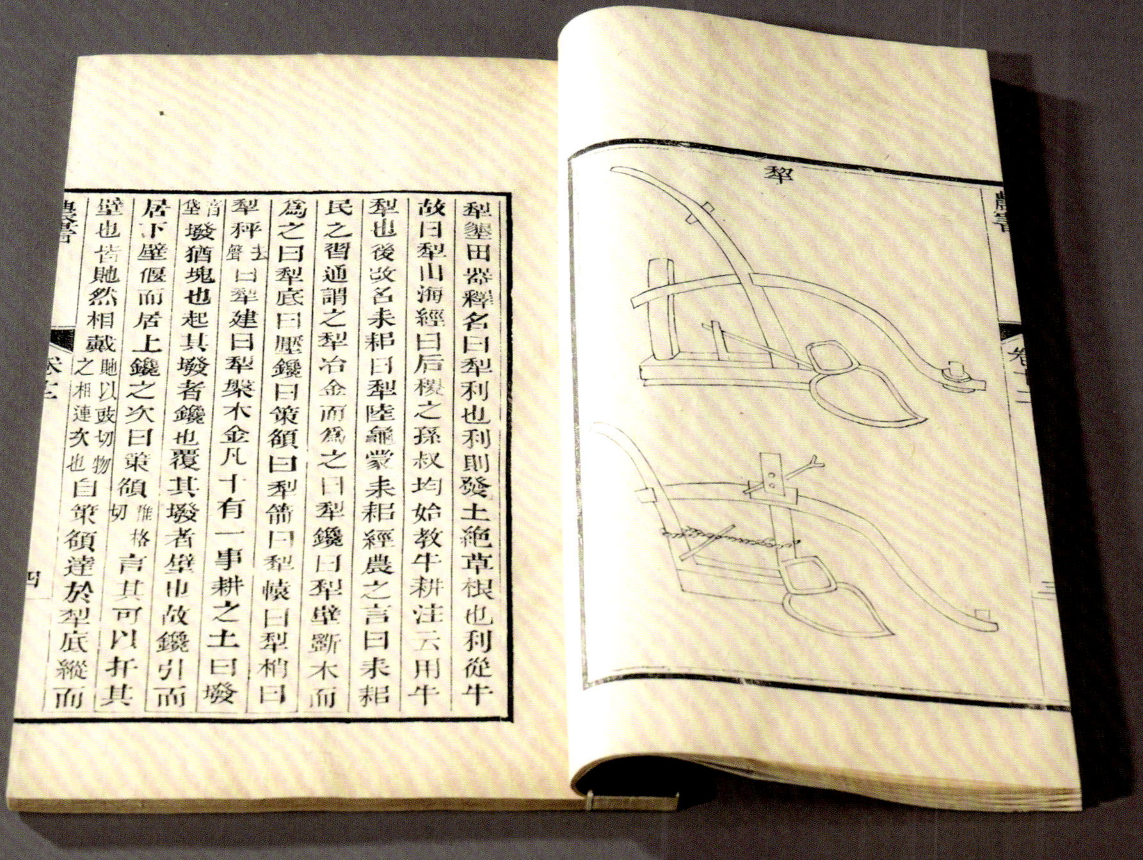

犁墾田器釋名曰犁利也利則發土絶草根也利從牛
故曰犁山海經曰后稷之孫叔均始教牛耕注云用牛
犁也後改名耒耜曰犁陸龜蒙耒耜經農之言曰耒耜
民之習通謂之犁冶金而爲之曰犁鑱曰犁壁斲木而
爲之曰犁底曰壓鑱曰策額曰犁箭曰犁轅曰犁梢曰
犁評去聲曰犁建曰犁槃木金凡十有一事耕之土曰墢
音發墢猶塊也起其墢者鑱也覆其墢者壁也故鑱引而
居下壁偃而居上鑱之次曰策額推格切言其可以扞其
壁也皆貤然相戴貤以豉切物之相連次也自策額達於犁底縱而
犁


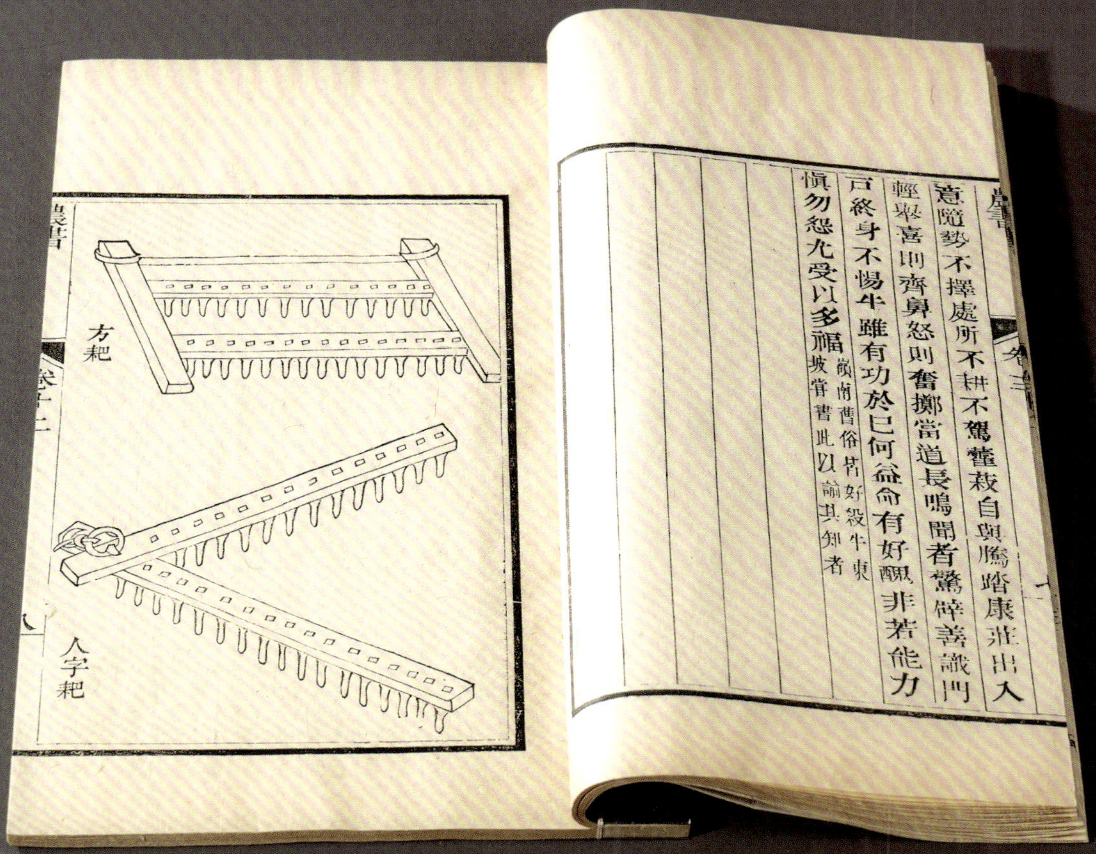

方耙
人字耙
意隨勢不擇處所不耕不駕輊栽自與騰踏康莊出入
輕舉喜則齊鼻怒則奮擲當道長鳴聞者驚辟善識門
戶終身不惕牛雖有功於已何益命有好醜非若能力
愼勿怨尤受以多福嶺南舊俗皆好殺牛東坡嘗書此以諭其鄉者

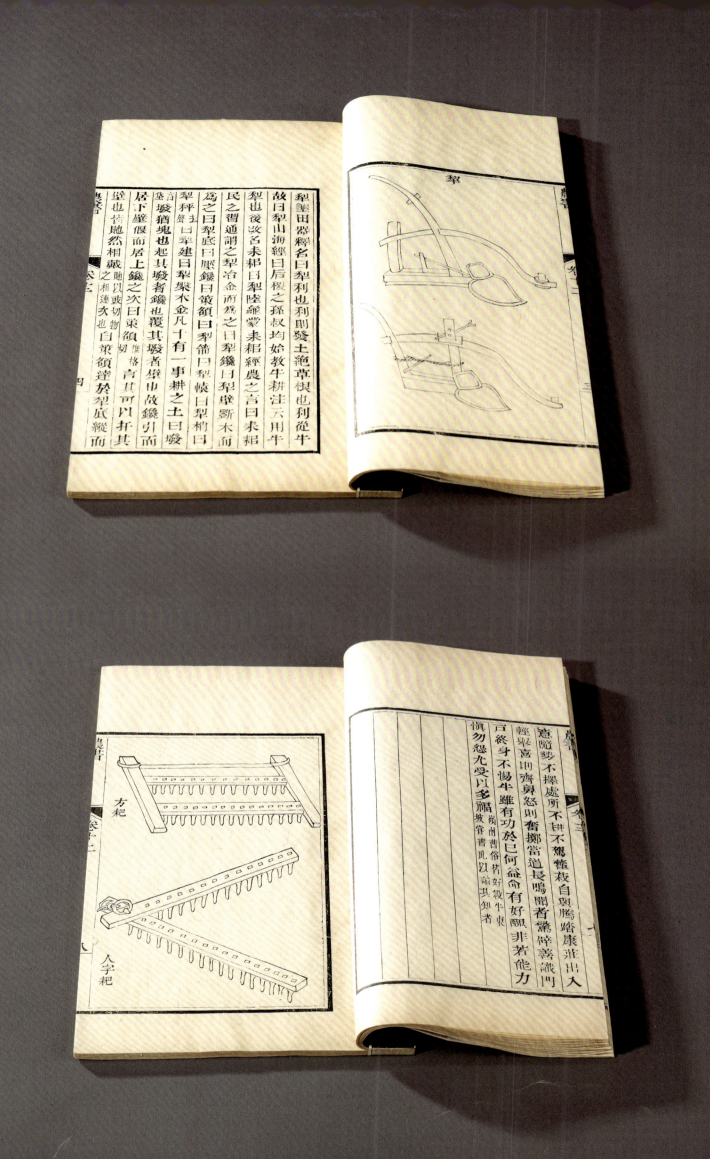

## 4

# 艺文起居

这片山水园林是历代帝王散志澄怀和日常起居之所。他们在园内观景、品茗、题诗、作画、读书、编纂典籍、鉴赏、听戏等，追求文人的雅趣和风尚，修身养性、澄明心境，力求营造传统文化的人文环境，实现“以文教治天下”的目标。

123

### 青花题诗三清图盖碗

Blue-and-White Covered Bowl with Pine, Prunus Blossoms, and Buddha's-Hand Citron

清光绪（1875～1908年）

口径10.5、底径4.6、高8.3厘米

颐和园藏

盖碗敞口，斜壁，深弧腹，圈足；盖沿小于口沿，轻扣于碗上。胎体轻薄，胎质洁白细腻；釉面光亮匀净。盖面与外壁上所书诗句，出自嘉庆皇帝的同一首诗：“佳茗头纲贡，浇诗必月团。竹炉添活火，石铫沸惊湍。鱼蟹眼徐飏，旗枪影细攒。一瓯清兴足，春盎避轻寒。”加识“嘉庆丁巳小春月之中瀚御制”。盖内与碗心所绘梅花、松树、佛手，源于乾隆皇帝甚为喜爱的三清茶，曾作诗赞曰：“梅花色不妖，佛手香且洁，松实味芳腴，三品殊清绝。”底、盖青花楷书“大清光绪年制”款。

大清光緒年製

大清光緒年製

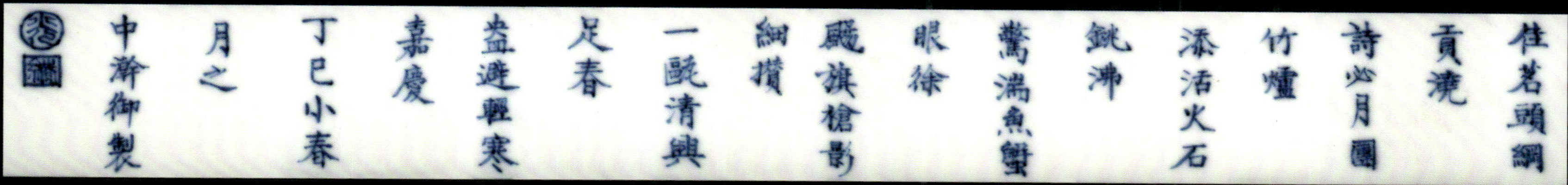
佳茗頭綱
貢澆
詩必月團
竹爐
添活火石
銚沸
驚湍魚蟹
眼徐
颺旗槍影
細攢
一甌清興
足春
盎避輕寒
嘉慶
丁巳小春
月之
中澣御製

124

## 龙柄莲瓣纹白玉壶

White Jade Pot with Lotus Petals and Dragon-Shaped Handle

清嘉庆（1796～1820年）

长20、宽12、高13厘米

颐和园藏

白玉质，局部有黄褐色沁，有盖，盖顶为宝珠形纽，壶盖和壶身腹部有莲瓣纹，龙形柄，圈足，鼓腹。瓷壶用料较大，雕工精湛。

125

## 青玉盖碗

Green Jade Covered Bowl

清乾隆（1736～1795年）

直径 16，高 10.6 厘米

颐和园藏

青玉质，玉质温润，光素无纹。圆形，撇口，弧壁，深腹，圈足。有伞形盖，碗盖略小于碗，盖上附环状抓纽。此盖碗造型规整，带有优美的弧度，器壁轻薄，做工精致。

126

## 白玉渣斗

White Jade Spittoon

清（1644～1911年）

直径9、高10.6厘米

颐和园藏

白玉质，玉料细腻，莹润有光。此件渣斗撇口，束颈，鼓腹，圈足。底款“道光御用”。通体光素无纹，胎体轻薄，透明感佳，线条流畅。渣斗，起源于晋代，用于盛装唾吐物，如食物渣滓，故常置于餐桌、卧室，有时也用于盛载茶渣。

《胤禛行乐图册·围炉观书页》
故宫博物院藏

## 127

### 粉彩鹭鸶卧莲碗

Enameled Porcelain Bowl with Heron and Lotuses

清光绪（1875～1908年）

口径10.6、底径4.3、高5.5厘米

颐和园藏

碗敞口，弧壁，圈足。胎体轻薄，胎质洁白细腻；釉面光亮。其上绘荷莲娉婷，鹭鸶或飞或卧于莲叶之间，纹样流畅生动，敷彩恬淡清新，取“一路连科”之美意。底红彩楷书“大清光绪年制”款。

## 128

### 粉彩鹭鸶卧莲盖碗

Enameled Porcelain Covered Bowl with Heron and Lotuses

清光绪（1875～1908年）

口径10.9、底径4.3、高9.3厘米

颐和园藏

碗圆盖，抓纽，口微敞，深弧腹，圈足。胎体轻薄，胎质洁白细腻；釉面光亮。其上绘荷莲娉婷，鹭鸶或飞或卧于莲叶之间，纹样流畅生动，敷彩恬淡清新，取“一路连科”之美意。底、盖红彩楷书“大清光绪年制”款。旧名“荷叶莲花盖碗”，是慈禧太后七旬万寿御用瓷器，专门为储秀宫茶房烧制。

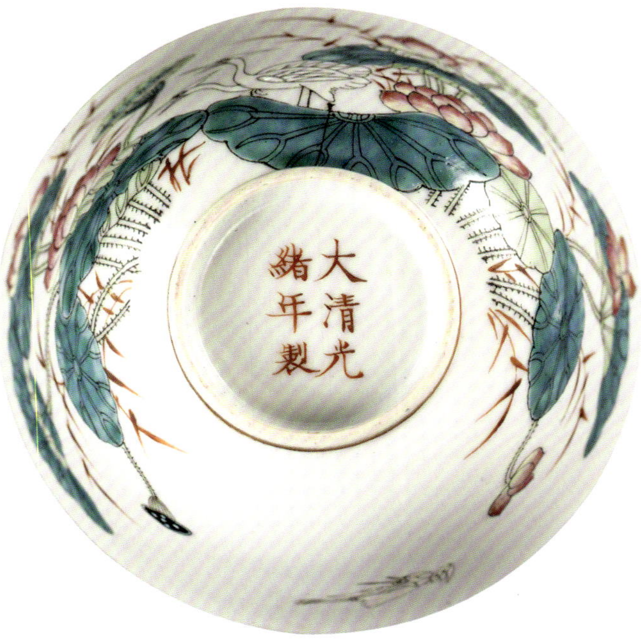

## 129

### 粉彩鹭鸶卧莲渣斗

Enameled Porcelain Spittoon with Heron and Lotuses

清光绪（1875～1908年）

口径9.5、底径5.5、高9厘米

颐和园藏

渣斗敞口，圆肩，鼓腹，圈足。胎体轻薄，胎质洁白细腻；釉面光亮。其上绘荷莲娉婷，鹭鸶或飞或卧于莲叶之间，纹样流畅生动，敷彩恬淡清新，取“一路连科”之美意。底红彩楷书“大清光绪年制”款。渣斗为实用器，主要摆放于餐桌，盛放食物残渣，亦有盛载茶渣者，列于茶具之中。

130

## 粉彩描金花蝶纹壶

Gilt Enameled Porcelain Pot with Flowers and Butterflies

清光绪（1875～1908年）

口径6.9、底径11.5、高10.8厘米

颐和园藏

壶直口，短颈，鼓腹，曲流，平底，盖内凹无纽。肩部前后立耳有孔洞，便于穿铜柄。茶壶釉质细润，釉色洁白，以粉彩工艺彩绘纹饰，主体纹饰为蝴蝶、花草，寓意耄耋长寿。底红彩楷书“大清光绪年制”款。旧名“金口五彩草蝶四号茶壶”，是慈禧太后七旬万寿御用瓷器，专门为储秀宫茶房烧制。

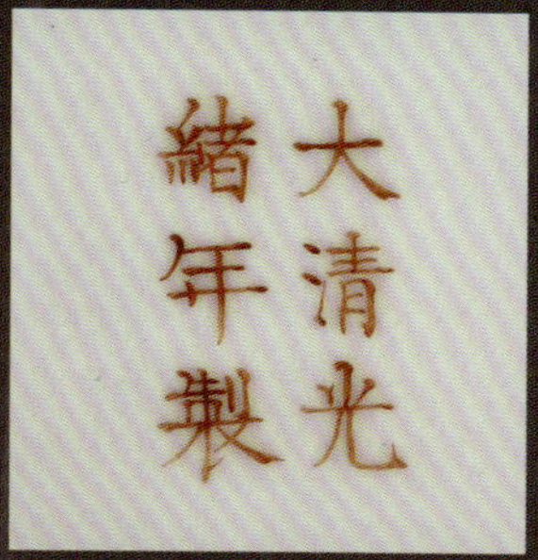

131

## 刻御制诗田野农庄碧玉插屏（一对）

Spinach Jade Table Screens with Poems Composed by the Qianlong Emperor

清乾隆（1736～1795年）

长35、宽16、高40厘米

颐和园藏

碧玉质。玉质匀净、颜色墨绿。插屏为长方形，形制规整，开料琢磨平匀。两件均有一面琢刻隶书乾隆御制诗，一件为：“山庄无别事，惟事祝年丰。纳稼村村急，高囷户户同。社常接鸡犬，邻不远西东。相处农桑话，于于太古风。”另一件为：“东郭还西墅，山家接水村。春朝庆老幼，丰岁足鸡豚。三代遗风在，一时深意存。治民无别术，饥饱俾寒温。”琢刻字体古拙秀美，屏内四边阴刻纤细缠枝装饰，二者另一面均阴刻雕琢出房屋村舍、人物等田野农庄图案与御制诗相应。两件插屏诗文字口和图案线条之内均填涂金粉，使诗文、图案更为清晰鲜明，跃然而出。

東郭還西墅山家
接水鄰春朝慶老
幼豐歲足雞豚三
代還風在一時淳
意存治民無別術
飢飽俾寒温
御製詩

132

## 御题紫檀框蒲纹青玉璧插屏

*Zitan* Mounted Table Screens with Green Jade Insets and Poems Composed by the Qianlong Emperor

玉：西汉（公元前206～公元8年）

屏：清乾隆（1736～1795年）

长26.8、宽13.2、高41.8厘米；

长29、宽15.2、高41.5厘米

颐和园藏

青玉质，有黄色沁斑，璧体平圆，外圈阴刻灵芝纹饰，内圈雕琢排列整齐的蒲纹装饰，内、外圈有两圈圆形阴刻线相隔，璧面抛光较好。两件插屏框均为紫檀制作，雕有海水龙纹等纹饰，一件正面中心位置雕刻坤卦符号，一件雕刻乾卦符号。

两件插屏背面均雕刻隶书御制诗，其中，坤卦的一件为："围好琢嘉谷，芝纹外绕之。制随非子执，器则实周遗。古气如可挹，土华常自披。寸阴珍是竞，兴嗣说言垂。乾隆丁亥夏日，御题。"乾卦的一件为《题汉玉谷璧》："玉坚土性脆，此理实易见。玉入土多年，土蚀玉如烂。谷璧实周制，谁则强名汉。刚斧泯玉文，望若土一片。惟土能生谷，妙趣供绎玩。乾隆丁亥季夏御题。"

玉堅土性脆
此理實易見玉
入土多年土蝕玉
如爛穀辟實周製誰
則强名漢剛斧泯玉文
望若土一片惟土能
生穀妙趣供繹玩
乾隆丁亥季夏
御題

圖好琢嘉
穀芝紋外繞之
製雖非子執器則
賓周遺古氣如可挹
土琴常自拔寸陰珍
是贊興嗣讕言垂
乾隆丁亥夏日
御題

## 133

## 《钦定古今图书集成》

*Imperial Encyclopedia*

清光绪（1875～1908年）

单本：长28.5、宽18、厚1.5厘米

颐和园藏

上海同文书局石印本，全书5044册，一万卷，另目录四十卷，考证二十四卷，是成书于清雍正时期的一部大型类书，具体分为历象、方舆、明伦、博物、理学、经济等六个汇编，每汇编之下再设典，共三十二典。每个典下又分部，每个部中又分事。分类精细，体例完善，内容包罗万象，图文并茂。此版校证详细，印刷精美，具有较高文献价值和历史价值。

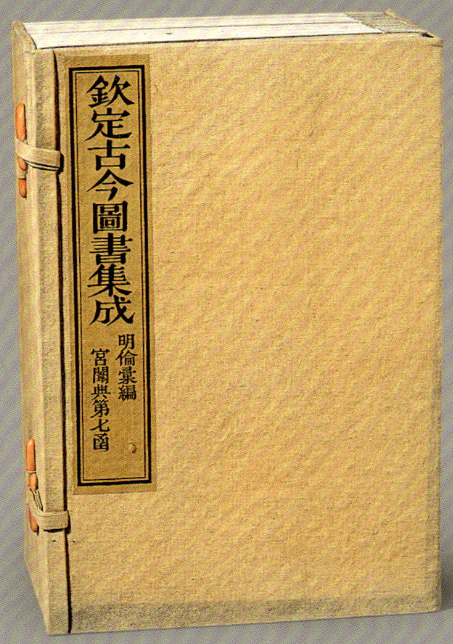


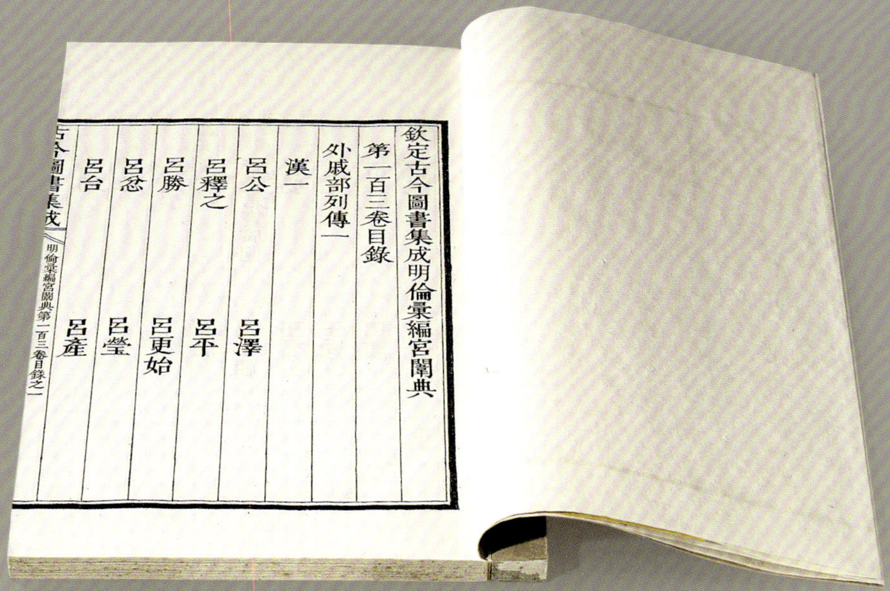

## 134

# 《古香斋新刻袖珍渊鉴类函》

*The Comprehensive Mirror of Encyclopedias*, Guxiang Studio Newly Engraved Pocket Edition

清乾隆（1736～1795年）

单本：长15、宽10、厚1厘米（厚度不一）

颐和园藏

古香斋袖珍本，四百五十卷。由大臣张英、王士祯等奉康熙帝之命编撰，是清代官修的一部大型类书。以《唐类函》为底本广采诸书增撰而成，分天部、岁时部、地部、帝王部、后妃部等四十五个部类。

135

《佩文斋咏物诗选》

*The Peiwen Studio's Collection of Poems on Things*

清康熙（1662 ~ 1722 年）

单本：长 23、宽 14.5、厚 0.8 厘米

颐和园藏

此为清代康熙年间编纂的一部历代咏物诗选集，共四百八十六卷。由大臣张玉书、陈廷敬等十五人奉康熙帝之命编纂而成。共收古今各体诗 14590 首。以吟咏物象作为划分，汇聚各代咏物之作。

## 136

# 云龙纹白玉洗

White Jade Washer with Dragon among Clouds

清乾隆（1736～1795年）

直径13.5、高7厘米

颐和园藏

白玉质，莹润细腻如凝脂。椭圆形唇口，深腹，内空可贮水。腹外环绕采用圆雕技法雕刻的云龙纹饰，底部浮雕卷云纹。构思巧妙，整体布局和谐，造型规整，线条流畅，雕工细腻精巧，不仅有实用功能，也是件小巧的艺术品。

## 137

# 『乾隆年制』款青玉洞石摆件

Green Jade Ornament in the Form of Taihu Rocks with Qianlong Reign Mark

清乾隆（1736～1795年）

长22、宽5.5、高9厘米

颐和园藏

青玉质，带皮，有絮，底刻“乾隆年制”四字篆书款。此玉雕洞石以圆雕和透雕手法琢成，体现了太湖石“瘦、皱、漏、透”的审美特征。我国自五代起即有人赏石，至唐代特别兴盛。白居易《太湖石记》中载“三山五岳、百洞千壑，覼缕簇缩，尽在其中。百仞一拳，千里一瞬，坐而得之”。道出文人醉心太湖石的根本原因。“石丑而文”“与石为伍”则成为流芳百世的文人情怀。此摆件既可用于文房，亦可置于案头赏玩。

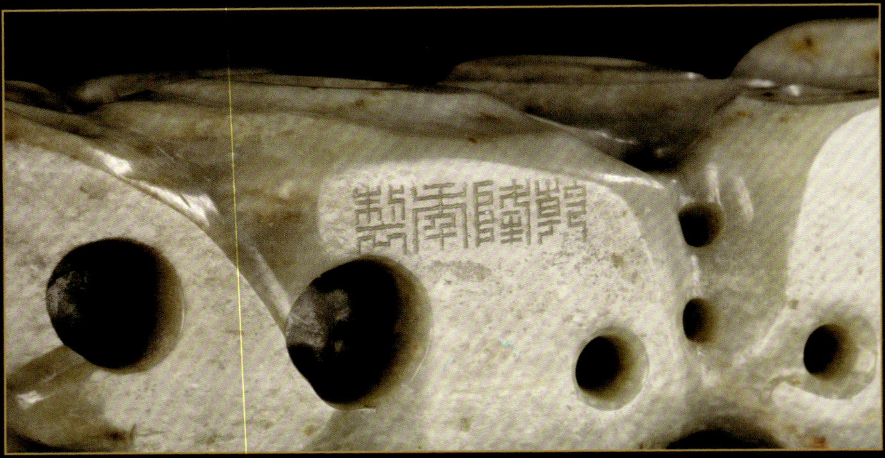

## 138

### 雕双龙碧玉砚

Spinach Jade Inkstone with Two Dragons

清光绪（1875～1908年）

长29.8、宽17.3、高2.9厘米

颐和园藏

碧玉质。砚面整体呈长方形，墨池与砚堂相连。墨池内为圆形，其中凸出用以磨墨，两侧减地雕龙纹，造型生动。砚堂呈正方形，正中有梯形砚池。此砚形制规整严谨，比例恰当。由于玉质不易发墨，因此玉砚于古代多以赏玩为主。

139

## 镶碧玉白玉杆毛笔

Brush with Spinach Jade Ferrule and White Jade Handle

清（1644～1911年）

直径4.4、长27.5厘米

颐和园藏

白玉、碧玉质。此笔由白玉笔管、碧玉笔斗及狼毫三部分组成。这种样式的毛笔又称“提笔”。笔头以狼毫做成笋尖造型；笔斗光素无纹，纳毫丰满；笔筒平直沉稳，浅浮雕游龙，并以莲瓣收尾，尾端有一穿孔用于悬挂。这种造型特点使提笔适用于各种书体创作，在清代广为流行。

140

## 雕荷花白玉水丞

White Jade Water Dropper with Lotus Flower

清乾隆（1736～1795年）

长11.5、宽8、高7厘米

颐和园藏

白玉质，细腻柔净。此水丞莲蓬与荷花连枝而雕，莲子清晰可见。花朵半开，荷叶卷曲，线条流畅，栩栩如生，可见刀法灵动，精工细琢。水丞为文房重要器具之一，多置于书案，用来贮存砚水。荷莲素有高洁的美誉，以此为造型，清心明志，颇得风雅之趣。

## 141

### 雕九老图碧玉笔筒

Spinach Jade Brush Pot with the Nine Elders

清乾隆（1736～1795年）

长15、宽15、高15厘米

颐和园藏

碧玉质，玉质匀净，颜色墨绿。笔筒为海棠式方形，采用圆雕、浮雕、镂雕等技法在筒身四面琢刻出山水人物等景观，图案层次分明，呈现画境般的立体效果。

142

## 圆明园文源阁地盘立样

Elevation Drawing of the Wenyuan Pavilion in the Yuanmingyuan

清（1644～1911年）

纵101.5、横69.8厘米

国家图书馆藏

此图为样式房绘圆明园文源阁的彩色立样图。图中以设色手法绘制出整个文源阁建筑群的正面立体形态以及院落内部大缸样式，刻画出各处细节。文源阁是乾隆皇帝所建，著名的“四库七阁”之一，《四库全书》其中一部就藏于此地。

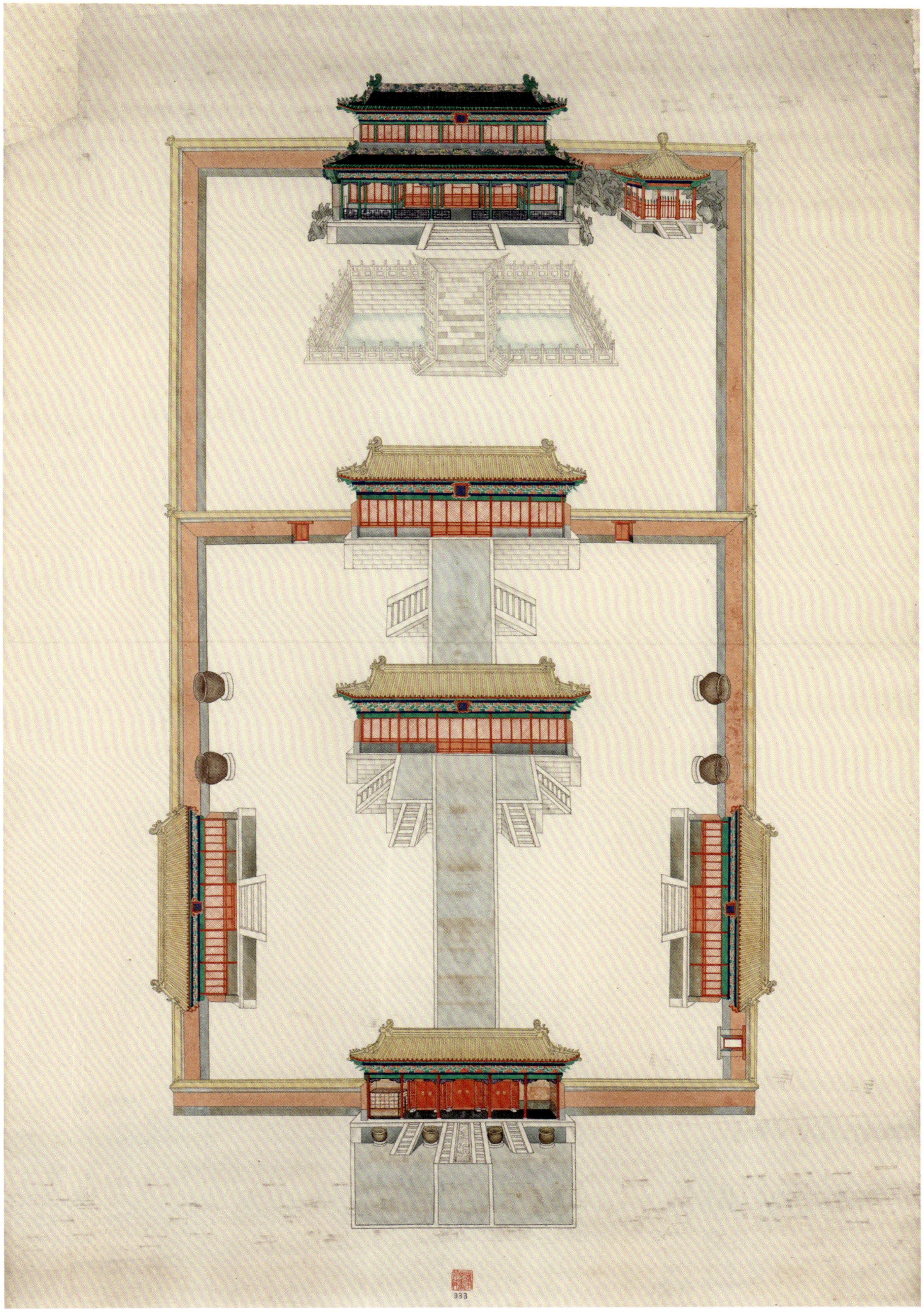

143

## 丙父己方鼎

Square Cauldron with Inscription

商（公元前16世纪～前11世纪）

长19、宽15、高24厘米

颐和园藏

此器青铜质地，鼎身呈长方形，折沿，深腹，双立耳，四柱足。四角出棱脊，口沿下饰云雷纹，云雷纹上饰夔纹。器身四壁饰有乳丁纹，内壁铸“丙父己”铭文。足饰立体浮雕兽面纹。

144

## 雕松鼠葡萄红玛瑙水丞

Red Agate Water Dropper with Squirrel

清光绪（1875～1908年）

长9.5、宽6.8、高12厘米

颐和园藏

红玛瑙质，采用圆雕技法，雕刻一只活泼可爱的松鼠立于山石之上，手捧一串葡萄，山石上缠绕有葡萄藤蔓。松鼠葡萄纹饰有“多子多福”“子孙万代”的吉祥祈愿。

145

## 雕蝈蝈白菜红珊瑚花插

Red Coral Cabbage with Grasshopper

清光绪（1875～1908年）

长13.5、宽5、高18厘米

颐和园藏

红珊瑚雕琢，色泽柔美。白菜利用珊瑚天然的枝状雕刻而成，菜叶呈左右翻卷状，菜身的纹理是阴线勾勒的手法制成。两只蝈蝈伏于菜叶之上，形态各异、栩栩如生。

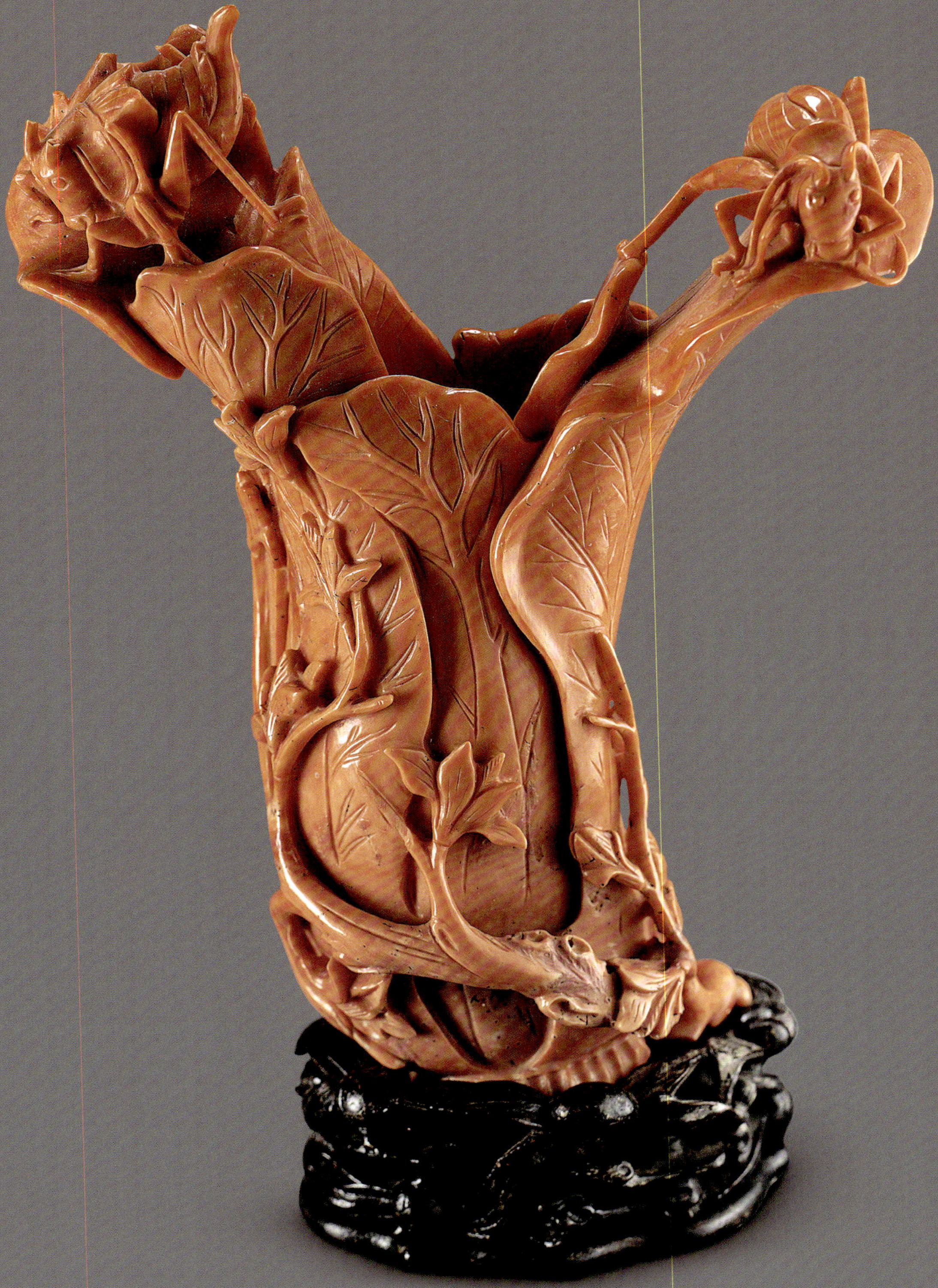

146

## 刻御题翠云岩青金石山景

Lapis Lazuli Mountain with Poem Composed by the Qianlong Emperor

清乾隆（1736～1795年）

长14.2、宽5.3、高16厘米

颐和园藏

青金石质，色泽鲜艳，颜色湛蓝。此件山子根据石料纹理走向雕琢成山形，山景造型逼真，山景之上浮雕山石、松柏。正面刻有乾隆御题诗《御题翠云岩》，诗文曰：“叶姿枝态锁层峰，织翠流青色正浓。习习天风拂岩落，人间烦暑觅何从。”

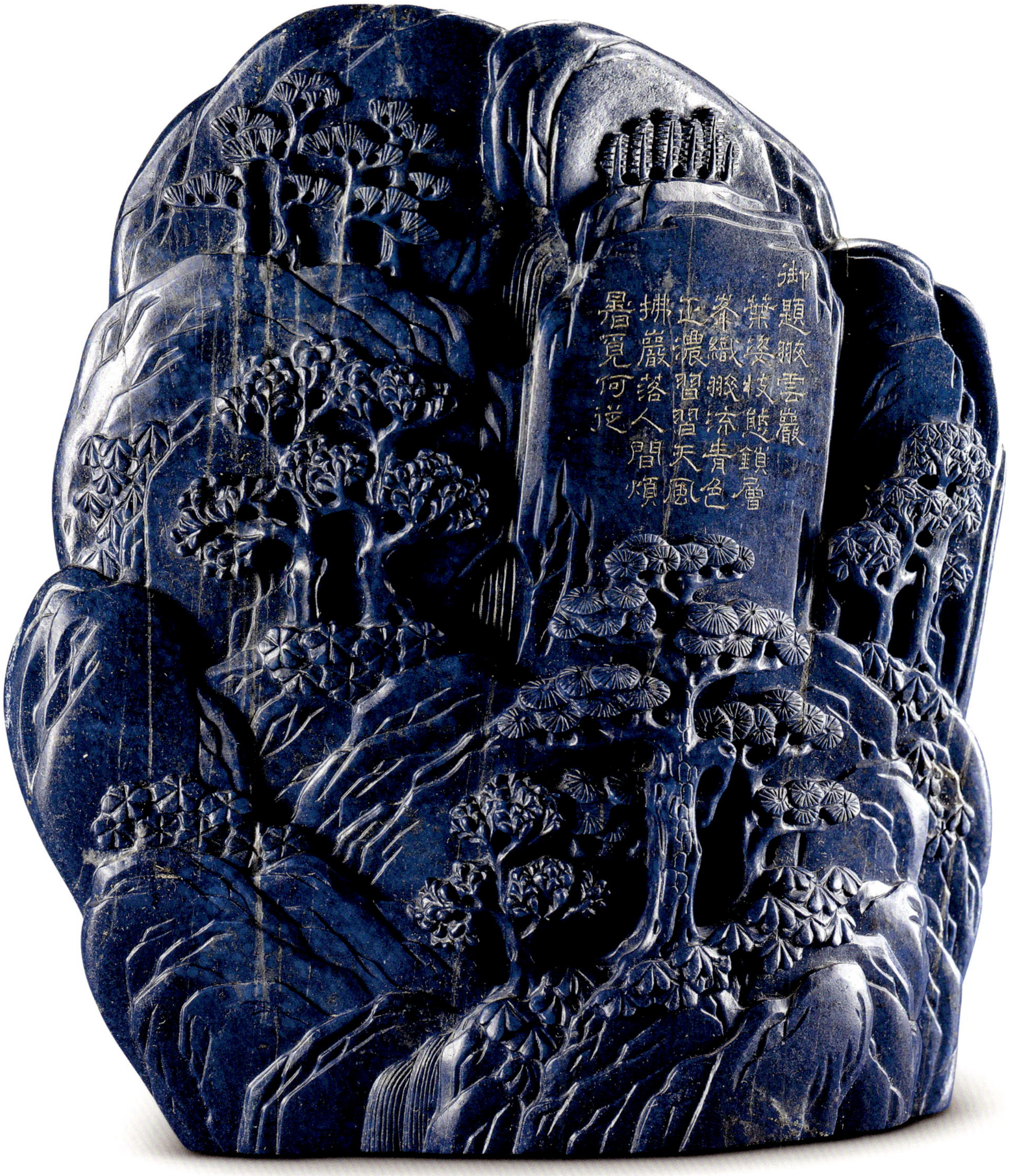

御
題狻雲巖
葉婆枝態鎖層
峯織狻流青色
正濃習習天風
拂巖落人間煩
暑覓何從

147

# 雕鹿鶴同春人物松石山景

Turquoise Mountain with Pine, Deer, Crane, and Figure

清（1644～1911年）

长18.5、宽11、高17厘米

颐和园藏

绿松石质，随形雕刻山形，采用高浮雕技法雕刻松树、人物、仙鹿、亭榭，仙人手执拐杖，立于山石之上，后跟随童子手持灵芝。整幅画面雕刻极富层次感。

148

## 甜白釉暗花梅瓶

Sweet-White-Glazed *Meiping* Vase with Hidden Decoration

明永乐（1403～1424年）

口径4、底径9.8、高24厘米

颐和园藏

梅瓶小口，圆肩，收腹，圈足微撇，造型丰润俊美。胎体较薄，胎质洁白坚细；通体施白釉，釉质肥厚、莹润。瓶身暗刻缠枝莲，刀笔流畅，线条生动自然，工艺极为精湛。足底露胎，无釉。明永乐帝对白瓷"洁素莹然"的偏爱，导致御窑厂对胎釉配方不断改进，最终烧制出温润如脂的甜白釉。此类瓷瓶在宋代称为"经瓶"，带盖，酒肆贮酒用；至明代多无盖，用于插花和文房清供，深受文人喜爱并称之为"梅瓶"。

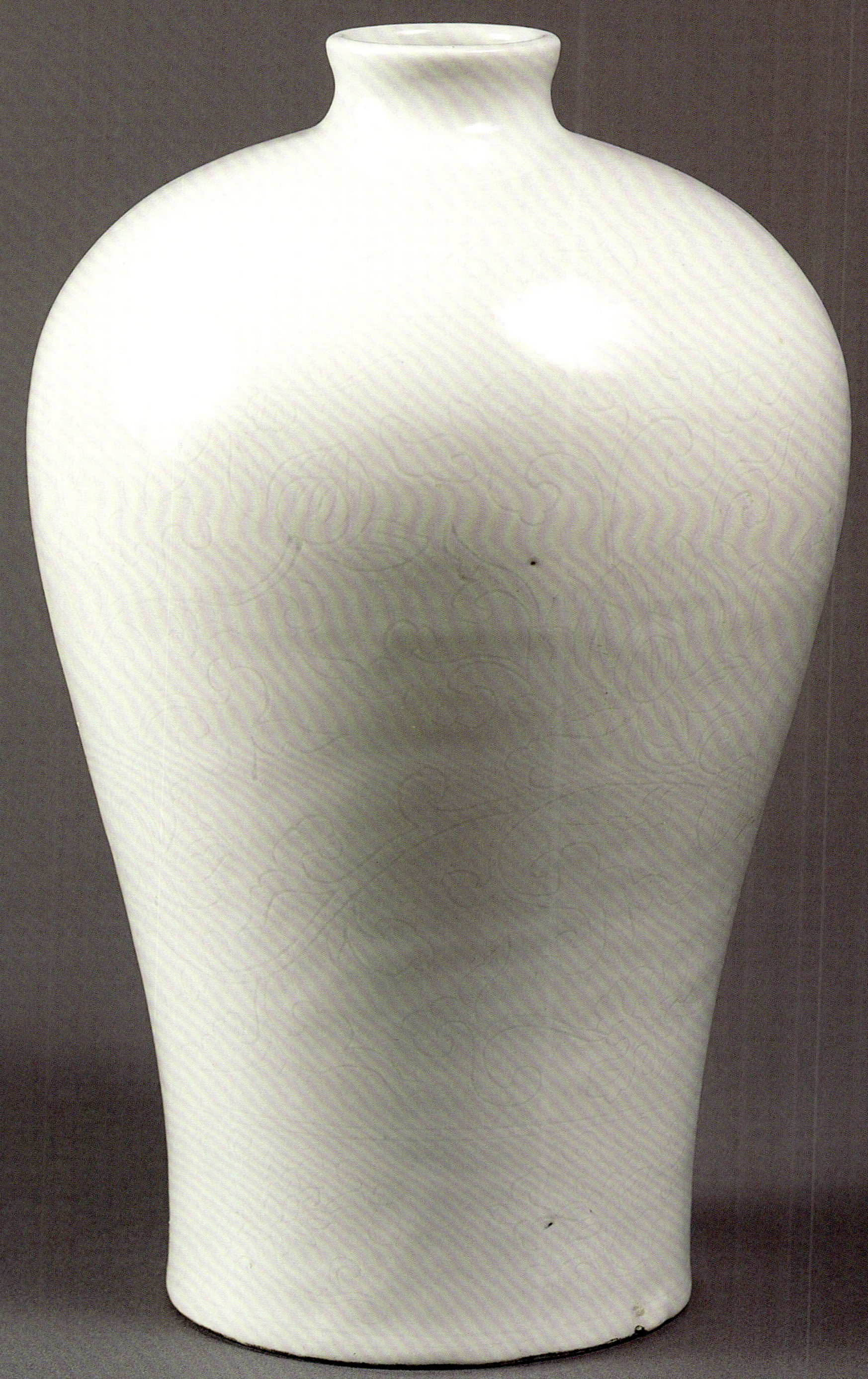

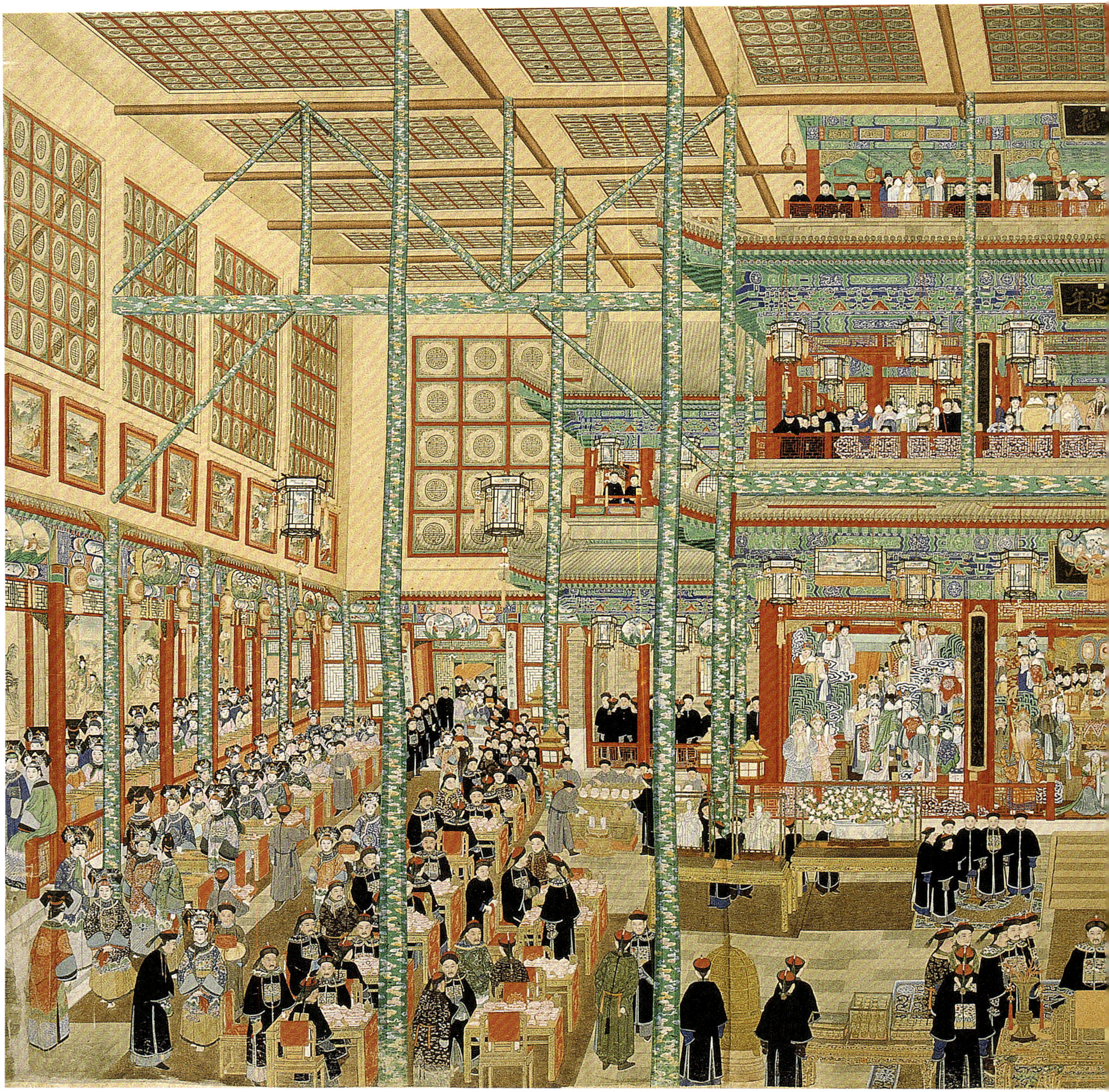

庆寿图（庆寿观戏）
中央美术学院提供

149

# 黄色飞虎云纹妆花缎旗

Yellow Brocaded Stain Flag with Flying Tiger among Clouds

清（1644～1911年）

长129、宽69厘米

颐和园藏

飞虎旗为京剧旗帐类道具的一种。此旗选料上乘、织工精致，以黄色作底色，中部织展翅翼虎一只，飞虎伸展四肢、瞪大双眼，造型生动威武。其身生出红色火焰，周边各色祥云穿行其间。四边缝缀浅蓝色寸蟒纹织金妆花缎镶边，使得整体颜色对比鲜明，突出主体。

## 150

### 『泥人张』塑风尘三侠像

Clay Figurines of the Three Heroes of Wind and Dust by Zhang Mingshan

清（1644～1911年）

通长 53.2、通宽 23.5、通高 43.8 厘米

颐和园藏

此泥塑由第一代“泥人张”张明山所作，据史料记载，为光绪三十一年（1905年）内务府员外郎庆宽所进，作为帝后寿礼，计为巧捏泥人八匣。分别为“木兰从军”“宝蟾送酒”“风尘三侠”“张敞画眉”“福禄寿三星”“春秋配”“孙夫人试剑”“断桥”。

展厅实景照

三山五园内观稼建筑统计
圆明园
杏花春馆
澹泊宁静（田字殿）
映水兰香（丰乐轩、知耕织、多稼轩、观稼轩、稻香亭）
多稼如云
北远山村
水木明瑟
鱼跃鸢飞
紫碧山房
武陵春色
清漪园/颐和园
畅观堂
乐农轩
耕织图
清可轩
静明园
溪田课耕
「盖农者所以食也，桑者所以衣也。农事伤则饥之原，女红废则寒之原。……故曰，农桑，王政之本也。」
清·玄烨·《圣祖仁皇帝御制文集》初集·卷十八·农桑论

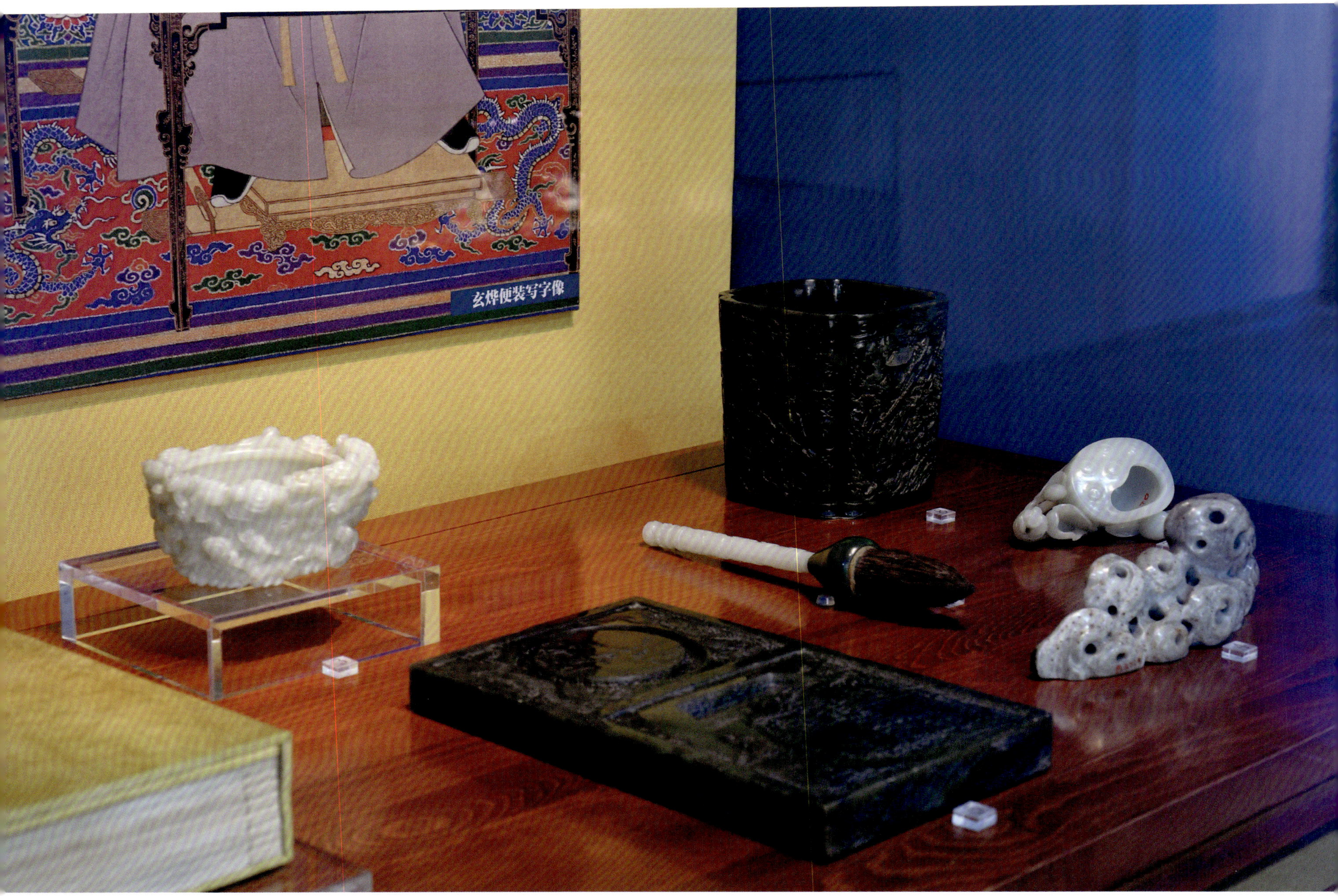

展厅实景照

（乾隆）五十八年，英国王雅治遣使臣马戛尔尼等来朝贡，
表请派人驻京，及通市浙江宁波、珠山、天津、广东等地，并
求减关税，不许。」
赵尔巽·《清史稿》卷一五四·志·一百二十九·邦交二
康熙五十九年（1720），在畅春园九经三事殿，康熙帝接见葡萄牙使臣斐拉理、罗马教王使臣嘉乐等；乾隆五十八年（1793），英国马戛尔尼（George Macartney）使团访华，成为中西方跨文化传播历史上的重要事件。

# 第五单元

SECTION FIVE

# 古园新生

REBIRTH OF ANCIENT GARDENS

清末民国时期，国家动荡，国力衰微，山水减色，园林破败；新中国成立前夕，从颐和园益寿堂到香山双清别墅，这片山水园林见证了新中国建立的伟大进程；新中国成立后，古典园林在国家及政府的规划、保护下，迸发出新的生机，迎来了建设发展的高峰，在首都“四个中心”建设中发挥着重要作用。

During the late Qing Dynasty and the Republic of China, suffering from national turmoil, the national strength declined, landscapes faded and gardens were dilapidated; On the eve of the founding of New China, from Yishoutang in the Summer Palace to Shuangqing Villa in Xiangshan, this landscape witnessed the great progress of the founding of New China. After the founding of the People's Republic of China, under the planning and protection of the state and the government, classical gardens have gained new vitality, ushered in the peak of construction and development, and played an essential role in the construction of the "*Four Centers*" of the capital.

# 1

# 红色印记

1949年3月25日，毛泽东等中央领导同志率领中共中央机关和中国人民解放军总部抵达北平。颐和园益寿堂作为中国共产党人"进京赶考"的第一个落脚点，毛泽东在此会见并宴请各民主党派负责人、无党派民主人士代表。随后，中共中央进驻香山，香山成为中国共产党领导解放战争走向全国胜利、领导新民主主义革命取得伟大胜利的总指挥部。毛泽东在这里发表了《论人民民主专政》，为新中国的建立奠定理论和政策基础；中共中央制定了《中国人民政治协商会议共同纲领》，确定了新中国的国体和政体，描绘了建立建设新中国的宏伟蓝图。

## 颐和园红色景点分布

在颐和园石舫附近餐厅，担负北平警备任务的人民解放军第四十一军举办招待会，叶剑英出席。

石舫

1949年
1月29日

联合办事机构在景福阁先后召开两次会议，会议决定联合办事机构名称定为"北平联合接管办事处"。

景福阁

1949年
春节前夕

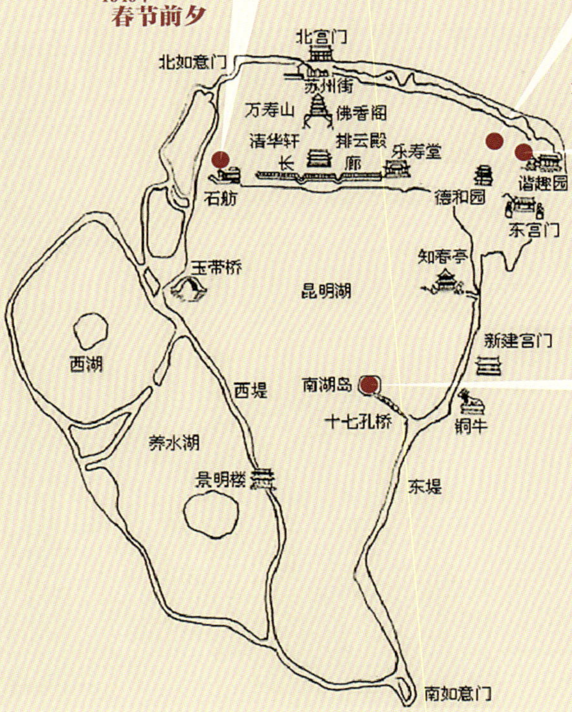
北宫门
北如意门
苏州街
万寿山
佛香阁
清华轩
排云殿
乐寿堂
长
廊
谐趣园
石舫
德和园
东宫门
玉带桥
知春亭
昆明湖
西湖
新建宫门
西堤
南湖岛
十七孔桥
铜牛
养水湖
景明楼
东堤
南如意门

1949年
3月25日

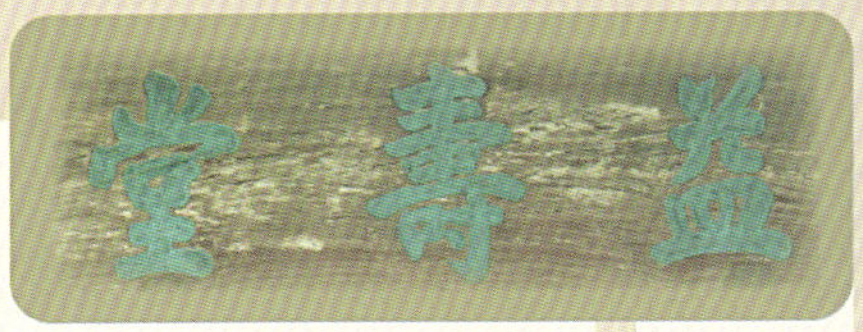
益寿堂

毛泽东在颐和园接见颐和园负责人柳林溪，谈话中提出：我们今后还要建许多新公园，让劳动人民都有公园逛。之后，毛泽东等中央领导人于西苑阅兵结束后回到颐和园，并于当晚在益寿堂宴请民主人士。

益寿堂

1949年
1月20日

北平市军事管制委员会接收颐和园，北平市市长、市军事管制委员会主任叶剑英在园内南湖岛上设指挥部。

涵虚堂

## 中共中央进驻香山

双清别墅

来青轩

双清别墅东侧平房

思亲舍

多云亭

小白楼

丽瞩楼

镇芳楼及镇南房

1949年3月25日，毛泽东率领中共中央机关和中国人民解放军总部进驻香山。

## 151

### 方形铜炉

Square Copper Furnace

清（1644～1911年）

长47.3、宽46.1、高58厘米

颐和园藏

方形四足铜炉，内部中空，用来盛放火炭。1949年3月25日，毛泽东、朱德、刘少奇、周恩来等领导人在益寿堂休息，曾用此炉烧水做饭。

## 152

### 绿釉狮耳绣墩

Green-Glazed Seat with Lion Mask Handles

民国（1912～1949年）

直径43、通高52厘米

香山公园藏

原香山公园双清别墅红亭内使用、展示。

153

## 劳动大学通行章

*Pass Badge of People's Liberation Army Headquarters at the Fragrant Hills*

现代

直径 2 厘米

香山公园藏

1949 年中共中央、人民解放军总部在香山时期，对外宣称"劳动大学"，此"章"为出入证件，正面有"七一"二字，背面有 725 编号，徐爱民捐赠。

七一

725

154

## 《论人民民主专政》

*On the People's Democratic Dictatorship*

现代

长 18、宽 13 厘米

中国园林博物馆藏

《论人民民主专政》是新中国成立前夕毛泽东在香山双清别墅撰写发表的一篇重要文献。

毛泽东
論人民民主專政

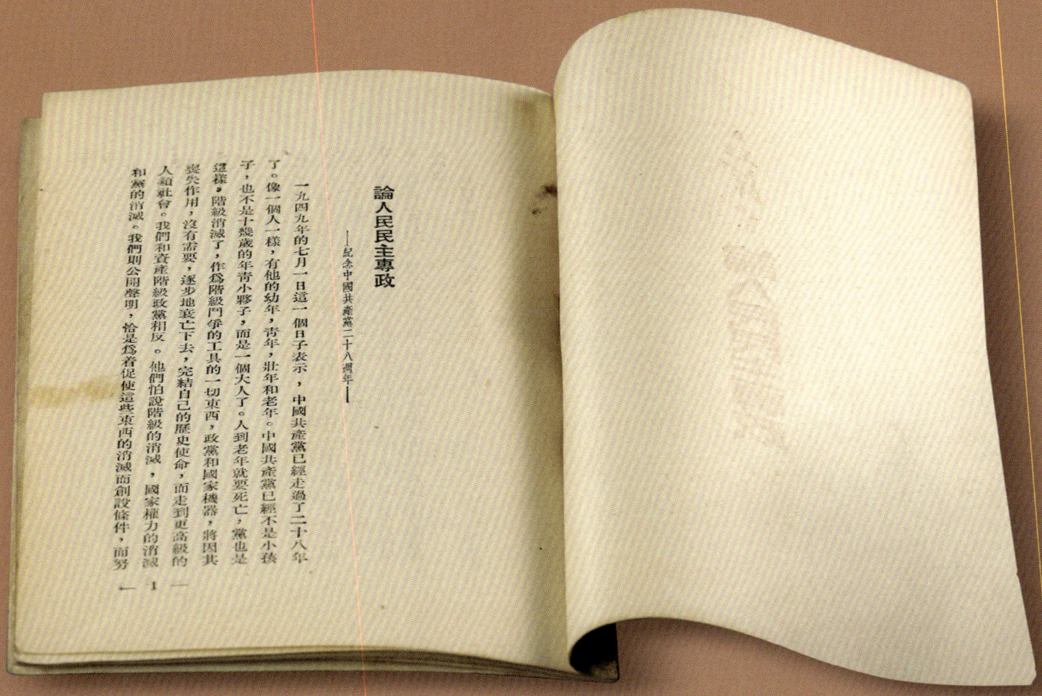
論人民民主專政
——紀念中國共產黨二十八週年——
一九四九年的七月一日這一個日子表示，中國共產黨已經走過了二十八年了。像一個人一樣，有他的幼年，青年，壯年和老年。中國共產黨已經不是小孩子，也不是十幾歲的年青小夥子，而是一個大人了。人到老年就要死亡，黨也是這樣。階級消滅了，作爲階級鬥爭的工具的一切東西，政黨和國家機器，將因其喪失作用，沒有需要，逐步地衰亡下去，完結自己的歷史使命，而走到更高級的人類社會。我們和資產階級政黨相反。他們怕說階級的消滅，國家權力的消滅和黨的消滅。我們則公開聲明，恰是爲着促使這些東西的消滅而創設條件，而努
— 1 —

155

颐和园世界文化遗产证书
World Cultural and Natural Heritage Site Certification
现代
颐和园藏

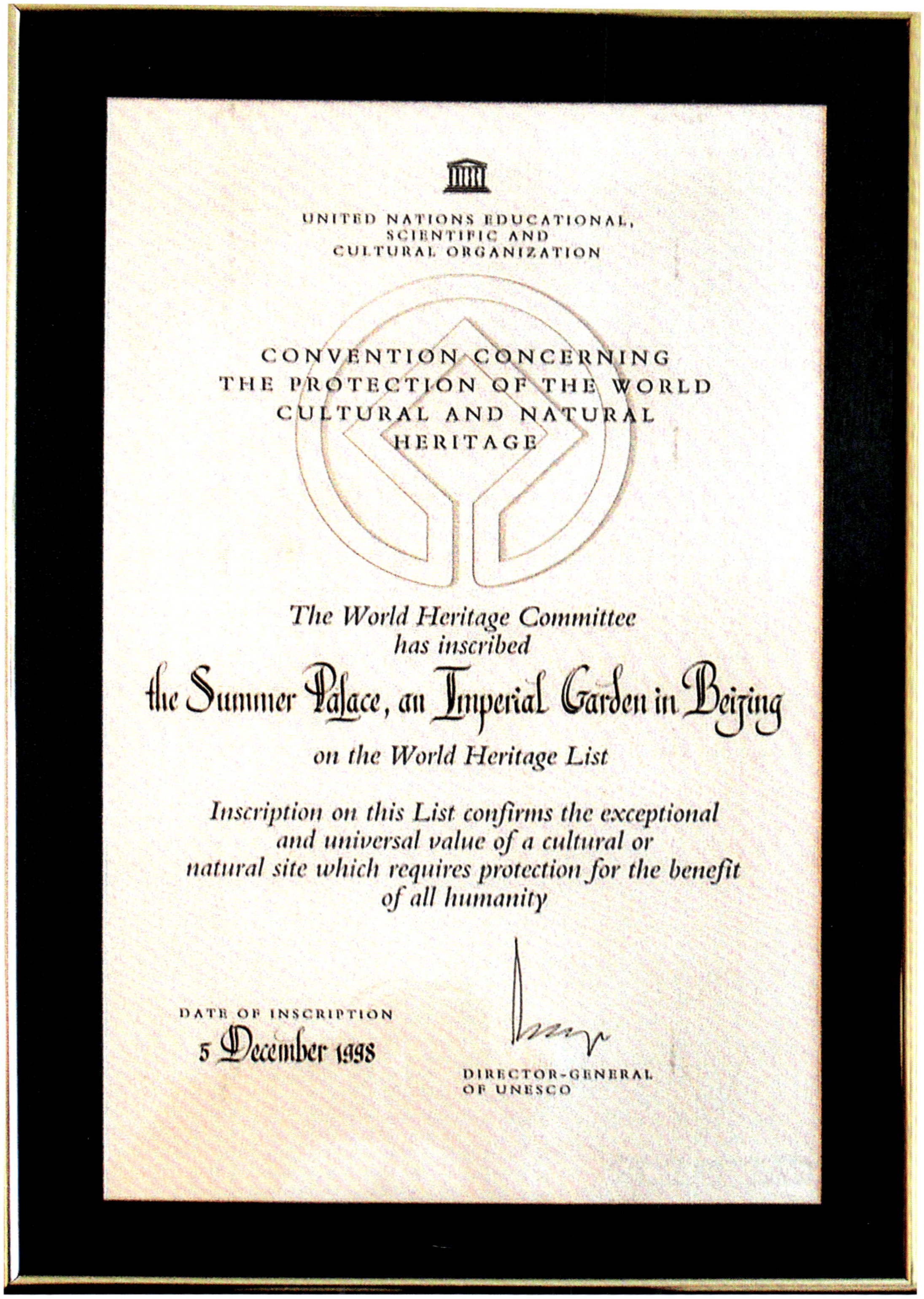

2

# 保护利用

新中国成立后，三山五园的保护利用揭开了新的历史篇章。通过古建修缮与维护、流失文物回归、文物修复、考古发掘、世界文化遗产地申报及原真性、完整性保护等一系列保护工作，不断梳理挖掘文化资源，提升为民服务能力，贯彻新发展理念，三山五园地区在北京全国文化中心建设中的作用日益彰显。

## 大事记

| | |
| --- | --- |
| 1956 | 成立香山公园，包括静宜园原址范围及碧云寺。 |
| 1957 | 颐和园、静明园（玉泉山）、碧云寺被北京市政府列为首批重点文物保护单位。 |
| 1961 | 国务院公布颐和园为第一批全国重点文物保护单位，园林管理增加了文物保护的重要内容。 |
| 1979 | 香山革命纪念地-双清别墅被列为北京市文物保护单位。 |
| 1984 | 香山公园被列为北京市文物保护单位。 |
| 1988 | 国务院公布圆明园遗址为全国重点文物保护单位。 |
| 1998 | 颐和园以“世界几大文明的有力象征”，被列为世界文化遗产。近年，颐和园多次被评为全国文明风景旅游区最佳示范点和国家AAAAA级旅游景区，成为促进世界文化交流、传承中国传统文化、进行爱国主义教育的重要场所。 |
| 2001 | 香山碧云寺被列为国家级文物保护单位。 |
| 2003 | 北京市文物研究所对圆明园九州清晏景区为中心的西部31处桥涵遗址进行了考古勘察与清理。 |
| 2006 | 静明园（玉泉山）被国务院批准列入第六批全国重点文物保护单位名单。 |
| 2013 | 北京市文物研究所对圆明园大宫门区域进行了考古发掘。 |
| 2019 | 含双清别墅在内的中共中央北京香山革命纪念地旧址正式对公众开放。 |
| 2020 | 北京海淀三山五园被国家文物局列入第一批国家文物保护利用示范区创建名单。 |
| 2021 | 经国务院批准设立国家植物园。 |
| 2022 | 国家植物园在北京正式揭牌。 |

## 古建修缮

国家植物园（北园）湖区（2001-2002）

颐和园 耕织图（2001-2004）

香山 勤政殿（2002-2003）

圆明园 正觉寺（2003-2011）

颐和园 须弥灵境（2019-2021）

颐和园 佛香阁（2005-2006）

颐和园 石舫（2013）

颐和园 东宫门（2021-2022）

香山 香山寺之薝蔔香林（2014-2016）

颐和园 画中游（2018-2020）

## 园林绿化

香山 红叶林区养护

颐和园 西堤绿化改造

香山 古树养护

颐和园 西门绿地改造

颐和园 护坡修整

颐和园 南湖岛景观提升

国家植物园 梅花文化馆建设

香山 北门牡丹园改造

## 156

# 香山寺三佛殿琉璃行龙脊件

Glazed Dragon-Shaped Roof Ridge Ornament of the Three Buddha Hall in the Temple of the Fragrant Hills

清（1644～1911年）

通高43、通宽18、通长68厘米

香山公园藏

香山寺圆灵应现殿正脊琉璃龙身构件，香山寺于咸丰十年（1860年）被英、法联军焚毁。

## 157

# 琉璃脊兽（一组）

Glazed Roof Ridge Ornaments

清（1644～1911年）

龙形：长28.1、宽16.2、高39.5厘米

凤形：长28.1、宽16.2、高36.6厘米

狮形：长28.1、宽16.2、高39.2厘米

天马形：长28.1、宽16.2、高40.5厘米

颐和园藏

凤形脊兽

龙形脊兽

此组脊兽为颐和园古建大修时替换下的建筑构件原件，其形象分别为龙、凤、狮、天马。清代皇家建筑的屋脊兽规制，由骑凤仙人与龙、凤、狮、天马、海马、狻猊、押鱼、獬豸、斗牛、行什共同组成，并随着建筑等级的不同调整脊兽数量。脊兽的形象集合了中国古代神话中常见的祈福瑞兽，蕴含着祈求平安、驱除邪祟的传统文化内涵。

狮形脊兽

天马形脊兽

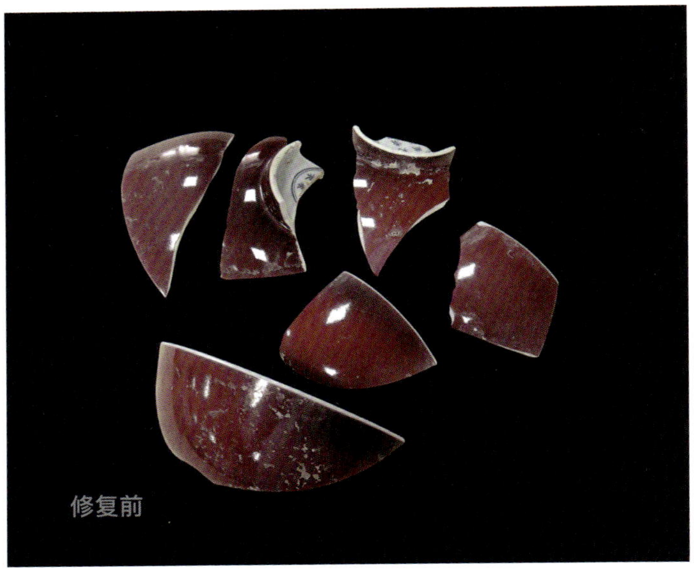
修复前

158

## 『大清康熙年制』款红釉碗

Red-Glazed Bowl with Kangxi Reign Mark

清康熙（1662～1722年）

口径22.5、底径9、高10厘米

圆明园藏

此碗出土于圆明园遗址，广口，圈足，弧壁，碗内施以白釉，碗壁施以红釉，底款上书“大清康熙年制”。修复前，该碗共有6块瓷片，并且有多处缺损。经清洗、拼对、粘接、补配、抛磨、作色、上釉等步骤依次完成后，康熙红釉碗已成为器形完整、造型别致的一件精品官窑瓷器。

159

## 铜镀金塔式座钟

Gilt Bronze Pagoda-Shaped Clock

19 世纪末～ 20 世纪初

底座边长 54，高 126 厘米

颐和园藏

此座钟呈塔式，可以升降；通体镀金，塔檐上嵌彩色料石，每层皆装饰栏板，设有龛门；方形底座四面装有表盘，其中一面标有罗马数字 1 ～ 4，用来调节音乐；其余三面外圈采用阿拉伯数字，内圈采用罗马数字进行标识，此三个表盘依靠同一套机芯进行运作；底座四角分别装饰卧羊四对及人像一尊，人像随音乐转动。此件钟表内部结构极其复杂，采用多套传动系统，从底座至塔身皆有涉及；打点功能由独立机芯承担。2022 年，颐和园与故宫博物院联合对该钟表进行了修复。

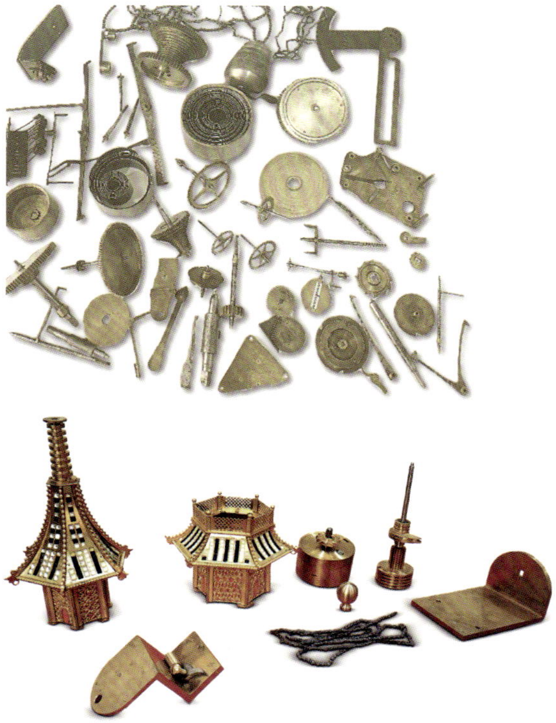

修复前

## 160

## 『福寿三多』红珊瑚如意

Red Coral *Ruyi* Scepter with Auspicious Emblems

清光绪（1875～1908年）

长50、宽15、高15.8厘米

颐和园藏

红珊瑚质，体量较大，头部由珊瑚枝拼接而成，饰双桃、蝙蝠，寓意“福寿”，如意柄雕刻桃、佛手、石榴，整体都体现“福寿”寓意。珊瑚生长缓慢，在清代被认为是“长寿”的象征，常常被作为寿礼或陈设。

修复前

## 161

# 霁蓝釉描金开光粉彩御制诗文兽耳扁瓶

Enameled Porcelain Flask with Animal-Shaped Lugs and Poem Composed by the Qianlong Emperor

清嘉庆（1796～1820年）

口径 6.3、底径 10.3×7.1、高 30.9 厘米

颐和园藏

扁瓶盘口，细颈，双夔耳，溜肩，圆腹，圈足外撇，造型周正挺拔。胎体较薄，胎质洁白细腻；釉面光亮莹润。此瓶以霁蓝釉衬地，其上金彩满绘缠枝莲、蝠、磬、寿等吉祥图案；双耳施珊瑚红釉，金彩描夔龙，作攀附状。瓶身正中圆形开光内一侧饰粉彩花卉；另一侧为墨书乾隆御制诗文：“锦绣堂中开画屏，牡丹红间老松青。日烘始识三春丽，岁暮犹看百尺亭。夭娇拏空欣得地，辉煌散彩正当庭。一般都是生生意，坐对从知笔有灵。”后附白文篆书“乾”、朱文篆书“隆”款。瓶底罩松石绿釉并朱彩篆书“大清嘉庆年制”款。此瓶为嘉庆官窑瓷器，融诗、书、画三者于一身，典雅堂皇中流露书卷气息。

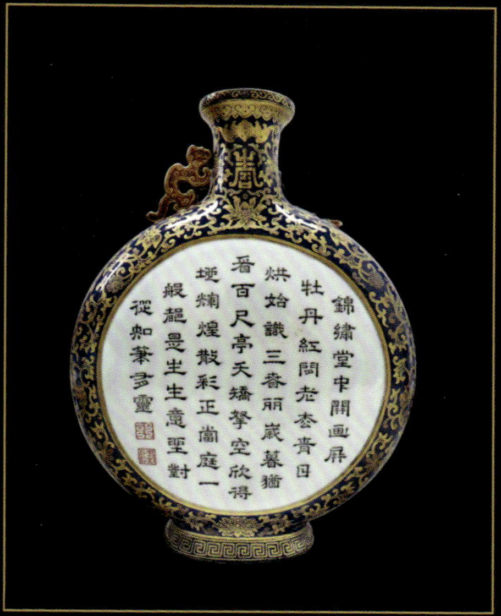

修复前

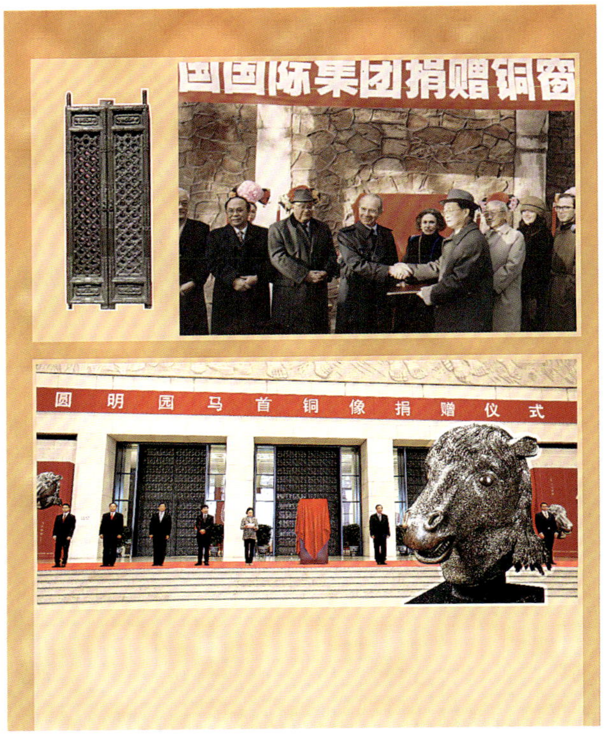


铜窗、马首回归仪式现场照片

162

# 『北平万寿山全景』银版画

Silver Print of "Panorama of the Wanshou Mountain in Beiping"

民国（1912～1949年）

纵16.5、横53、厚1.3厘米

颐和园藏

此版画为银制，画上提名“北平万寿山全景”，视角为由昆明湖西部向东，万寿山、画中游、智慧海、清晏舫等景色皆在其中。此版画于2012年由冯曜辉先生捐赠。

163

# 铜仙鹤

Bronze Crane

清（1644～1911年）

长50、宽26、高110厘米

颐和园藏

仙鹤双目圆睁，昂首挺胸，背部羽毛线条流畅，层次分明，双腿一条直立，一条弯曲，整体立于山石之上。底座经修复后为方形。此鹤为外国归还文物，《颐和园志》记载，1975年7月16日，英国哈丁博士送还1860年“英法联军”掠去颐和园清代铜鹤及石雕插屏。

考古发掘
颐和园耶律铸墓发掘现场
圆明园 含经堂遗址
香山 八角亭遗址
圆明园 澹怀堂大殿基址
颐和园 耶律铸夫妇墓保护加固
香山 来青轩遗址
圆明园 坦坦荡荡遗址清理现场

圆明园、香山、颐和园考古发掘现场图片

园林绿化
文物修复

展厅实景照

# 京城西北 园林汇聚

# 山水相依 争奇献秀